数字经济学术前沿研究丛书

丛书主编 ◎ 王文举　吴卫星
执行主编 ◎ 陈彦斌

北京数字经济发展报告

BEIJING SHUZI JINGJI FAZHAN BAOGAO

主　编 ◎ 杜雯翠　陈　蕾
副主编 ◎ 丁述磊　叶堂林　刘翠花　孙忠娟
何　枫　张　灵　赵家章

首都经济贸易大学出版社
Capital University of Economics and Business Press
·北 京·

图书在版编目（CIP）数据

北京数字经济发展报告 / 杜雯翠，陈蕾主编. 北京 : 首都经济贸易大学出版社，2024. 6. -- ISBN 978-7-5638-3703-8

Ⅰ. F492

中国国家版本馆 CIP 数据核字第 2024XS1935 号

北京数字经济发展报告

杜雯翠　陈　蕾　主编

责任编辑	晓　地
封面设计	砚祥志远·激光照排 TEL：010-65976003
出版发行	首都经济贸易大学出版社
地　　址	北京市朝阳区红庙（邮编 100026）
电　　话	（010）65976483　65065761　65071505（传真）
网　　址	http://www.sjmcb.com
E-mail	publish@cueb.edu.cn
经　　销	全国新华书店
照　　排	北京砚祥志远激光照排技术有限公司
印　　刷	北京九州迅驰传媒文化有限公司
成品尺寸	170 毫米×240 毫米　1/16
字　　数	313 千字
印　　张	18.5
版　　次	2024 年 6 月第 1 版　2024 年 6 月第 1 次印刷
书　　号	ISBN 978-7-5638-3703-8
定　　价	85.00 元

图书印装若有质量问题，本社负责调换

前　言

近年来，大数据、云计算、区块链、人工智能等技术加速创新，日益融入经济社会发展各领域全过程。数字经济发展速度之快、辐射范围之广、影响程度之深前所未有，正在成为重组全球要素资源、重塑全球经济结构、改变全球竞争格局的关键力量。党的十八大以来，中央高度重视发展数字经济，将其上升为国家战略。党的二十大进一步做出了加快建设数字中国的战略部署。2021 年 1 月印发的北京市“十四五”规划明确提出，要“建设全球数字经济标杆城市”。2021 年 7 月印发的《北京市关于加快建设全球数字经济标杆城市的实施方案》（以下简称《方案》）进一步指出，要“打造中国数字经济发展‘北京样板’、全球数字经济发展‘北京标杆’，加快建设全球数字经济标杆城市”，并制定了北京市数字经济发展的总体目标与阶段性目标。《方案》明确提出，要通过 5 至 10 年的接续努力，打造引领全球数字经济发展的“六个高地”，即城市数字智能转型示范高地、国际数据要素配置枢纽高地、新兴数字产业孵化引领高地、全球数字技术创新策源高地、数字治理中国方案服务高地、数字经济对外合作开放高地。“六个高地”的确定，既提出了北京市建设成为全球数字经济标杆城市的重要领域，也为首都经济贸易大学数字经济交叉学科平台建设指明了方向。

北京市数字经济规模持续攀升，发展活力不断显现，内生动力日益增强，数字经济发展走在全球前列。然而，北京市数字经济在提速发展的同时，尚存在关键技术基础研究不强、产业数字化发展不均衡、数据要素市场培育不够、数字经济人才结构待优化等问题，在打造全球数字经济标杆城市上仍面临不少挑战。破解北京市数字经济发展难题，加快建设全球数字经济标杆城市，需要解决如下核心问题。

第一，要解决数字经济的基础理论构建尚不完善、数据要素市场缺乏完整制度设计等问题。北京市要建设成为全球数字经济标杆城市，就要先厘清数字经济的本质与发展规律，以及数字经济规模的测算方法。然而，现有研究对数字经济标杆城市理论内涵的探索还有待深入，尚未形成政界、业界、学界普遍认可的权威性北京数字经济标杆城市指数、年度报告等，对如何判断北京市是否建设成为全球数字经济标杆城市亦未形成具有普遍共识的评价标准，对全球重点城市数字经济的演化机理的认识还不够深入，对推动新一代信息技术与首都经济发展深度融合的机制路径了解也不够充分。

第二，要解决数实融合的机制路径不清、数字金融的风险防范手段欠缺等问题。数据是北京市减量发展条件下持续增长的新动能，如何集聚激活海量数据资源，孵化数据服务产业，积极探索数据资源资产化、市场化、产业化发展，为上述问题解决而建立的有效模式和形成的有效路径是将北京市建设成为全球数字经济标杆城市的重要前提。另外，数字经济发展背景下，数据资产质押融资、数据资产保险、数据资产担保、数据资产证券化等金融创新服务不断发展，数字人民币全场景应用不断推进，如何针对数字金融监管和风险防控体系开展多层次、系统化的研究，指明提升金融监管效能的有效路径，有效防范数字金融风险，更是保障数字经济健康持续发展的核心问题。

第三，要解决数字贸易规则的中国方案有待建立、国际数据要素的配置机制尚不成熟等问题。数字贸易作为一种新型的以全球化、网络化和数字化为特征的贸易形式，正在快速发展之中并已成为促进北京国际贸易深入发展的新动力。然而，当前数字贸易领域开放合作的最大瓶颈在于对规则的统一与协同尚未达成一致。尽管当前多个国家已经出台了数字贸易规则，但由于国际互信不足，导致有关各国在规则制定方面仍未达成广泛共识。因此，如何探索贸易数字化标准体系建设，创新数字支付结算，汇聚智慧供应链平台，激发贸易数字化新业态，建设全球贸易数字化示范区，是北京市协同推进“两区”建设与打造全球数字经济标杆城市的核心问题。

第四，要解决社会治理能力与数字经济发展脱节、基于工业经济的传统宏观调控与监管模式失效等问题。数字经济时代，人类的生产方式、生活方式和社会治理方式等都发生了深刻变化，传统的城市治理理论、宏观调控理论等作为基于工业经济运行时代社会生产与运行模式而提出的理论体系，在数字经济时代面临效率下降甚至失效的困境和挑战。如何基于大数据开展城市治理能力与治理体系现代化研究，重构数字经济时代下的宏观调控理论，给出城市数字治理的“北京方案”，是新时代赋予北京市属高校和科研机构的“时代之问”与“北京之问”。

要想对上述四个核心问题做出准确回答，找到进一步推动北京市数字经济发展的突破口，给出北京市建设成为全球数字经济标杆城市的科学方案，靠单一学科的发展是行不通的，建设交叉学科、促进知识整合与创新方为唯一可行之道。正是在此背景下，首都经济贸易大学依托理论经济学、应用经济学、统计学、管理科学与工程等优势学科群，聚集研究数字经济的基础理论及其在产业发展、企业成长、对外贸易、城市治理、金融、经济政策评价等方面的应用场景，搭建数字经济交叉学科平台，以满足北京市数字经济发展需求，为北京市建设成为全球数字经济标杆城市贡献力量。

本报告分为九个部分（相应分为9章），第一部分从宏观层面入手，利用投入产出方法对北京市数字经济的规模与结构进行了综合测算，分析了北京市数字经济发展与各行业发展的关联效应，并借助2020年美国、日本、英国、德国、法国、中国的投入产出表比较了世界主要国家的产业数字化与数字产业化水平。第二部分至第八部分则聚焦北京市数字经济标杆城市建设，结合调研、数据分析等多种方法，分别从数字场景、数据要素、数字生态、数字技术、数字金融、数字服务、数字贸易等七个维度入手，系统分析了北京市数字经济发展的现有情况、取得的成效、存在的问题，并对未来发展提出了建议。第九部分将视野置于全球，构建了全球数字经济标杆城市发展的评估指标体系，比较了全球主要城市的数字经济发展水平，并在此基础上提出了进一步提升北京市数字经济发展水平、打造全球数字经济标杆城市的政策建议。

本报告旨在厘清全球数字经济标杆城市的理论内涵，推动首都数字技术与数字产业的融合机制，探索数字金融的风险防范机制，探讨数字贸易规则与新经济业态的互动关系，研究国际数据资源的配置机制问题，提出超大城市治理能力与治理体系现代化建设的对策建议，探究数字经济时代宏观调控的新模式与新思路，从而为打造中国数字经济发展“北京样板”和全球数字经济发展“北京标杆”做出应有的贡献。

目 录

1 北京市数字经济发展的综合测算

杜雯翠*

1.1 数字经济的概念界定与分类

1.1.1 数字经济的概念界定

“数字经济”（digital economy）一词最早由塔普斯科特（Tapscott）在其1996年出版的著作《数字经济：网络智能时代的机遇和挑战》中提出，他认为，数字经济基本等同于新经济。一些研究机构和相关组织从不同角度来定义数字经济，大致可以分为狭义定义和广义定义两个方面。BEA（Bureau of Economic Analysis，美国经济分析局）从较为狭义的角度定义数字经济，认为数字经济主要指基于互联网及相关信息通信技术的产业活动。OECD（Organisation for Economic Co-operation and Development，经济合作与发展组织）则从广义角度对数字经济进行了定义，认为可以通过交易的性质判断相关经济活动是否属于数字经济，若交易通过电子订购或电子交付的方式实现，则该经济活动属于数字经济（关会娟 等，2020）。

目前，对数字经济的概念界定尚没有统一标准，我国多从较为宽泛的角度定义数字经济，将数字经济视为一种经济活动。其中，具有共识的数字经

---

* 杜雯翠，首都经济贸易大学经济学院教授、博士生导师；首都经济贸易大学经济学院2021级博士研究生李雪梦，2023级硕士研究生高洁、郭昊然参与了本章内容的研究工作。

济定义是我国在 2016 年 G20 杭州峰会期间发布《二十国集团数字经济发展与合作倡议》时提出的，即“数字经济指的是以数字化信息与知识作为生产要素，以信息化网络为载体，以 ICT（information communications technology，信息通信技术）的使用促进效率提升和宏观经济结构优化的经济活动总和”。

中国信息通信研究院和国家统计局提出的数字经济定义与《二十国集团数字经济发展与合作倡议》中提出的定义大致类似，也是从广义角度进行定义的。

2017 年，中国信息通信研究院将数字经济定义为：数字经济是以数字化的知识和信息为关键生产要素，以数字技术创新为核心驱动力，以现代信息网络为重要载体，通过数字技术与实体经济深度融合，不断提高传统产业数字化、智能化水平，加速重构经济发展与政府治理模式的新型经济形态。

2021 年 5 月，国家统计局在发布的《数字经济及其核心产业统计分类 PR（2021）》[以下简称“分类（2021）”] 中也提出了对数字经济的定义：数字经济是指以数据资源作为关键生产要素、以现代信息网络作为重要载体、以信息通信技术的有效使用作为效率提升和经济结构优化的重要推动力的一系列经济活动。

我国一些学者同样从广义的角度来定义数字经济，并多将数字经济视为一种经济活动或新型经济形态。许宪春和张美慧（2020）提出，数字经济是现代数字化技术与国民经济运行各方面紧密结合的产物，数字经济代表了以数字化技术为基础、以数字化平台为主要媒介、以数字化赋权基础设施为重要支撑进行的一系列经济活动。刘军等（2020）将数字经济内涵的相关研究归纳为信息化发展、互联网发展和数字交易发展等三个方面，认为数字经济是以数字化信息为核心要素，以信息化和互联网的发展为支撑，通过数字化技术提供产品或服务，使生产者与消费者进行数字交易的新型经济形态。陈晓红等（2022）从技术应用、价值创造、经济业态等多个视角将数字经济定义为：数字经济是以数字化信息（包括数据要素）为关键资源、以互联网平台为主要信息载体、以数字技术创新驱动为牵引、以一系列新模式和业态为表现形式的经济活动。

1.1.2　数字经济的分类

由于各个国家的相关研究机构和学者对数字经济的界定不同，因此对数字经济的分类也往往不同。

OECD 于 2018 年将数字经济按核心活动划分为数字化赋能产业、数字中介平台、电子零售商、其他数字业务、依赖中介平台的行业、其他行业等 6 个大类，但是并未对这些大类再进行细分。

BEA 也于 2018 年首次将数字经济产业划分为数字赋能基础设施、电子商务和数据媒体等三部分，并分别于 2019 年、2020 年、2021 年对该分类进行了修订。其在 2021 年的修订结果显示，美国的数字经济包含数字赋能基础设施、电子商务和付费数字服务等 3 个大类。其中，数字赋能基础设施具体包括硬件、软件、结构等 3 个小类，电子商务具体包括企业与消费者之间的电子商务（B2C）和企业与企业之间的电子商务（B2B）等 2 个小类，付费数字服务具体包括云服务、通信服务、互联网和数据服务、数字中介服务、其他收费数字服务等 5 个小类。

我国的相关研究机构和学者则多基于数字产业化和产业数字化角度对数字经济进行分类，在此基础上再进行拓展。数字产业化是指以数据为核心生产要素，通过数字技术进行创新与应用的市场化，从而形成具有系统性、规模化的数字产业集群，使传统产业形态更加丰富。产业数字化是指数字技术对传统产业的数字化、智能化、网络化改造，可视为传统产业存量的提质增效过程（戚聿东、褚席，2021）。

从机构角度而言，中国信息通信研究院在其发布的《中国数字经济发展白皮书（2020）》中首次提出数字经济“四化”框架，即数据价值化、数字产业化、产业数字化、数字化治理，但具体只对数字产业化和产业数字化进行了测算。该框架认为，数字产业化和产业数字化重塑生产力，是数字经济发展的核心；数字化治理引领生产关系深刻变革，是数字经济发展的保障；数据价值化重构生产要素体系，是数字经济发展的基础。此外，国家统计局在充分借鉴 BEA 和 OECD 分类方法的基础上，建立了具有国际可比性的数字经济产业分类——分类（2021），将数字经济产业范围确定为以下 5 个类别：①数字产品制造业；②数字产品服务业；③数字技术应用业；④数字要素驱动业；⑤数字化效率提升业。其中，前 4 个类别为数字经济的核心产业，即数字产业化部分，指的是为产业数字化发展提供数字技术、产品、服务、基础设施、解决方案以及完全依赖数字技术、数据要素的各类经济活动，是数字经济发展的基础。最后 1 类为产业数字化部分，指通过应用数字技术和数据资源而为传统产业带来的产出增加和效率提升，即数字技术与实体经济的融合。与 OECD 和 BEA 对数字经济的分类相比，我国国家统计局的分类显然要详细得多，包括 5 个大类、32 个中类和 156 个小类。

从学者角度而言，关会娟等（2020）基于分类原则和已有成果，将数字经济产业划分成数字设备制造、数字信息传输、数字技术服务、数字内容与媒体、互联网应用及相关服务等 5 个大类、22 个中类，这 5 个大类相互支撑，共同构成数字经济产业体系。其中，数字设备制造是整个数字经济产业运行的基础和前提，数字信息传输为数字内容与媒体的传输建立了通道，数字技术服务为整个数字经济产业的正常运行提供相关支持保障服务，数字内容与媒体、互联网应用及相关服务则是数字技术与媒体内容和其他经济活动深度融合的产物。陈晓红等（2022）认为，数字经济的内涵包含 4 个核心方面：数字化信息、互联网平台、数字化技术、新型经济模式和业态。其中，数字化信息是指将图像、文字、声音等存储在一定虚拟载体上并可多次使用的信息；互联网平台是指由互联网形成，搭载市场组织、传递数字化信息的载体；数字化技术是可以将数字化信息解析和处理的新一代信息技术；新型经济模式和业态表现为数字技术和传统实体经济创新融合的产物。任雪等（2024）结合国内外数字经济分类相关经验和数字经济统计核算实践，认为分类（2021）中的分类标准尚未完全统一并且遗漏了数字经济核心产业中的一些重要内容，并将数字经济分为 5 个大类：数字产品生产业、数字产品服务业、数字要素支撑产业、数字技术产业、数字经济融合产业。其中，前 4 个大类属于数字经济的核心产业。关于数字经济分类的研究结果如表 1.1 所示。

表 1.1　数字经济分类（部分）

	数字经济分类	包含内容
国家统计局（2021）	数字产品制造业	计算机制造、通信及雷达设备制造、数字媒体设备制造、智能设备制造、电子元器件及设备制造、其他数字产品制造业
	数字产品服务业	数字产品批发、数字产品零售、数字产品租赁、数字产品维修、其他数字产品服务业
	数字技术应用业	软件开发、互联网相关服务、信息技术服务、电信、广播电视和卫星传输服务、其他数字技术应用业

续表

	数字经济分类	包含内容
国家统计局（2021）	数字要素驱动业	互联网平台、互联网批发零售、互联网金融、数字内容与媒体、信息基础设施建设、数据资源与产权交易、其他数字要素驱动业
	数字化效率提升业	智慧农业、智能制造、智能交通、智慧物流、数字金融、数字商贸、数字社会、数字政府、其他数字化效率提升业
关会娟等（2020）	数字设备制造	计算机制造、通信及雷达设备制造、数字媒体设备制造、电子器件和电子元件制造、数字化仪器仪表制造、智能设备制造、其他相关数字设备制造
	数字信息传输	电信服务、广播电视传输服务、卫星传输服务
	数字化技术服务	软件开发、信息技术服务、网络基础资源服务、网络安全服务、数字设备维修
	数字内容与媒体	广播、电视、电影和相关服务、互联网信息服务、其他数字内容服务
	互联网应用及相关服务	互联网平台、互联网批发和零售、互联网金融、其他互联网应用
陈晓红等（2022）	数字化信息	将图像、文字、声音等存储在一定虚拟载体上并可多次使用的信息
	互联网平台	共享经济平台、电子商务平台等
	数字化技术	人工智能、区块链、云计算、大数据等
	新型经济模式和业态	个体新经济、无人经济等
任雪等（2024）	数字产品生产业	智能通用与专用设备制造，数字运输设备制造，智能电气机械和器材制造，计算机、通信和其他电子设备制造，数字仪器仪表制造，软件及相关数字产品，文化和娱乐数字产品，其他数字产品
	数字产品服务业	数字产品批发、数字产品零售、信息传输及互联网相关信息技术服务、数字产品租赁管理服务、数字产品维修
	数字要素支撑产业	信息基础设施建设、数字科学研究和技术服务、数字人才培养与在线教育、数字公共管理与社会组织

续表

	数字经济分类	包含内容
任雪等（2024）	数字技术产业	智能农业管理、互联网批发和零售、智能交通、数字金融、数字商务服务业、数字内容与媒体、其他数字新兴产业
	数字经济融合产业	数字化农业，数字化采矿，数字化制造，数字化电力、热力、燃气及水生产和供应，数字化建筑，数字化商贸，数字化交通运输、仓储和邮政，数字化金融，数字化房地产，数字化社会管理和服务等

1.2 数字经济的测度方法

目前，数据已经成为必不可少的生产要素，正确测度数字经济的规模能够帮助政府和企业了解数字经济对整体经济发展的贡献度，从而对制定相关政策具有重要的指导意义。

关于数字经济的测度，OECD 和 BEA 的体系最受关注（陈梦根、张鑫，2020）。OECD 构建的框架基于数字交易的三大特征来识别数字经济活动，这三大特征是数字化订购、促成平台和数字化传输。BEA 的测度方法主要基于北美产业分类系统（North American Industry Classification System，NAICS）和供给使用表（向书坚、吴文君，2018）。

按照数字经济范围界定和研究方法的不同，对数字经济进行测度的方法大致可分为投入产出法、综合指标法以及测算数字经济增加值、构建 DESA（digital economy satellite account，数字经济卫星账户）等方法，其中，前三种方法目前使用较为广泛。采用不同的测算方法时，其结果往往也会有较大差异。

1.2.1 投入产出法

一部分学者借鉴 BEA 的测度思路，利用投入产出表计算我国数字经济增加值。BEA 提出了一个基本假定，即每个产业中间消耗占该产业总产出的比重与该产业数字经济中间消耗占该产业总产出的比率相等。许宪春和张美慧

（2020）在进行数字经济增加值核算时，引入了行业增加值结构系数、数字经济调整系数、行业增加值率，并借鉴 BEA 的测算方法，从而得出以下等式：

$$\frac{\text{行业数字经济总产出}}{\text{行业总产出}}=\frac{\text{行业数字经济增加值}}{\text{行业总增加值}} \tag{1.1}$$

根据式（1.1），利用投入产出表，分别计算数字化赋权基础设施增加值、数字化媒体增加值以及数字化交易增加值，再将这三部分相加，便可以得到我国数字经济的总增加值。

韩兆安等（2021）将数字经济增加值划分成数字经济生产增加值、数字经济流通增加值、数字经济交换增加值等三个部分，其与许宪春和张美慧（2020）的测度方法相似，同样借鉴 BEA 的测算思路，利用一系列工具系数和投入产出表分别对这三部分进行计算，另外还使用核密度估计法（kernel density estimation）分析省际数字经济发展的动态演进趋势并通过计算 Dagum 基尼系数①进行地区差异性测度。

陈梦根和张鑫（2022）将数字经济增加值划分为数字经济基础部门增加值、数字经济融合部门增加值、数字经济替代效应增加值等三个部分。其中，数字经济基础部门增加值等于 ICT 硬件增加值和 ICT 软件增加值的和；在计算数字经济融合部门和数字经济替代效应增加值时，基于波拉特信息经济测度理论、BEA 和 OECD 的数字经济核算方法，并结合数字经济分解模型，推导出我国数字融合增加值和数字经济替代部门增加值的测度等式，再利用编制好的投入产出表计算我国数字经济规模和结构。

鲜祖德和王天琪（2022）参考美国等国家的做法，采用我国国家统计局公布的经济普查数据和相关投入产出表，分别计算我国数字经济核心产业创造的增加值，并基于指数模型对我国“十四五”时期数字经济核心产业的增加值进行预测。

1.2.2 综合指标法

使用综合指标方法进行数字经济测度主要包括以下几个步骤：构建数字经济评价指标体系，对基础数据进行无量纲化，明确评价指标权重，利用数字经济综合指数进行测算，等等。

---

① Dagum 基尼系数是传统基尼系数的升级。

（1）数字经济指标体系

对于综合指标方法来说，构建数字经济指标体系至关重要。该体系应覆盖数字经济的各个方面，包括经济规模、基础设施、政策环境、人才培养等，以便全面评估数字经济的发展水平。

为了衡量数字经济对宏观经济和社会发展的影响，各国政府部门、研究机构和学者对数字经济指标体系的构建进行了一系列研究（如表 1.2 所示）。例如，OECD 于 2014 年提出构建 4 个数字经济一级指标，38 个二级指标，其中，一级指标分别为投资智能化基础设施、赋权社会、创新能力、ICT 促进经济增长与增加就业岗位。同年，欧盟提出数字经济与社会指数（digital economy and society index，DESI），将一级、二级、三级指数分别设定成 5 个、12 个、31 个。中国信息通信研究院（2017）选取与数字经济发展周期波动存在明确相关性的经济发展指标，利用统计方法得出景气合成指数，即数字经济指数（digital economy index，DEI），该指数包括先行指数、一致指数、滞后指数等 3 个一级指标、22 个二级指标。中国电子信息产业发展研究院（2021）发布了“4+3+N”指标体系，该体系包含指标较多且涉及范围广泛，包括 8 个一级指标、55 个二级指标。

表 1.2 各国权威机构数字经济指标体系（部分）

	一级指标	二级指标
OECD（2014）	投资智能化基础设施	宽带普及率、移动数据通信、互联网发展、开发效率更高、网络连接价格、ICT 设备及应用、跨境电子商务、网络安全、感知安全和隐私威胁、完善网络安全和隐私、证据基础等
	赋权社会	互联网用户、在线行为、用户复杂性、数字原住户、儿童在线、教育中的 ICT、电子商务消费者、内容无边界、电子政府应用、ICT 和健康等
	创新能力	ICT 与研发、ICT 行业创新、电子商务、发挥微观数据的潜力、ICT 专利、ICT 设计、ICT 商标、知识扩散等
	ICT 促进经济增长与增加就业岗位	ICT 投资、ICT 商业动态、ICT 附加值、信息产业劳动生产率、测度经济服务质量、电子商务、ICT 人力资本、ICT 工作岗位及 ICT 行业工作岗位、贸易经济与全球价值链（GVC）等

续表

	一级指标	二级指标
欧盟（2014）	宽带接入	固定宽带、移动宽带、速率、可支付功能等
	人力资本	基本功能和使用情况、高级技能及发展等
	互联网应用	内容、交流、交易等
	数字技术应用	企业数字化、电子商务等
	公共服务数字化程度	电子政府等
中国信息通信研究院（2017）	先行指标	大数据投融资、云计算服务市场规模、物联网终端用户数、移动互联网接入流量、移动宽带用户数、固定互联网宽带接入时长、固定宽带用户数、固定资产投资完成额等
	一致指标	ICT 主营业务收入、ICT 综合价格指数、互联网投融资、电子信息产业进出口总额、电子商务规模、互联网服务市场规模、“互联网+”协同制造、“互联网+”智慧能源、“互联网+”普惠金融、“互联网+”高效物流等
	滞后指标	第一产业增加值、工业增加值、第三产业增加值、信息消费规模等
中国电子信息产业发展研究院（2021）	数字基础	移动电话普及率、4G 移动用户情况、互联网宽带接入情况、城市宽带接入情况、农村宽带接入情况、光纤接入情况、移动互联网接入流量情况、蜂窝物联网终端用户情况等
	数字产业	电信业务总量、电信新兴业务收入占比、电子信息制造业规模增速、电子信息制造业利润增速、信息传输，软件和信息技术服务业规模、互联网及相关服务业收入、软件产业利润、重点数字产品产量等
	数字融合	数字化研发设计工具普及率、网络化协同企业比例、生产设备数字化率、工业电子商务比例、双创平台普及率、智能制造就绪率、农业电商水平、网络零售额等
	数字治理	数字政务服务办件数、数字政务服务用户数、政务数据开放情况、政务平台建设情况等
	主体活力	软件企业数、电子设备制造企业数、数字经济上市企业数等

续表

	一级指标	二级指标
中国电子信息产业发展研究院（2021）	资本热力	数字经济投融资事件数、数字经济投融资金融数、数字经济上市企业市值等
	创新动力	发明专利申请数、发明专利授权数、数字技术合同成交额等
	"*N*"种民众参与	办公商务、出行服务、房产服务、健康美容、教育学习、金融理财、旅游服务、汽车服务、生活服务、手机游戏、电子阅读、新闻资讯、医疗服务、移动购物、移动社交、移动视频、移动音乐、育儿母婴等

（2）综合指标测算方法

数字经济的发展程度不仅与数字经济指标评价体系有关，而且每个指标所占的权重也非常重要。对指标赋权的方法可以分为主观赋权法与客观赋权法。主观赋权法主要根据专家的主观意愿确定权重，包括德尔菲法、主成分分析法等。客观赋权法指的是通过一定的数学方法确定权重，包括熵值法、纵横向拉开档次法等。

第一，主观赋权法。在数字经济指标测算中，德尔菲法可以帮助明确哪些指标是衡量数字经济发展的关键，以及如何合理设定这些指标的权重，从而为数字经济的评估和决策提供有价值的参考。例如，中国电子信息产业发展研究院在发布的《2019 中国数字经济发展指数》中即采用了德尔菲法，由专家组对三级指标进行权重打分，各级权重指标为 100 分，最终的权重为各个专家打出的平均分，最后根据加权平均法计算数字经济发展指数。

主成分分析法则特别适用于处理复杂的数据，从而帮助科研人员识别和量化数字经济发展中的关键问题。例如，张伯超和沈开艳（2018）采用主成分分析法计算因子载荷矩阵，将各个指标命名为要素禀赋与基础设施因子、信息计数外向竞争力因子、营商与创新环境因子等三个主成分，利用回归的方法计算各个因子的得分并将每个因子的方差贡献率作为权重进行加权计算。

第二，客观赋权法。与主观赋权法不同，客观赋权法可以避免主观因素对数字经济测度结果的影响。目前很多学者采用熵值法确定数字经济各个指标的权重，即基于数据确定指标权重，从而减少了个人因素对决策结果的影响。例如，王军等（2021）将指标进行正规化后，计算每个指标的信息熵和信息冗余度，以此得出每个指标的权重，再将标准化的指标进行加权计算后得到数字经济发展水平的综合指数。

纵横向拉开档次法则既能体现横向维度在时间上的变化，又能从纵向维度体现被评价对象之间的差异。例如，万晓榆和罗焱卿（2022）在进行指标标准化之后，采用纵横向拉开档次法确定各个指标的权重，认为该赋权方法在时序立体表上能最大可能地体现各被评价对象之间的差异，也较为符合我国各省区市之间数字经济发展水平差异较大的实际情况。

1.2.3 测算数字经济增加值

除了投入产出法和综合指标法，目前使用最多的测度方法是计算我国数字经济增加值。关于数字经济增加值的测度，现有的研究较多。其中，腾讯研究院（2021）提出，对数字经济核心产业增加值的测算，可以使用计算机、通信和其他电子设备制造业以及信息传输、软件和信息技术服务业这两个核心行业部门的测算来做近似刻画。例如，在测度计算机、通信和其他电子设备制造业增加值时，使用正推法和倒推法进行估算，利用《中华人民共和国2019年国民经济和社会发展统计公报》和《中华人民共和国2020年国民经济和社会发展统计公报》可以推算出2004—2020年信息传输、软件和信息技术服务业增加值数据。

还有一些研究基于增长核算框架计算我国的数字经济增加值，这种方法目前在增加值测度方面的应用很广泛。中国信息通信研究院在其发布的《中国数字经济发展研究报告（2023）》中，将数字经济划分成数字产业化和产业数字化两部分。其中，在测算数字产业化增加值时，采用直接加总法，将电子信息制造业、基础电信业、互联网行业、软件服务业这四个行业的增加值加总。产业数字化增加值则为ICT产品和服务在其他领域融合、渗透而带来的产出增加值和效率提升增加值。中国信息通信研究院基于增长核算账户框架（KLEMS），测算了我国ICT投资价格指数和ICT的实际投资额，并通过将数字产业化增加值和产业数字化增加值加总而得到了我国数字经济的总增加值。

蔡跃洲（2018）将数字经济增加值划分为ICT渗透效应增加值和ICT替代效应增加值两个部分，并以索洛新古典增长模型为理论框架，使用乔根森等学者融合迪维西亚（Divisia）指数、国民统计核算等而形成的增长核算方法，分别对这两部分增加值进行计算。蔡跃洲和牛新星（2021）基于上述学者的研究成果，从数字技术的三大"技术-经济"特征，即渗透效应/渗透性、替代效应/替代性、协同效应/协同性出发开展研究。其中，渗透效应对应"数字产业化"的增加值部分，替代效应和协同效应实现的价值创造则为"产业数字化"部分的增加值。

本书采用直接加总的方法估算"数字产业化"增加值。首先，直接将ICT制造业增加值与ICT服务业增加值相加；其次，根据乔根森-格瑞里茨（Jorgenson-Griliches）增长核算框架将我国的宏观增长来源进行分解，估算行业TFP（total factor productivity，全要素生产率）增长和ICT资本服务增长情况，利用公式计算各行业"ICT替代效应增加值"。最后，估算"TFP对GDP（gross domestic product，国内生产总值）的增长贡献度"和"ICT协同效应对TFP的增长贡献度"，进而得到"ICT协同效应对GDP的增长贡献度"。在估算"ICT协同效应对TFP增长贡献度"时，构建面板效应模型，将调整拟合优度作为"ICT协同效应对TFP增长的贡献"，以此为基础可以推算出"ICT协同效应增加值"。

1.2.4 构建DESA

虽然关于投入产出法、构建综合指标和测算增加值的研究成果已比较多，但在DESA的构建方面，目前尚处于研究初期与创新阶段，关于国民经济核算层面的研究并不是很多（见表1.3）。DESA由OECD率先在国际范围内初步编制而成，旨在通过细分当前的分类系统和辨析数字经济参与者来改进当前的核算标准，从而更加清晰地把握企业的运行特征等情况（罗良清 等，2021）。构建DESA有助于完善我国国民经济核算体系，加强数字经济各产业与其他产业的可比性，是当前数字经济测度中较为可行的一种方法。

表 1.3 中国数字经济卫星账户核心表式（部分）

	DESA 核心表式	所需数据
杨仲山和张美慧（2019）	数字经济供给表	非法人企业住户与法人企业数字经济总产出、数字化赋权基础设施生产业总产出、数字平台总产出等
	数字经济使用表	非法人企业住户与法人企业数字经济中间使用、数字化赋权基础设施生产业数字经济中间使用、数字平台对产品的中间使用等
	数字经济投资矩阵表	各数字产业对数字化产品和耐用性资产的投资
	数字经济生产信息补充表	数字平台广告收入、企业与住户提供的“免费”产品的估算价值、各数字产业就业数据等
向书坚和吴文君（2019）	数字经济供给表	数字促成产业、数字中介平台产业、依赖中介平台生产的数字产业、电子商务产业、其他数字产业总产出等
	数字经济使用表	数字促成产业、数字中介平台产业、依赖中介平台生产的数字产业、电子商务产业、其他数字产业中间使用等
	非金融交易资金流量表	非金融交易的具体交易项目相关数据
	数字经济投资流量与存量核算表	投资流量（购买及自有）与资本存量相关数据

构建 DESA 主要包括以下几个步骤：设计 DESA 核算框架图，构建 DESA 核心表式，构建 DESA 所需数据并进行相关指标的计算。对于 DESA 框架的构建，核心表式和基础数据非常关键，特别是数字经济供给表和使用表的编制。该供给表和使用表通常在相同的产品分解和估价水平上成对编制，是用于统计分析的基本框架和编制投入产出表的基础（张美慧，2021）。

我国一些学者大致按照以上思路，构建了我国的 DESA 并计算数字经济相关产业增加值以及数字经济总增加值。例如，屈超和张美慧（2015）总结并归纳了 OECD 及其他国际组织对 ICT 卫星账户的研究成果，从而在一定程度上为 DESA 在我国的建立提供了参考。杨仲山和张美慧（2019）在 OECD 给出的 DESA 初步框架的基础上，尝试给出中国 DESA 的整体框架、核心表式和主要指标。其中，核心表式包括数字经济供给表、数字经济使用表、数字经济投资矩阵表和数字经济生产信息补充表；主要指标中的静态总量指标包括数字产业总增加值（GVADI）和数字经济国民消费总额（DEGNC），能够反映数字经济对宏观经济影响的直接贡献指标包括数字经济直接总增加值（DEDGVA）和数字经济直接国内生产总值（DEDGDP）。由此，这两位学者在核心表式的基础上构建了DESA所需要的数据清单表并计算了我国数字经济的增加值。向书坚和吴文君（2019）则设计了我国的DESA框架图，主要包括数字经济流量核算和存量核算两大部分，并基于框架图构建了DESA中的供给使用表、非金融交易资金流量表、经济投资流量与存量核算表，计算了相关指标以及我国数字经济主要产业的增加值。

综观国内外关于数字经济测度的研究，投入产出法、构建综合指标和增加值测度这三种方法最为常见且已经取得了丰硕的研究成果。DESA也是一种可行的方法，但是需要进一步完善。使用综合指标法时，需要明确各级指标所包含的内容、指标权重以及指数的构建；采用投入产出法和进行增加值测度时均应明确数字经济增加值的组成部分并分别计算每个部分的增加值数额；构建DESA时最重要的部分是设计核心表式。

1.3 北京市数字经济的规模与结构

1.3.1 北京市数字经济分类

根据北京市统计局公布的《北京市42部门投入产出表》，本书将该表中的行业部门与国家统计局的数字经济产业分类标准进行了对应，并将“C19通信设备、计算机及其他电子设备制造业”界定为数字产品制造业，将“C26信息传输、计算机服务及软件业”界定为数字产品服务业；同时，借鉴鲜祖德和王天琪（2022）的研究，将“产业数字化”部分界定为数字化效率提升业，指应用数字技术和数据资源为传统产业带来的产出增加和效率提升，体现了数字技术与实体经济的融合。

1.3.2 北京市数字经济测度方法

首先，根据国家统计局对数字经济的概念界定和分类，基于《北京市42部门投入产出表》中的数据，直接测算得到北京市数字产品制造业和数字产品服务业的增加值，经由二者加总即可得到北京市数字产业化的增加值。

其次，测算产业数字化（即数字化效率提升业）的增加值。所谓产业数字化，指非数字产业部门（传统产业部门）生产的数字产出（包括数字产品制造业和数字产品服务业）。换言之，是指非数字产业部门通过使用数字基础设施或数字技术创造的与数字活动有关的增加值部分。

假设某一行业数字产品中间投入占该行业部门中间投入的比例与该行业数字经济增加值占该行业增加值的比例相同，即通过计算非数字基础产品部门的数字技术消耗系数，推算非数字经济产品部门通过使用数字技术形成的增加值。该假设意味着对于某一个非数字产品部门，其数字投入与非数字投入的结构比例和当年数字产出与非数字产出的结构比例相同。

首先，$a_{i,j}=\dfrac{z_{i,j}}{Z_j}$.［$i$（数字产业部门）= 1，2，$j$（所有产业部门）= 1，…，38］，$a_{i,j}$ 代表 j 行业对 i 行业的数字经济消耗系数，$z_{i,j}$ 代表 j 行业中间投入中的 i 产业（数字产业部门）的价值，Z_j 代表 j 行业的中间投入；其次，得到全社会数字技术消耗矩阵 $\boldsymbol{A}_{i,j}$，$a_{1,j}$ 代表 j 部门中数字产品制造业消耗系数，$a_{2,j}$代表 j 部门中数字产品服务业消耗系数。

$$\boldsymbol{A}_{i,j}=\begin{bmatrix} a_{1,1} & \cdots & a_{1,41} \\ \vdots & & \vdots \\ a_{4,1} & \cdots & a_{4,41} \end{bmatrix} \tag{1.2}$$

在此基础上，得到各部门所形成的增加值，$\boldsymbol{Va}=\begin{bmatrix} Va_1 \\ \vdots \\ Va_{41} \end{bmatrix}$，从而计算得到所有经济部门的数字经济规模 $\boldsymbol{Z}_{i,j}$：

$$\boldsymbol{Z}_{i,j}=\boldsymbol{A}_{i,j}\times\boldsymbol{Va}=\begin{bmatrix} a_{1,1} & \cdots & a_{1,41} \\ a_{2,1} & a_{1,41} & a_{2,41} \end{bmatrix}_{2\times41}\times\begin{bmatrix} \boldsymbol{V}a_1 & 0 \\ \vdots & \vdots \\ 0 & \boldsymbol{V}a_{41} \end{bmatrix}_{41\times41}=\begin{bmatrix} a_{1,1}\times\boldsymbol{V}a_1 & \cdots & a_{1,41}\times\boldsymbol{V}a_{41} \\ a_{2,41}\times\boldsymbol{V}a_1 & \cdots & a_{2,41}\times\boldsymbol{V}a_{41} \end{bmatrix}_{2\times41} \tag{1.3}$$

考虑到由此计算得到的产业数字化部门增加值中已有一部分包括在数字产业化部门内，需要减去重复计算部分，因此最终得到的产业数字化增加值为：

$$\sum_i \boldsymbol{Z}_{i,j}-\sum_i\sum_j a_{i,j}\times\boldsymbol{V}a_j-a_{i,i}\times\boldsymbol{V}a_i \tag{1.4}$$

1.3.3 北京市数字经济发展趋势

图 1.1 是北京市数字经济总体发展规模。从中可以看出，2002—2020 年，北京市数字经济由 834.13 亿元增长至 7 408.89 亿元，增幅高达 788.22%，年平均增为 43.91%。在此期间，2002—2005 年数字经济发展规模的增幅最大，为 81.86%。自 2012 年起，北京市数字经济进一步蓬勃发展。其中，2017 年的数字经济较上一个统计年份增长 52.80%，2020 年的数字经济则较上一个统计年长 49.64%。

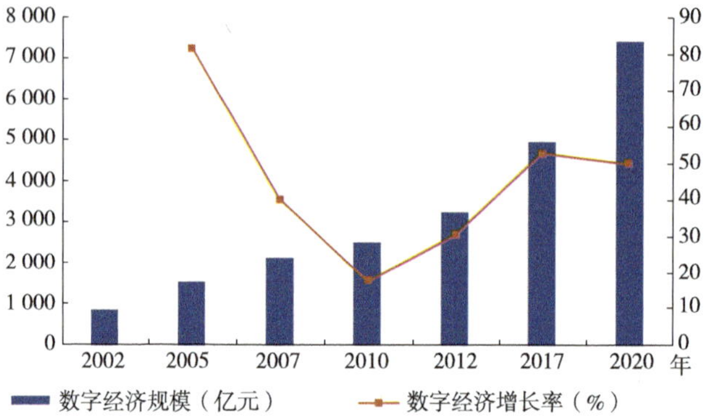

图 1.1 北京市数字经济发展规模

北京作为我国的政治中心，拥有丰富的政府资源和人才储备，吸引了大量科技人才和创新企业的聚集，为数字经济的发展提供了有力支持。北京市的数字经济拥有较高的科技发展水平，专利密集，与企业融合较好，这些优势推动了该地区数字经济的水平逐年上升，规模逐年增加。贺正楚等（2024）从数字基础设施、数字经济应用和数字经济环境等三个维度分解数字经济发展指数，从服务环境、服务基础、服务成效和发展潜力等四个维度分解科技服务业发展指数，采用熵权法进行赋权并利用优劣解距离法（technique for order preference by similarity to ideal solution，TOPSIS）对数字经济的发展指数、分项指数等进行测度，以探究指数增幅状况。结果表明：2013—2019 年北京数字经济的发展指数稳居国内前三位，这说明数字经济发展已日益成为北京经济发展的新模式。另外，数字经济可以在很大程度上刺激消费、拉动消费需求，并间接促进产业结构的升级和合理化（戚聿东，2022）。当消费水平提高时，企业产出增加，生产和服务业需求扩大，从而又会反过来促进数字经济的发展。

1.3.4 北京市数字经济发展的结构特征

图 1.2 将北京市的数字经济分为数字产业化和产业数字化这两部分，并将数字产业化分为数字产品制造业和数字产品服务业两个领域。

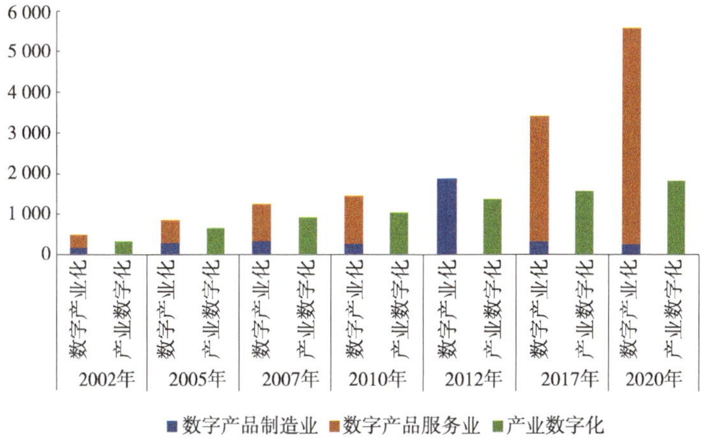

图 1.2 北京市数字经济发展的结构特征（亿元）

注：图 1.2 中对产业数字化水平的测度，仅考虑了北京市本身的数字产品和数字服务投入，未考虑其他省区市及进口数字产品和服务的投入，因此可能会低估北京市的产业数字化水平。

由图 1.2 可知，北京市数字产业化发展呈现以下特点。

其一，数字产品服务业部门是北京市数字产业化发展的主要动力来源，由 2002 年的 351.44 亿元增长至 2020 年的 5 319.15 亿元，增幅高达 1 413.53%。相比之下，数字产品制造业部门对北京市数字产业化发展的贡献则比较有限。2002 年，北京市数字产品制造业部门产值为 154.52 亿元，随后增长至 336.94 亿元（2007 年），2020 年又下降至 279.65 亿元。就增幅来看，数字服务业的增幅是数字制造业的 12 倍。这主要是因为，随着经济发展和人民生活水平的提高，人们对服务业的需求逐渐增加，尤其是对便捷、个性化和高品质的数字化服务的需求不断上升，从而推动了数字服务业的迅速发展。

其二，2012 年后，北京市数字产业化进入蓬勃发展阶段，与上一个统计年份相比，2012 年和 2020 年的增幅分别高达 81.33%、64.00%。出现上述现象的主要原因，是北京市不断疏解非首都功能，强调高质量、绿色低碳、互联网+等发展理念。

北京市产业数字化则主要呈现以下特征。

其一，北京市的产业数字化规模由 2002 年的 328.17 亿元增长至 2020 年的 1 810.09 亿元，年平均增长率为 9.95%，表明北京市各行业的数字化进程正在不断推进，数字经济对传统产业的推动作用已经得到证实。

其二，北京市的产业数字化水平远低于其数字产业化水平，说明北京市的数字经济发展主要体现在数字产业化方面，产业数字化则有待进一步提升。当然，这也与北京市现有的产业结构有关（2022 年，北京市的三次产业结构为 0.3∶15.9∶83.8）。从产业结构的合理化或是高级化来看，数字贸易的发展都能推动产业结构升级，助力产业结构重心向第三产业转移（林晨，2024）。

1.3.5 各行业的产业数字化水平

为进一步了解北京市产业数字化发展水平低的原因，本报告在此将北京市各行业的数字化发展情况进行详细剖析。图 1.3 是北京市主要制造业产业

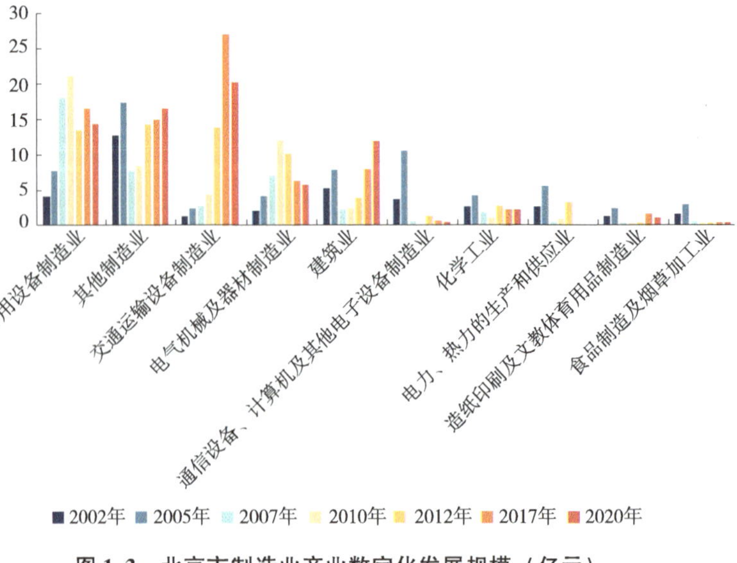

图 1.3　北京市制造业产业数字化发展规模（亿元）

数字化发展变化。一是以通用、专用设备制造业，其他制造业和交通运输设备制造业为代表，制造业的产业数字化水平也在不断提升之中，分别由2002年的4.16亿元、12.59亿元、1.16亿元增加至2020年的14.23亿元、16.34亿元、20.15亿元。二是交通运输设备制造业、电气机械及器材制造业和金属制品业的数字化水平提升最快。与2002年相比，2020年上述行业的产业数字化水平分别提高了1 644.07%、172.50%和170.44%。研究发现，互联网的发展可以显著促进制造业生产率，且对制造业整体生产率的影响大于对城市整体生产率的影响（黄群慧 等，2019）。数字经济可以拉动北京市制造业数字化转型，推动实体经济生产方式转变，加速企业技术创新，提高产品和服务的质量。

图1.4是北京市主要服务业产业数字化发展规模的变化。

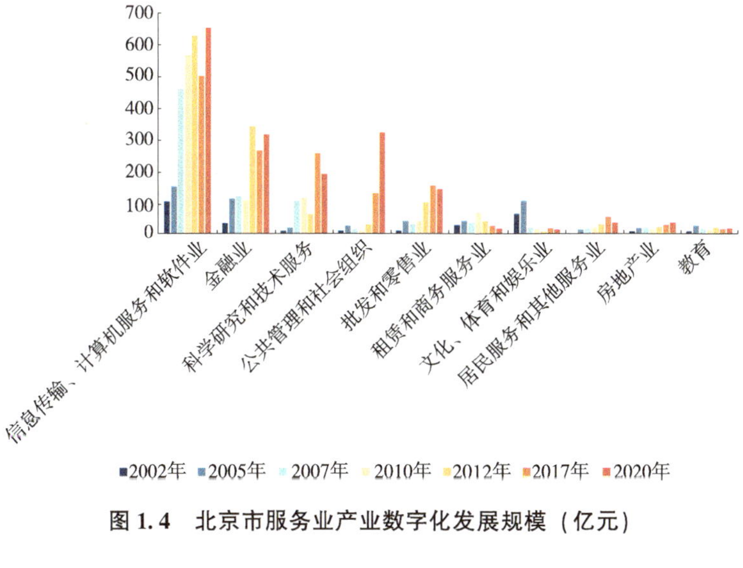

图1.4 北京市服务业产业数字化发展规模（亿元）

其一，信息传输、计算机服务和软件业，金融业，以及科学研究和技术服务业数字化程度最高，分别由2002年的100.69亿元、33.64亿元、9.09亿元，增长至2020年的645.77亿元、310.69亿元、189.04亿元。

其二，公共管理和社会组织、科学研究和技术服务业的数字化水平提升最快，与2002年相比，分别提升3 642.10%、1 979.38%。因此，以信息传输、计算机服务和软件业，金融业，科学研究和技术服务业等为代表的第三产业，不仅数字化程度普遍高于第二产业，而且数字化速度也普遍高于第二产业。

可见，数字经济可以加速融入服务业的全链生产与消费，极大促进服务业的潜在增长（李晓嘉，2024），促使服务业进行数字化转型。第三产业相对更多地采用大数据、互联网等数字化技术，因此更容易实现数字化转型，具有更灵活的商业模式和更高的创新水平，能够更快地适应数字化趋势。相比之下，第二产业中的制造业可能受到传统生产模式、设备投资等限制，其数字化转型相对较为困难。此外，信息传输、计算机服务和软件业以及金融业等行业本身就是数字化程度较高的行业，数字技术是其核心驱动力，因此更容易实现数字化。

1.4　数字经济发展与北京市各行业发展的关联效应

1.4.1　数字经济对北京市各行业发展的作用

为进一步分析北京市数字产业和其他产业间的经济联系和产业地位，图 1.5 和图 1.6 对比了 2002 年与 2020 年北京市产业关联 TOP1 网络。

从图 1.5 和图 1.6 中可以发现以下特征。

第一，与 2002 年相比，北京市产业产业结构由以 C24（建筑业）和 C19（通信设备、计算机及其他电子设备制造业）主导的“双核”，逐渐转向以

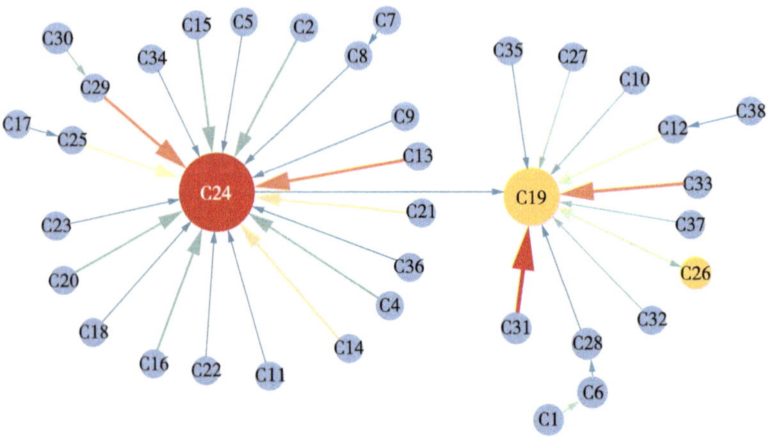

图 1.5　2002 年北京市产业关联 TOP1 网络

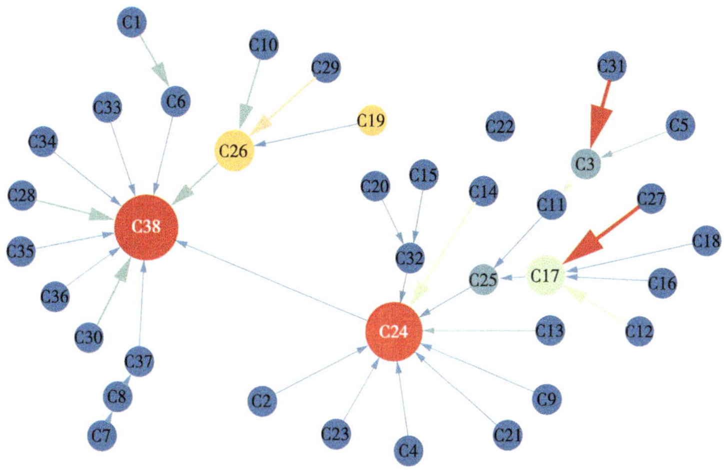

图 1.6　2020 年北京市产业关联 TOP1 网络

C38（公共管理和社会组织）、C24（建筑业）和 C17（交通运输设备制造业）为主的“多极化”。

第二，其他行业对北京市数字产品制造业和数字产品服务业的支撑作用在不断下降。2002 年，C19（通信设备、计算机及其他电子设备制造业）的发展主要依靠 C33（水利、环境和公共设施管理业）、C37（文化、体育和娱乐业）、C26（信息传输、计算机服务和软件业）等行业的支持。2020 年，C19（通信设备、计算机及其他电子设备制造业）已经主要支持 C26（信息传输、计算机服务和软件业）的发展，由“消费者”转变为“供给者”。

可见，随着北京市经济不断发展，公共管理和社会组织、建筑业以及交通运输设备制造业等行业在城市发展中扮演更重要的角色，公共管理和社会组织属于第三产业，逐渐替代了通信设备、计算机及其他电子设备制造业在经济中的核心地位。

1.4.2　北京市数字经济与上下游产业的联动效应

在北京市产业关联分析的基础之上，图 1.7 和图 1.8 分别展示了 2020 年北京市数字产品制造业的上下游产业关联和数字产品服务业的上下游产业关联。

从图 1.7 可知，2020 年北京市数字产品制造业的上下游产业关联呈现以下主要特征。

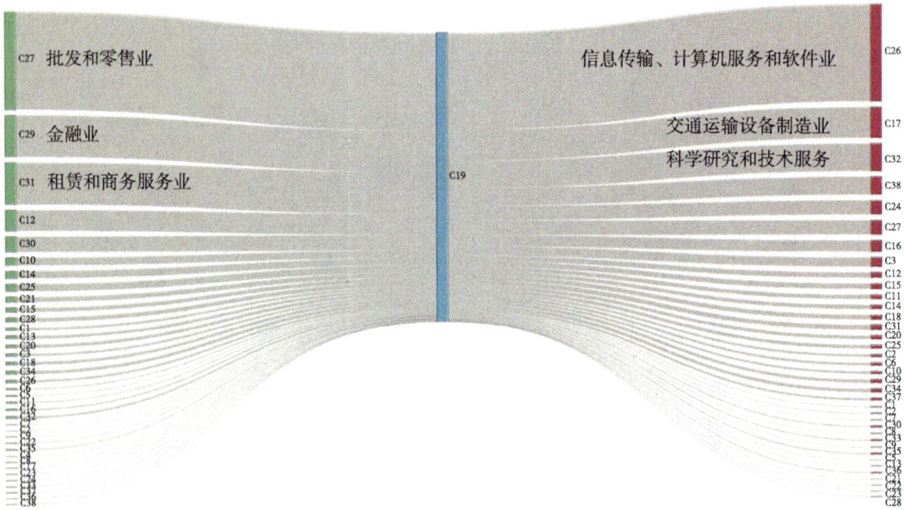

图 1.7　2020 年北京市数字产品制造业的上下游产业关联

第一，从上游产业关联看，北京市数字产品制造业（通信设备、计算机及其他电子设备制造业/C19）的发展依赖上游批发和零售业、金融业、租赁和商务服务业的投入。在 2020 年北京市数字产品制造业中的投入中，34.05%来自批发和零售业，14.59%来自租赁和商务服务业，14.33%来自金融业。数字产品制造业需要大量的原材料和零部件供应，而这些供应通常来自批发和零售业，这些行业提供了必要的原材料和零部件，对数字产品制造业的生产起到了关键支持作用。

第二，从下游产业关联看，北京市数字产品制造业的发展可以极大推动信息传输、计算机服务和软件业，交通运输设备制造业，科学研究和服务业的发展。电子信息、计算机、物联网等产业是数字经济的核心产业，数字技术的不断进步可以推动这些产业的发展。此外，数字经济产业比较易于在制造业、租赁和商务服务业、金融业等领域进行应用和渗透，因而它们之间的发展不可分割（田金方 等，2022）。

研究表明，数字产品制造业对外依赖度较高，自循环能力较强且产业间关联性较高，具有“承上启下”的产业特征，该行业水平的提升对于数字经济综合能力的发展至关重要（张恪渝 等，2023）。因此，推动数字经济相关制造业与电子信息和计算机相关产业、服务业、制造业协同发展是促进北京市经济增长的关键。

从图 1.8 可知，2020 年北京市数字产品服务业的上下游产业关联呈现以下主要特征。

第一，从上游产业关联看，北京市数字产品服务业（信息传输、计算机服务和软件业/C26）的发展主要依赖上游的租赁和商务服务业、金融业、批发零售业的投入。2020 年，北京市数字产品服务业投入中的 27.76%来自租赁与商务服务业，17.42%来自金融业，12.37%来自批发与零售业。

第二，从下游产业关联看，北京市数字产品服务业对下游起到最大支撑作用的行业主要有公共管理和社会组织、金融业、批发和零售业等。

可见，数字产品服务业的发展需要租赁和商务服务业、金融业、批发和零售业等行业提供基础，同时其又会反过来促进金融业以及批发和零售业等行业的发展。

图 1.8 2020 年北京市数字产品服务业的上下游产业关联

1.5 世界主要国家数字经济发展情况

1.5.1 世界主要国家数字经济规模与结构

目前，全球数字经济规模持续扩张。为了研究全球主要国家数字经济发展情况，本报告采用与北京市数字经济测度中相同的方法，分别测算了2020年美国、日本、英国、德国、法国和中国数字经济规模与结构，结果如表1.4所示。在数字经济增加值规模方面，2020年美国数字经济增加值约为19 867亿美元，远远高于其他5个国家。法国和英国的数字经济增加值在上述几个国家中则处于最低的位置，分别约为1 715亿美元和2 288亿美元。日本和德国的数字经济发展程度相差不大，但增加值较低。相比之下，近年来我国的数字经济以较快的速度发展，其中，2020年数字经济增加值约为1 101亿美元，在世界主要国家中位居第二。2020年，美国、英国、德国、中国的数字产业化增加值低于产业数字化增加值，而日本和法国的数字产业化发展水平相对更高。同时，各个国家数字产业化和产业数字化增加值的差别并不大，这说明各国在数字产业化和产业数字化方面均取得了积极成效。在数字经济占比方面，德国、美国和英国数字经济占GDP的比重在世界主要国家中位列前三，其占比均超过了9%。中国占比超过8%，在这几个国家中处于中等水平。法国和日本的占比较低，为7%左右。

表1.4　2020年世界主要国家数字经济规模与结构

	数字产业化（百万美元）	产业数字化（百万美元）	数字经济（百万美元）	数字经济占比（%）
美国	984 503.179 1	1 002 170.650 0	1 986 673.829 0	9.77
日本	171 578.238 4	153 311.288 1	324 889.526 5	6.99
英国	96 416.647 8	132 377.418 0	228 794.065 8	9.37
德国	158 196.379 5	225 166.866 8	383 363.246 3	10.87
法国	87 504.090 1	83 960.669 3	171 464.759 4	7.30
中国	536 571.504 1	564 642.660 1	1 101 214.164 0	8.13

数据来源：根据主要国家投入产出表计算获得。

上述国家数字经济增加值产生差异的原因与很多因素有关，如国家数字经济发展道路、领土面积、人口数量、产业结构等。美国的数字经济增加值和数字经济占比都处于非常高的水平，其作为世界第一大经济体，在军事、经济、科技、贸易等领域的地位和影响力都很大。另外，美国是世界上较早开展数字经济活动的国家之一，具有非常先进的互联网和电子信息发展能力、强大的科技创新能力，拥有大量优秀的研发人员，这些因素使得美国数字经济发展在全球处于绝对领先地位。我国是世界上最大的发展中国家，具有广阔的消费市场，且近些年我国立足产业基础并发挥市场优势，通过有效市场和有为政府的相互促进（中国信息通信研究院，2021），推动了数字经济治理体系的不断完善，目前已经成为世界较大的数字经济市场之一，数字经济增加值规模在全球处于较高水平。德国的数字经济增加值和数字经济占比分别位居全球第三和第一，这主要得益于德国强大的制造业优势。日本 2020 年的 GDP（国内生产总值）位居全球第三，一般来说，经济发展水平越高的国家数字经济占比也越高，但日本的数字经济增加值和占比在世界主要国家中均较低，这可能与日本数字化系统发展的不完善和电子信息研发人才的缺乏有关。英国和法国的数字经济增加值在世界主要国家里最低，出现这种情况的原因可能包括 GDP、人口数量、政府相关政策等的差异。

1.5.2 世界主要国家细分行业的产业数字化水平

为了进一步了解世界主要国家产业数字化的发展水平，本报告对 2020 年世界主要国家产业数字化增加值进行分行业详细测算，结果如表 1.5 所示。

表 1.5 2020 年世界主要国家细分行业的产业数字化水平 百万美元

	美国	日本	英国	德国	法国	中国
农林牧渔业	439.741	282.931	301.616	104.084	6.589	1 271.217
煤炭开采和洗选业	919.571	7.006	115.817	59.838	0.487	2 233.783
石油和天然气开采业	3 678.285	0.000	463.268	14.959	0.731	558.446
金属矿采选业	255.815	29.464	48.521	65.233	2.631	319.326
非金属矿及其他矿采选业	135.644	5.438	51.735	1.818	1.368	194.836
食品制造及烟草加工业	2 520.886	542.597	541.057	461.091	348.470	550.205
纺织业	288.572	27.702	80.008	57.551	21.864	156.115
纺织服装鞋帽皮革羽绒及其制品业	356.781	34.250	98.920	71.153	27.032	193.014
木材加工及家具制造业	1 059.572	52.719	71.659	91.900	7.486	44.392
造纸印刷及文教体育用品制造业	2 626.909	298.148	282.581	525.246	102.733	306.087

续表

	美国	日本	英国	德国	法国	中国
石油加工、炼焦及核燃料加工业	353. 677	291. 952	32. 519	28. 144	33. 339	428. 332
化学工业	4 795. 626	1 493. 335	1 127. 961	3 319. 09	438. 716	1 091. 541
非金属矿物制品业	1 908. 774	294. 279	188. 095	417. 387	81. 587	779. 403
金属冶炼及压延加工业	1 796. 576	258. 719	131. 124	316. 906	26. 464	597. 102
金属制品业	5 559. 921	376. 189	707. 064	1 640. 250	272. 469	1 966. 857
通用、专用设备制造业	6 904. 380	1 985. 579	610. 658	4 466. 214	388. 909	17 894. 969
交通运输设备制造业	11 101. 663	1 137. 648	1 354. 489	3 272. 552	738. 935	7 690. 591
电气机械及器材制造业	3 742. 333	1 208. 838	315. 996	3 857. 470	489. 609	14 341. 868
通信设备、计算机及其他电子设备制造业	76 474. 696	9 685. 253	11 336. 403	13 449. 198	3 445. 928	230 700. 952
其他制造业	6 087. 605	916. 601	846. 732	3 246. 851	712. 518	1 519. 673
电力、热力生产和供应业	2 506. 314	1 083. 628	204. 711	537. 239	153. 695	3 434. 920
燃气生产和供应业	4 516. 093	1 952. 575	368. 865	968. 043	276. 942	6 189. 337
水生产和供应业	2 077. 496	2 996. 594	574. 573	1 917. 572	177. 479	1 405. 986
建筑业	13 247. 487	2 598. 104	2 115. 649	1 676. 623	1 162. 462	8 756. 637
交通运输、仓储和邮政业	7 151. 367	4 754. 916	2 582. 925	5 147. 287	1 290. 787	9 481. 063
信息传输、计算机服务和软件业	102 670. 196	6 549. 965	25 499. 182	72 244. 198	29 475. 106	37 247. 572
批发和零售业	109 443. 052	31 038. 070	12 684. 066	13 936. 291	6 045. 153	68 241. 893
住宿和餐饮业	12 817. 723	662. 313	1 131. 009	446. 048	300. 423	966. 002
金融业	52 727. 497	28 281. 914	13 680. 952	8 581. 110	5 042. 723	33 723. 992
房地产业	21 161. 186	4 422. 936	5 429. 139	2 268. 008	5 626. 585	7 628. 318
租赁和商业服务业	37 913. 443	1 663. 745	1 975. 116	4 089. 886	1 182. 419	1 670. 998
科学研究和技术服务业	162 373. 106	9 219. 193	11 629. 356	18 892. 569	5 509. 759	25 072. 146
水利、环境和公共设施管理业	164 037. 554	17 163. 264	8 618. 326	17 478. 099	5 997. 911	22 404. 076
居民服务和其他服务业	68 275. 015	5 890. 625	5 594. 611	8 035. 449	4 926. 760	8 355. 197
教育业	33 358. 759	4 771. 975	5 222. 475	14 559. 184	2 111. 204	20 756. 966
卫生、社会保障和社会福利业	56 857. 903	7 903. 135	12 291. 356	13 505. 298	5 436. 263	13 297. 679

续表

	美国	日本	英国	德国	法国	中国
文化、体育和娱乐业	4 393.907	1 707.523	1 475.088	2 019.690	662.834	1 687.856
公共管理和社会组织	13 725.162	1 352.628	2 391.809	2 878.413	1 298.765	10 948.570

数据来源：http：//oe.cd/icio。

从表 1.5 中可以发现以下几个特征。

第一，相关国家第一产业的数字化增加值占其各自产业数字化总增加值的比重都很低。相对而言，中国和英国的第一产业数字化增加值占比在这几个国家中最高，约为 0.2%。以中国为例，出现这种情况的原因可能与不同国家的不同产业结构有关。世界主要国家的第一产业占 GDP 的比重远远低于第二产业和第三产业占比，其中，部分国家受自然资源等因素的限制，其农林牧渔业的数字化程度有限，因此农林牧渔业的产业数字化增加值水平也较低。反观中国，2020 年，我国第一产业占 GDP 的比重远高于表 1.5 中的其他几个国家；随着电子信息技术的发展，我国已将数字化技术引入传统的农林牧渔产业，从而使我国第一产业的数字化增加值相比上述其他几个国家为更高。当然，从我国第一产业的占比情况看，目前我国农林牧渔业的数字化渗透率仍比较低，因此在农林牧渔业数字化转型方面需要持续推进。英国数字化起步较早且技术较为先进，因而其第一产业的数字经济渗透率较高。

第二，2020 年中国第二产业的数字化增加值及第二产业数字化占本国产业数字化总增加值的比重都居首位，远高于其余 5 个国家。美国、日本、英国、德国和法国的第二产业增加值占比均不是很高，且其相互之间差别不大。同时，上述所有国家的制造业数字化进程都比较快。其中，中国和德国制造业的数字化增加值占其本国产业数字化总增加值的比重分别位居第一和第二，建筑业，采矿业，电力、热力、燃气及水生产和供应业数字化程度均比较低。另外，就制造业而言，通信设备、计算机及其他电子设备制造业的数字化贡献程度最高，特别是在中国，其几乎占到了中国产业数字化总增加值的四成。

2020 年，中国第二产业数字化增加值约为 3 014 亿美元，约占同年我国产业数字化总增加值的 53%，其余 5 个国家的第二产业数字化增加值占比则均低于 20%。根据国家相关部门发布的数据，2020 年我国第二产业占 GDP 的比重为 37. 8%，明显高于其余几个国家，说明我国第二产业的数字化增加值相对较高。就细分行业而言，制造业是国民经济的重要组成部分，是一国综合实力的体现。在数字经济时代，促进制造业数字化是增强国际竞争力的必由之路，因此各国通过实施相关政策、采取政府引导等方式积极推动制造业数字化转型并取得了显著成果。我国是制造业大国，制造业增加值连续多年位居全球首位，为了促进制造业数字化转型，我国出台了一系列文件。例如，2015 年国务院印发了《中国制造 2025》，以加快新一代信息技术与制造业深度融合为主线；工信部、财政部于 2016 年发布《智能制造发展规划（2016—2020 年）》，明确了制造业数字化的战略规划和重点任务，相关文件的发布使制造业数字化转型取得了明显的进展和成果，使我国制造业数字化增加值稳居世界第一。

德国的制造业在世界范围内享有盛誉，拥有强大的制造业基础、先进的自动化和智能制造技术以及持续不断的数字化创新和研发能力。并且，德国政府积极推动制造业数字化战略，如于 2016 年发布“数字战略 2025”，在国家战略层面明确了德国制造业转型的思路。

制造业包括很多细分行业。其中，上述各个国家中的通信设备、计算机及其他电子设备制造业，交通运输设备制造业和通用、专用设备制造业的数字化程度较高，特别是通信设备、计算机及其他电子设备制造业，其数字化贡献度远远超过其他制造业行业，中国在此行业中的产业数字化水平更是超过了 2 307 亿美元。众多研究机构和学者认为，数字经济是以现代信息网络作为重要载体的，因此计算机和电子信息行业是数字经济的支柱型行业，同样也是制造业产业数字化非常重要的组成部分。

第三，美国、日本、英国、德国和法国的第三产业数字化贡献度均处于很高的水平且其之间的差别较小，中国第三产业数字化增加值占产业数字化总增加值的比重则远低于上述 5 个国家。对美国来说，科学研究和技术服务业以及水利、环境和公共设施管理业数字化增加值对其第三产业数字化增加值贡献最大。英国、德国和法国在信息传输、计算机服务和软件业中的数字化转型较为成功，日本的批发和零售行业以及金融业等对其第三产业数字化转型的推动力最强，中国的批发和零售业的数字化增加值占第三产业增加值的比重则远高于国内的其他行业。

除了中国，其余几个国家第三产业数字化增加值占产业数字化总增加值的比重均在 80% 以上，特别是美国和法国，分别达到约 85% 和 89%。2020 年，中国的第三产业数字化增加值约为 2 615 亿美元，大致仅占同年我国产业数字化增加值的 46%。相关机构公布的数据显示，2020 年，我国第三产业占 GDP 的比重为 54. 5%，其余 5 个国家第三产业的占比则都非常高，特别是美国，超过了 80%。另外，由于产业自身的特点，服务业比较易于进行数字化转型，因此美国、日本、英国、德国和法国的第三产业数字化程度较高。反观我国，服务业企业规模相对较小且很多企业在数字化转型时面临成本高、收益少等问题，因此我国在服务业的数字化转型方面还有较大的发展空间。对此，国家发改委提出，要从夯实服务业数字化基础底座和分类推进服务业数字化转型应用这两个方面同时发力，加快推动服务业数字化转型。

从细分行业看，美国的科学研究和技术服务业以及水利、环境和公共设施管理业的数字化增加值很高。美国具有先进的教育体系和大量优秀的科技研发人员，且美国联邦政府和各州政府在研发预算、税收等多方面对科学研究进行了强有力的政策支撑。中国和日本的批发和零售业数字化增加值对其各自国内第三产业数字化增加值的贡献最大，占比均为 25%左右。中国、日本两国国内的批发商和零售商的数量较多、营业收入占第三产业的比重较高，总体规模也在不断扩大之中，且随着消费者需求的变化、市场竞争的加强和电子商务的崛起，批发和零售业正在逐步加快推进数字化转型和产业升级。对于德国和法国而言，信息传输、计算机服务和软件业数字化增加值占其各自国内第三产业增加值的比重将近 40%，这个比值远远高于表中其余 4 个国家，这可能与德国和法国实施的计划或政策有关。例如，德国发布了《德国高科技战略 2025》并实施了“中小企业创新项目”，从而推动了德国企业 IT（internet technology，互联网技术）安全、网络营销等的发展；法国则大力促进服务业的发展并加大对数据科学、物联网等领域的研究。此外，上述各国在文化、体育和娱乐业，住宿和餐饮业，公共管理和社会组织业等方面的产业数字化增加值水平很低，这或许与上述行业的自身性质有关，与其他行业相比不易于进行数字化转型。

2 数字场景：城市数字智能转型示范高地

刘翠花*

2.1 北京建设城市数字智能转型示范高地的成效

2.1.1 新型网络基础设施建设

北京市大力推进首都全光网络信息通信基础设施建设，提升用户网络使用体验，增强赋能融合作用，强化网络安全保障，建设国际领先的万兆网络基础设施，支撑北京打造全球数字经济标杆城市。全市聚焦新网络、新要素、新生态、新平台、新应用、新安全等六大方向，建成一大批具备网络基础稳固、数据智能融合、产业生态完善、平台创新活跃、应用智慧丰富、安全可信可控等特征，具有国际领先水平的新型基础设施，对提高城市科技创新活力、经济发展质量、公共服务水平、社会治理能力等形成强有力支撑。

北京市制定出台多项规划及政策，形成新型信息基础设施顶层设计。2020年，北京市印发《北京市加快新型基础设施建设行动方案（2020—2022年）》①，谋划推动一大批重大项目，加快推动5G（5th Generation Mobile

---

* 刘翠花，首都经济贸易大学经济学院副教授、硕士生导师；首都经济贸易大学经济学院2023级硕士生王晗和经济学实验班王佳萍、王崇睿参与了本章内容的研究工作。

① 北京市发展和改革委员会：《北京市加快新型基础设施建设行动方案（2020—2022年）》，2022年3月22日，https：//fgw. beijing. gov. cn/fgwzwgk/zcgk/qtwj/202203/t20220322_ 2636734. htm。

Communication Technology，第五代移动通信技术）网络、千兆固网、卫星互联网、车联网、工业互联网和政务专网等新型网络基础设施建设，聚焦产业发展需求和民生服务，拓展智慧城市创新应用场景，促进新型网络基础设施建设与应用融合发展。2021 年，北京市印发《北京市关于加快建设全球数字经济标杆城市的实施方案》①，明确要加快推进“双千兆”计划，实现千兆入户和 5G 网络全覆盖。规划建设支撑数字原生的专用网络和边缘算力体系，建成新一代数字集群专网、高可靠低时延车联网、工业互联网、卫星互联网等。同年，为了贯彻落实上述行动方案，北京市出台《关于加快新型基础设施建设 支持试点示范推广项目的若干措施》②，多方位、多维度推动新一代信息基础设施的建设，推动一批试点、示范和推广项目建设，促进形成可复制推广的新模式和新业态。

（1）持续扩大 5G 网络覆盖范围

2023 年，北京市继续扩大 5G 覆盖范围，推进“双千兆”网络建设，推动地铁、重点商圈和景区等区域 5G 网络高质量覆盖。同时，强化 5G+融合应用技术创新，推动 5G 在交通、医疗、教育、文旅等垂直行业的融合应用，催生新模式、新业态、新产业，促进产业转型升级。同时，前瞻布局 6G 潜在关键技术，夯实北京工业互联网技术自主供给能力，深化“百城千园行”行动，建设北京工业互联网产业发展新生态。

截至 2023 年第三季度，北京市已累计建设 5G 基站 10.4 万个，其中，当年新建 2.7 万个，实现五环内全覆盖、五环外重点区域和典型场景精准覆盖；累计千兆固网用户达到 200.7 万户，其中，当年新增 66.3 万户。目前，北京市已建成通信基站 31.3 万座，占比基站总数 28.7%，每万人拥有 5G 基站数全国第一。用户数方面，移动用户数达到 3 953.5 万户，其中，5G 用户 1 585.3 万户，占总数的近四成；5G 手机终端连接数为 2 214.1 万个，占总数比超过六成③。图 2.1 为 2019—2023 年第三季度北京市的 5G 基站数量。

---

① 北京市人民政府：《北京市关于加快建设全球数字经济标杆城市的实施方案》，2021 年 8 月 3 日，https://www.beijing.gov.cn/zhengce/zhengcefagui/202108/t20210803_2454581.html。

② 北京市人民政府：《关于加快新型基础设施建设 支持试点示范推广项目的若干措施》，2021 年 10 月 8 日，https://www.beijing.gov.cn/zhengce/zhengcefagui/202110/t20211008_2508014.html。

③ 北京市统计局：《北京建设全球数字经济标杆城市取得积极成效》，2024 年 1 月 23 日，https://tjj.beijing.gov.cn/zxfbu/202401/t20240123_3542804.html。

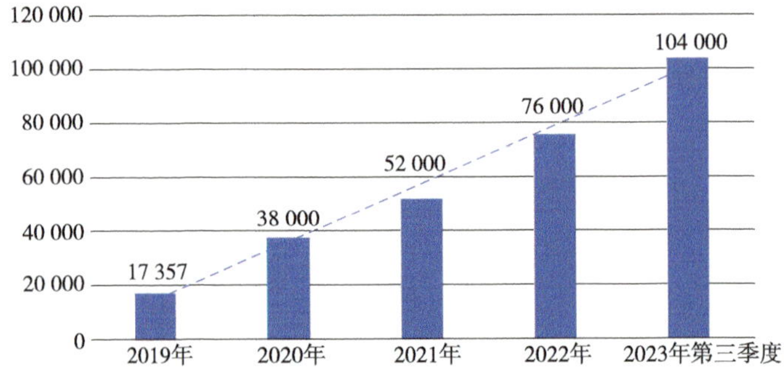

图 2.1　2019—2023 年第三季度北京市 5G 基站数量（个）

此外，上海市目前已累计建成并开通 5G 基站总数达到 8.8 万个，5G 基站占移动电话基站比重达 37.2%、5G 基站建设密度为 13.8 个/平方公里（该两项指标均位居全国第一）。同时，上海也是全国第一个三大运营商均加入 5G-A 阵营的城市。下一步，上海将持续提升 5G 用户普及率、千兆用户占比等重点指标，同步完善质量评价体系，建设以 5G-A 和万兆光网为标志的全球双万兆城市。

深圳则是全国首个 5G 独立组网全覆盖的城市。2023 年，深圳市已累计建成 5G 基站 7.5 万个，5G 基站密度、用户和流量占比在全国主要城市中排名第一，率先试点 5G-A。

（2）积极推进千兆固网接入网络建设

2023 年，北京市积极推进千兆固网接入网络的建设，持续优化宽带城域网的结构，显著提升了传输效率，有效满足了不断增长的通信访问需求，使更多的北京市民得以享受高速、稳定的网络服务。截至目前，北京市固定互联网宽带接入用户数已达 933.4 万户，其中，千兆用户的数量已达 175.1 万户，占总数量的 17%[①]。在物联网建设方面，北京市同样取得了突破性进展，其物联网终端用户位居全国前列。目前，北京在物联网技术的应用和传感网络的布局等方面都有着良好的基础。物联网技术已在城市交通、环境监测、电力控制、楼宇系统等领域有了成功的实践经验，诞生了多个以物联网为主

① 北京市通信管理局：《2023 年北京电信业月报》，2024 年 1 月 24 日，https://bjca.miit.gov.cn/zwgk/txfz/xyfzghxytj/art/2023/art_0623a68a07064c4291128117e528fb4f.html。

营业务的企业，构成了相对完整的产业链。北京市物联网终端用户数已达到1.4亿户。此外，北京市在数字媒体领域蓬勃发展，交互式网络电视（IPTV）用户已达到420.5万户。图2.2为2015—2023年北京市固定互联网宽带接入用户数。

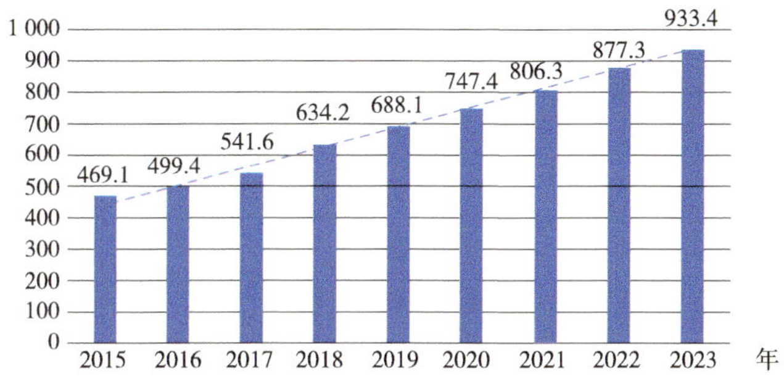

图2.2　2015—2023年北京市固定互联网宽带接入用户数（万户）

同时，上海市固定宽带接入用户稳定增长，千兆用户数规模不断扩大。截至2022年末，该市固定互联网宽带接入用户总数已达1 071.2万户，同比增长7.6%，较上年末增长75.7万户。其中，光纤接入（FTTH/O）用户达1 018.6万户，占用户总数比重为95.1%；100 Mbps[①]及以上用户达966.0万户，占总用户数比重为90.2%；500 Mbps及以上用户达271.6万户，占总用户数比重为25.3%；1 000 Mbps及以上用户达142.6万户，占总用户数比重为13.3%。

目前，深圳市已初步建成“万物互联、数智融合、技术引领”的信息基础设施体系，全面助力数字经济的蓬勃发展。随着深圳市加快“千兆城市”建设步伐，此举将进一步加速深圳产业数字化进程，助力深圳经济社会高质量发展。2023年末，深圳市有固定电话用户371万户，年末移动电话用户为2 818万户，年末固定互联网宽带接入用户674万户，移动互联网用户2 572万户。目前，深圳市重点场所的5G网络通达率为91%、每万人拥有5G基站数28.5个；千兆宽带用户46.34万户，约187.45万家庭用户拥有500 Mbps及以上家庭宽带，占固定网络用户总数的29.2%。

① Mbps是Million bits per second的缩写，Mbps = Mbit/s即兆比特每秒，意思是时间内传输数据的平均比特数，其单位是比特每秒（bps），或千比特每秒（Kbps），或兆比特每秒（Mbps）。

（3）重点支持卫星互联网技术研发

在推进卫星网络全产业链发展上，北京市重点发展商业火箭、卫星、地面终端、网络建设和运营服务等关键产业环节，同时与5G通信、电子信息、车联网等产业协同发展；重点支持卫星网络的技术研发、系统建设和龙头企业发展，完善和丰富京津冀区域内全产业链布局。截至2023年底，亦庄火箭公司累计发射27次，其中，2023年已完成发射15次。2024年，该公司计划发射近30次，计划搭载卫星超过100颗，发射规模有望连续三年成倍增长。同时，实施火箭设计和发射技术两个创新，具备海上发射、快速响应发射、一箭多星发射等技术能力，具有市场化、高效率的星箭协同配套优势①。图2.3为北京市卫星网络全产业链建设体系。

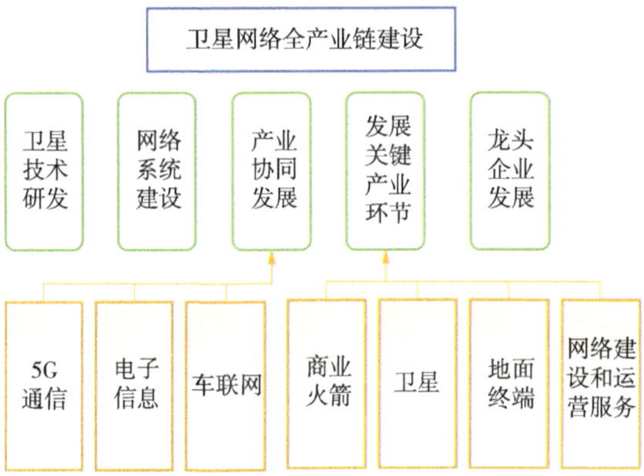

图2.3　北京市卫星网络全产业链建设体系

此外，2023年以来北京市落实商业航天从战略新兴产业向产业化高质量发展转变的新要求，加大产业化支持服务力度，针对重点项目，开展一事一议支持。逐渐形成以专项政策为主线，以普惠政策为支撑，多种工具发挥作用的扶持体系，以进一步推动强企惠企资源向商业航天领域集中。

上海市为加快建设卫星产业链、打造信息产业高地，制定并出台《上海市促进商业航天发展打造空间信息产业高地行动计划（2023—2025年）》。该计划指出，到2025年，形成从火箭、卫星、地面站到终端的全覆盖产业

① 北京市经济技术开发区：《工作动态——引力一号成功发射的亦庄故事》，2024年1月12日，https：//kfqgw. beijing. gov. cn/zwgkkfq/yzxwkfq/202401/t20240112_ 3533733. html。

链。发展新一代中大型运载火箭、低成本高集成卫星、智能应用终端等三大拳头产品。形成年产 50 发商业火箭、600 颗商业卫星的批量化制造能力，以打造“上海星”“上海箭”为目标，提供卫星研制、运载发射、在轨交付与管理链式服务模式。构建多结构产业基金，完善相关产业扶持政策。新引进和培育 10 家商业航天重点企业，培育 5 家具备科创板上市条件的硬核企业，扶持一批民营“专精特新”优势企业，实现空间信息产业规模超 2 000 亿元。

深圳市在打造卫星网络产业链方面也积累了丰富的经验，形成了包括卫星制造、运营、关键零部件（芯片）和卫星应用等环节在内相对比较完善的产业体系，如卫星研制领域的重点企业有深圳东方红，卫星建设和运营方面有亚太星通，关键零部件有华大北斗、华信天线、航盛电子等，产业规模和整体竞争力居国内领先水平。

（4）大力推广工业互联网发展建设

为了推进北京市工业互联网创新发展，北京市政府制定并出台了《北京工业互联网发展行动计划（2021—2023 年）》①，全面实施供给质量提升三大行动、产业集群培育三大工程，致力于打造引领全国、影响世界的工业软件创新高地、工业互联网平台赋能高地、工业互联网安全服务高地和工业互联网产业发展高地。截至 2022 年底，北京市工业互联网平台数量、接入资源量、国家级智能制造系统方案供应商数量均位居全国第一。目前，北京市已建成全球最大规模城市级 5G+8K 立体播放体系，建成国家工业互联网大数据中心和顶级节点指挥运营中心，接入二级节点和主动标识数量居全国首位。工业互联网·北京顺义区、海淀区、朝阳区、石景山区等入选工信部第九批国家新型工业化产业示范基地名单。作为首个接入企业突破 18 000 家的国家顶级节点，北京市的国家顶级节点辐射北京、天津、河北、山西、内蒙古、辽宁、吉林、黑龙江、山东等 9 个省区市，构建数据连通网络，已实现工业互联网标识解析体系在航空航天、汽车、医疗器械、食品等多个行业的应用和规模化发展。经过 3 年多的建设，北京国家顶级节点已成为北京市工业互联网的创新名片，支撑北京市获批国家新型工业化产业示范基地（第九批），助力北京市成为全国工业互联网发展高地，打造全球数字经济标杆城市。

① 北京市人民政府：《北京工业互联网发展行动计划（2021—2023 年）》，2021 年 12 月 24 日，https：//www. beijing. gov. cn/zhengce/zhengcefagui/202112/t20211228_ 2574143. html。

图 2.4 为北京市工业互联网建设体系。

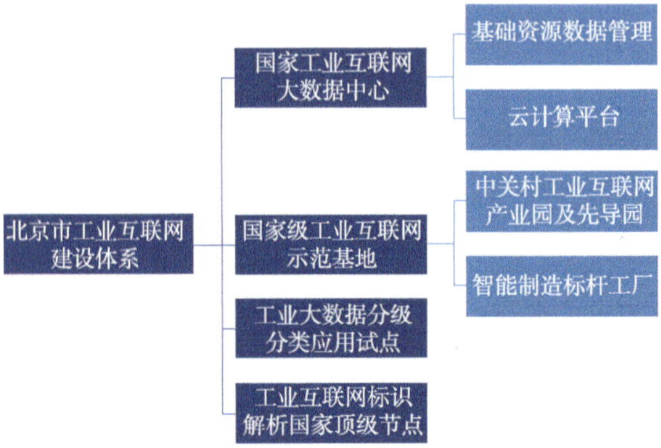

图 2.4　北京市工业互联网建设体系

同时，上海市深入实施工业互联网创新发展战略，扎实推动数字经济与实体经济的深度融合。上海市依托工业互联网标识解析其自身所具备的顶级节点，深入推动 5G 应用“海上扬帆”行动，着力构建 5G+工业互联网发展体系。涌现出江南造船厂 5G 船舶制造、宝钢 5G 全连接工厂、国网 5G 专网切片等一批“5G”融合应用案例。截至目前，长三角三省一市共有 88 个二级节点接入上海顶级节点，累计标识注册量超 1 900 亿个，累计标识解析量近 1 500 亿次，接入企业超 18 万家，各项指标均位居全国前列。

2.1.2　智能网联城市道路建设

（1）自动驾驶示范区建设持续推进，“车路云图网”不断完善

2019 年 12 月，自然资源部、工信部、北京市政府签订三方合作协议，联合开展车联网（智能网联汽车）和自动驾驶地图应用试点。2020 年 9 月 11 日，在 2020 中关村论坛新闻发布会上，时任北京经济技术开发区管委会常务副主任孔磊表示，北京将建设全球首个高级别自动驾驶示范区。由此，在北京市委以及各方力量的协同和作用下，高级别自动驾驶示范区落地北京市经济开发区。在 2021 年和 2022 年两年内，高级别自动驾驶示范区实现核心区 60 平方公里、30 个路口智能网联道路基础设施全覆盖，自动驾驶测试里程 304 万公里，占全市测试里程的七成以上，初步形成“车路云网图”五大体系，示范区建设 1.0 阶段和 2.0 阶段完成。图 2.5 为 2022 年至 2023 年 3 月北

京高级别自动驾驶示范区测试里程及自动驾驶里程占比情况。

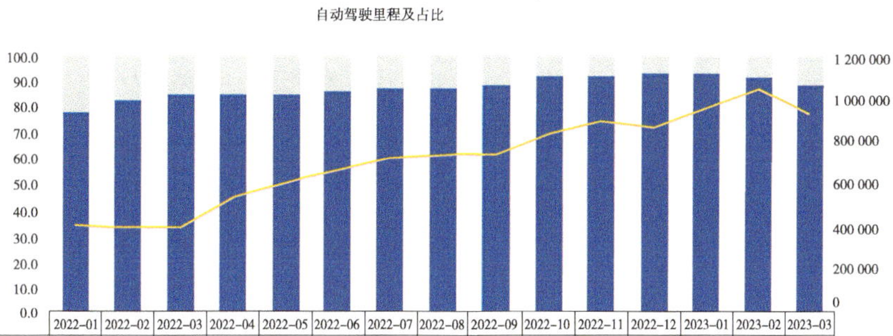

	2022-01	2022-02	2022-03	2022-04	2022-05	2022-06	2022-07	2022-08	2022-09	2022-10	2022-11	2022-12	2023-01	2023-02	2023-03
人工驾驶里程占比(%)	22.2	17.2	14.9	15.3	14.9	13.4	12.4	12.3	11.4	8.7	8.2	7.1	7.0	8.8	11.9
自动驾驶里程占比(%)	77.8	82.8	85.1	84.7	85.1	86.6	87.6	87.7	88.6	91.3	91.8	92.9	93.0	91.2	88.1
自动驾驶里程(km)	409 495	396 994	399 565	535 756	604 567	656 801	717 807	732 329	734 982	834 934	891 684	862 872	954 220	1 040 139	924 378

图 2.5　2022 年至 2023 年 3 月北京高级别自动驾驶示范区测试里程及自动驾驶里程占比情况

全国范围内，自动驾驶技术、智能网联汽车产业在其他地区也有所发展。上海秉持安全有序、包容创新的理念，构建了“全车型、全出行链、全风险类别、全测试环节和融合新基建基础设施”的“四全一融合”智能网联汽车测试场景，打造了嘉定、临港、奉贤、金桥等四个测试区。深圳市出台《深圳市加快打造“新一代世界一流汽车城”三年行动计划（2023—2025 年）》等文件，加快智能网联汽车产业建设。

与上海、深圳相比，北京市的自动驾驶示范区享有位置、政策和规模上的红利，且示范区建设起步较早，发展基础相对完善，各阶段任务目标明确，工作稳步推进。2022 年 9 月，北京市政府正式批复了《北京市高级别自动驾驶示范区 3.0 阶段建设实施方案》①，示范区建设正式进入 3.0 阶段。示范区建设继续秉承“车-路-云-网-图”五大体系协同发展的理念，积极践行“车路云一体化”的智能网联城市的中国方案。截至 2023 年 3 月，示范区内测试企业 19 家，入网车辆数量 578 辆，累计自动驾驶里程达 1 449 万公里。在车端，示范区有序推进智能网联车端应用，依托大规模测试能力优势，面向自动驾驶测试及量产车场景应用需求，组织企业研发三模车载电子标签（OBU），累计安装 700 余台。在路端，示范区持续强化路侧基础设施支撑，

① 北京市人民政府：《北京市高级别自动驾驶示范区 3.0 阶段建设实施方案》，2022 年 9 月 13 日，https：//www.beijing.gov.cn/gongkai/jihua/zfgzbg/202201/t20220913_2589854.html。

实现60平方公里车路云一体化功能全覆盖，形成功能服务20余项。同时持续优化标准路口建设，每路口降低成本幅度达46.3%。在云端，示范区充分发挥云控平台中枢价值，累计接入车辆、路侧、信控、出行服务等6个大类、200多个数据项，面向产业及政府部门提供车路云一体化及交通信控优化等应用服务。在网端，示范区不断夯实通信基础设施建设，融合5G、C-V2X（Cellular-V2X，蜂窝车联网）和EUHT（enhanced ultra high throughput，超高速无线通信技术）等多种技术，实现329个智能网联路口C-V2X网络全面部署与335.6公里双向城市主要道路EUHT网络信号连续覆盖，支撑开展车辆监管、远程驾驶、车路协同等功能，数据传输成功率达95%以上。在图端，示范区深入拓展高精地图服务能力，支持高精度地图试点建设，扩展至46个地图API（application program interface，应用程序接口），支持提供用户灯态提醒、车道级事件提示等功能服务①。在未来，自动驾驶示范区建设还将为北京市的智能网联城市建设提供更多宝贵的经验与成果。图2.6为2021年4月至2023年3月北京市高级别自动驾驶示范区测试车辆累计数量。

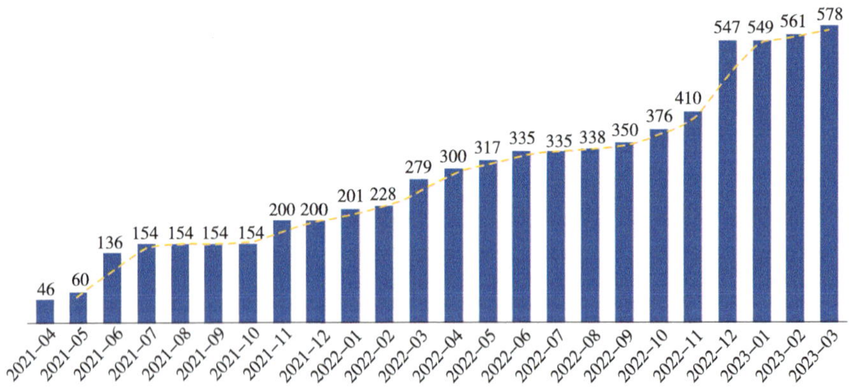

图2.6　2021年4月至2023年3月北京市高级别自动驾驶示范区测试车辆累计数量（辆）

（2）数据工作多方面加快推进，智能网联建设基础持续夯实

在智能网联城市的建设中，数据具有重要的、基础性的作用。北京的智

① 北京市经济技术开发区管理委员会：《北京市高级别自动驾驶示范区建设发展报告（2022）》，2023年5月16日，https：//kfqgw.beijing.gov.cn/zwgkkfq/yzxwkfq/202305/t20230517_3105524.html。

能网联城市建设十分重视数据收集、数据安全和数据公开使用等多方面的工作推进。

数据收集方面，在北京市高级别自动驾驶示范区运营过程中，产生多视角、多模态、多维度“车路云网图”五位一体全量数据，示范区持续更新自动驾驶数据集。截至2022年底，数据集涵盖北京市高级别自动驾驶示范区10公里真实城市道路、10公里高速公路以及28个路口数据，包含来自车端、路端相机和激光雷达等多类型传感器的72 890帧图像数据和72 890帧点云数据。

数据运营与安全方面，北京市持续搭建数据安全保障体系，相关数据运营平台立足相关企业数据资产盘点情况，持续开展组织层建架构、制度层定规范、人员层推落实与技术层筑保障等工作，有效明确数据处理各环节管理要求并配套技术工具，充分保证数据处理全流程安全。在不断积累数据安全运营经验与能力的基础上，推动相关企业逐步落地创新应用成果，助力200余家单位开展相关领域研究工作，初步搭建高精度地图众源更新平台，实现数据闭环验证。同时，北京市高级别自动驾驶示范区先后发布国内首个示范区级数据分类分级白皮书与数据安全管理政策，为车端与路侧提供主动安全防护①。图2.7为北京市高级别自动驾驶示范区数据安全管理政策。

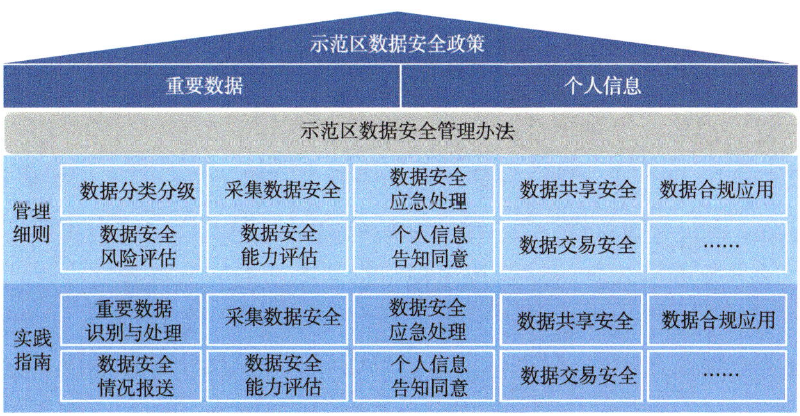

图2.7　北京市高级别自动驾驶示范区数据安全管理政策

---

① 孟凡新、王婧：《北京市数字经济发展报告——专题篇——2022年北京数字经济标杆城市八大任务进展报告》，2023年6月1日。

数据开放与交易方面，北京市加大公共数据和社会数据要素开放力度，开放车路协同自动驾驶数据集，深化公共数据开放、数据交易流通，并将公共数据分为四级进行公开与交易。截至 2022 年 7 月，北京市推动开放与智能网联相关的自动驾驶等数据的总量已达 13.48 亿条。国际大数据交易所逐步完善基于自主知识产权的交易平台，上架数据产品 1 364 个，参与主体 329 家，交易调用 7.73 亿笔①。

国内其他地区在打造智能网联城市产业链的同时，也积极开展了智能网联数据方面的相关工作。例如，上海市扎实做好智能网汽车数据安全保障工作，数据采集过程中，采用访问控制、数据加密、实时监控等多重层次安全措施；数据使用评估过程中，加强隐私保护，进行数据脱敏及分级分类处理，确保数据合规安全使用。深圳则在高精地图、开放道路测试等需要大量数据累积的产业中具有较高的发展水平，并在发展这些领域的同时获得了大量实验数据。

与这两个地区相比，北京市智能网联数据工作不仅包含数据安全建设，也包含数据开放、数据交易等多方面的内容，综合上看有着工作层次理更分明，涵盖内容更全面，管理办法更完善的优势。

（3）产学研各方力量持续汇聚，智能网联关键技术逐步实现

在北京市的智能网联城市建设工作中，高级别自动驾驶示范区作为建设工作的重要创新和试点部门，持续凝聚产学研各方智慧和力量，并于 2023 年成立北京市高级别自动驾驶示范区智能网联汽车市域产教联合体。联合体汇集 9 个政府部门，清华、北航等 17 所院校，百度、小马、阿里、腾讯、海康、电信等 31 家企业，国汽智联、国创中心、市智交中心等 5 家科研机构，中汽学会、全国交通行指委等 4 个行业协会组织，探索构建“产学研训创一体化”人才培养模式，构建连接高校与机构之间的交流纽带，搭建产业资源共享与交流合作的沟通渠道，建成具备人才培养、创新创业、促进产业高质量发展等多功能的综合平台。2023 年 8 月，产教联合体获批北京市第一批市域产教联合体建设单位，同年 11 月又获批交通运输部交通强国重点

---

① 《北京市数字经济发展报告》课题组：《北京市数字经济发展报告——总报告——2022 年北京全球数字经济标杆城市建设发展总体情况》，2023 年 6 月 1 日。

建设任务①。

随着产业集聚以及产学研等各方力量的不断集聚，北京的智能网联城市建设持续面向行业关键技术攻关。利用“揭榜挂帅”机制研发生产国产化边缘计算节点（MEC）设备，降低设备成本，发布并推进全球首个智能网联路侧操作系统“智路 OS”② 开源开放，初步形成国产化路侧系统解决方案，并联合企业共同研发分布式算力平台，逐步实现路侧算力有机整合。截至 2023 年 5 月，针对应用场景全面示范、协同发展，推进自动驾驶乘用车无人化和商业化，服务超 134 万人次；实现末端配送新模式，无人配送服务超 130 万单；打造零售服务新体验，累计服务 250 万余次；积极推动教育专线、机场接驳场景等创新应用落地，与公交车、公务车、快递车、环卫车、社会车辆等实现小规模场景示范应用。在智慧交通提质增效方面，完成 317 个信控路口升级改造，道路信息日均服务用户超过 2 万户，平均速度提升 12.3%。聚焦加强产业服务能力，打造专业化、便利化产业创新园和孵化器，发挥在区平台公司的作用。目前，示范区已聚集工信部装备中心、公安部道路交通安全研究中心等部委机构，吸引近百家智能网联汽车创新企业③。

（4）智能网联建设政策不断健全，试点工作持续深入开展

为更好地推进北京市智能网联城市道路建设，北京市政府及相关部门加速推进有关政策法规标准化进程，打造友好测试监管环境。

在政策体系方面，“2+5+*N*”政策体系不断完善，聚焦全无人、高速公路、无人接驳等场景，累计出台 10 项行业代表性管理政策，完成乘用车无人化、高速公路商业化试点等政策文本编制工作，为智能网联汽车道路建设、示范应用、商业运营服务等领域发展提供有力支撑。

在推进立法方面，北京经济技术开发区（以下简称“经开区”）内相关负责人多次对高级别自动驾驶示范区内代表企业进行调研，充分了解企业立

---

① 北京市经济技术开发区管理委员会：《瞄准五个方向发力！北京市高级别自动驾驶示范区智能网联汽车市域产教联合体成立》，2023 年 12 月 22 日，https：//www.beijing.gov.cn/ywdt/gzdt/202312/t20231222_3508469.html。

② “智路 OS”是在车路云一体化中国方案的整体架构下，以高级别自动驾驶技术和应用为牵引而沉淀出的智能网联路侧计算单元的基础软件平台。

③ 北京市经济技术开发区管理委员会：《2022 年北京市高级别自动驾驶示范区建设发展报告发布》2023 年 5 月 17 日，https：//kfqgw.beijing.gov.cn/zwgkkfq/yzxwkfq/202305/t20230517_3105524.html。

法诉求。完成《北京市智能网联汽车政策先行区数据安全管理办法》和《北京市智能网联汽车政策先行区数据分类分级管理细则》等的编制工作。此外,《北京市高级别自动驾驶示范区 3.0 阶段建设实施方案》获市政府正式批复①。目前,《北京市智能网联汽车管理条例》已纳入 2023 年度市人大立法工作计划。在标准化成果方面,搭建“车-路-云-网-图-安全”示范区标准体系,累计完成示范区标准 20 项。推动 5 项团体标准转化与 6 项北京市地方标准研制。与此同时,持续建设完善“事前-事中-事后”监管体系,采取强化管理、优化服务并重措施,为企业车辆测试及商业化探索提供保障。

国家层面,2024 年 1 月 15 日,为推进智能网联城市建设,工信部等 5 部委印发《关于开展智能网联汽车“车路云一体化”应用试点工作的通知》,要求试点工作坚持“政府引导、市场驱动、统筹谋划、循序建设”的原则,建成一批架构相同、标准统一、业务互通、安全可靠的城市级应用试点项目,推动智能化路侧基础设施和云控基础平台建设,提升车载终端装配率,开展智能网联汽车“车路云一体化”系统架构设计和多种场景应用,形成统一的车路协同技术标准与测试评价体系,健全道路交通安全保障能力,促进规模化示范应用和新型商业模式探索,大力推动智能网联汽车产业化发展。北京市高级别自动驾驶示范区作为国智能网联城市建设工作的典型范例,也将积极贯彻该通知的指示精神,加快推进智能网联城市的相关试点工作。图 2.8 为车路云一体化安全传输框架。

上海作为全国范围内智能网联城市建设发展较早、产业建设较为成熟的城市,在相关领域的政策法规上也相对健全。上海市制定发布的《上海市智能网联汽车高快速路测试与示范实施方案》,支撑、打通了智能网联汽车测试与示范全流程。在此基础上,上海市立足浦东新区、临港新片区立法权优势,先后制定发布《上海市浦东新区促进无驾驶人智能网联汽车创新应用规定实施细则》等政策及规定,推动“未来车”驶上“法治道”,响应无人驾驶装备产业迫切需求,加速无人驾驶技术商业化落地,积极推进智能网联汽车产业创新发展。

---

① 孟凡新、王婧:《北京市数字经济发展报告——专题篇——2022 年北京数字经济标杆城市八大任务进展报告》,2023 年 6 月 1 日。

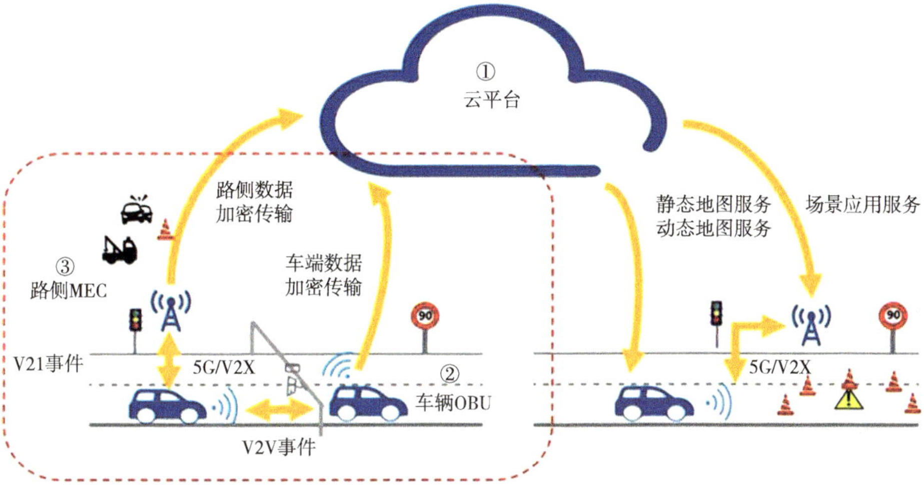

图 2.8　车路云一体化安全传输框架

2.1.3　智慧城市感知体系建设

（1）智慧杆塔建设成果显著，以智能化助力城市转型

智慧杆塔是以共建共享模式集成多种信息通信服务设备及感知终端设备并具备智慧能力的杆、塔形态设施的总称。作为典型的“新基建”融合基础设施，智慧杆塔建设符合国家加快数字化发展、推动绿色发展、提升城镇化发展质量的规划要求。当前，我国智慧杆塔建设总体开始从起步试点阶段向稳步发展阶段过渡，部分省市提出明确建设目标，一些大中城市开始分期开展规模化建设。在智慧杆塔的建设实践中，产业协同水平不断提升、标准体系趋于完善、知识产权初具规模、相关产业的前沿技术不断发展，创新引领作用逐渐凸显①。

国家“十四五”规划部署为智慧杆塔营造了良好的发展环境。2022 年 1 月，国务院印发《“十四五”数字经济发展规划》，要求有序推进基础设施智能升级，推动新型城市基础设施建设，提升市政公用设施和建筑智能化水

① 中国通信学会：《智慧杆塔科技前沿报告（2022）》，2022 年 12 月 9 日，https：//mp. weixin. qq. com/s? _ _ biz = MzI4NDA4MzE4MA = = &mid = 2651513947&idx = 1&sn = 2277b8a468b5c66784046bd5a6e24dc5&chk。

平，并要求加快城市智能设施向乡村延伸覆盖。行业政策为智慧杆塔发展提供了重要动力。

建设定位日趋明确——我国智慧杆塔建设总体开始从起步试点阶段向稳步发展阶段过渡。在加快建设5G等新基建的政策引导和带动下，各地开始积极在局部城市道路、公园、热点商区、工业园区等区域性场景试点建设智慧杆塔，建设项目呈多点开花、突破式增长的态势。如前所述，当前随着起步试点阶段的经验不断积累，智慧杆塔的建设定位日趋明确，技术方案和投资运营模式趋于成熟，智慧杆塔建设总体开始向稳步发展阶段过渡。建设理念走向成熟，大中城市项目建设趋于规模化，试点项目建设持续向中小城市和乡镇下沉。建管模式逐渐清晰，面向较为封闭的场景，如居民社区、产业园区、景区景点、学校、医院等，此外智慧杆塔的功能、应用需求明确，通常由社区、园区管理者自建、自管、自用，建设、使用与运维部门相对单一，较少涉及外部协调工作，因此项目推进较为顺畅。面向相对开放的场景，如城市开放道路等，智慧杆塔的应用需求多样，承载的功能涉及管理部门众多，协调沟通较为复杂，长期以来是影响智慧杆塔充分发挥集约共享作用、面向全局化建设部署的核心障碍。对此，多地在明确智慧杆塔作为公共基础设施的本质属性和定位的基础上，从管理制度、协调机制、建管主体等三个层面明确智慧杆塔建管模式，推动落地建设。产业生态健康发展，市场环境持续优化，技术，质量和成本将成为关键竞争要素。整体看，我国智慧杆塔标准化工作正在从早期的团体、地方标准多点开花，朝着国标整体统领、行标专业细化、地标落地实施、团标多元发展的协同体系发展并趋于完善。

北京的智慧杆塔成果主要体现在以下几个方面。

第一，基于传统杆塔进行拓展的成果。例如，对杆塔的材料结构进行新的优化，探索采用不锈钢、耐候钢、聚氨酯复合材料等提升杆体的耐环境腐蚀性能，以及采用可塑性较强的铝合金等材料提升杆体的美观性。针对“5G+智慧杆塔”部署，高透波率，轻量化，高强度的透波天线罩材料研究备受关注，通过多种复合材料的应用以达到不同频率基站的通信需求，也可保证智慧杆塔的美观性以及与周围环境的和谐性。

第二，以信息服务为特点的功能性信息智慧杆塔的建设。其主要表现为绿波控制、多设备协同、针对不同目标播报不同内容的综合智慧屏幕的建设与应用。

第三，智慧杆塔功能。数字孪生快速构建智慧杆塔系统作为感知入口，为构架数字孪生提供基础，数字孪生技术也可直接应用于智慧杆塔的运营管理。数字孪生技术是沟通虚拟与现实世界的重要桥梁，具有精准映射、高效决策、深度分析等特点。数字孪生技术赋能智慧杆塔，可以在实时全景全要素表达、区域分析与规划、动态事件实时优化、灾害模拟与影响预测、运营策略优化等方面提供广阔的应用场景，显著提高智慧杆塔的数字化管理水平。为快速高效构建数字孪生场景及应用，当前面向数字孪生模型构建的低代码，无代码开发技术也在不断成熟。基于内置的素材库和模板库，通过拖拽和参数配置即可高效完成数字孪生场景的建立。例如，优锘科技开发的面向智慧杆塔建设场景与各类功能模拟的低代码平台，可低成本、高效地规划智慧杆塔的建设和升级。

此外，部分省市也提出了明确的智慧杆塔建设目标。上海、山东等地的智慧杆塔新建数量已超过 3 万根，广州市计划到 2025 年，全市建成智慧灯杆约 8 万根，其中，市中心区约 4.2 万根；深圳市计划到 2025 年将投入应用 4.5 万根智慧杆塔。智慧杆塔需要因地制宜建设落地，在智慧杆塔建设的起步试点阶段，上海、广东、江苏、贵州、湖南、浙江、江西、安徽、河北等多地均已发布省级标准规范，广州、深圳、杭州、青岛、济南、南京、襄阳等多个地市也出台了相关地方标准。

智慧杆塔的技术进步和产业发展驱动业界开展知识产权布局。近年来，相关企业、高校、研究院、创新中心等技术研发机构纷纷加快知识产权申请步伐，旨在推动智慧杆塔的技术创新和应用推广。整体看，智慧杆塔的知识产权已初具规模。在新时代发展理念以及网络强国、数字中国、智慧社会等战略部署的牵引下，我国智慧杆塔建设中有代表性的地区（如广东、浙江、江苏、上海等），具备创新意识强、战略部署早、产业基础好、建设投入大的优势，在智慧杆塔相关知识产权的申请中也名列前茅。其中，广东省依托广州、深圳等地的创新企业以及试点项目起步早、建设规模大的先发优势，相关知识产权数量占国内申请数量的 37%，全国智慧杆塔申请数量前十位的相关企业有七家来自广东。图 2.9 为智慧杆塔专利地区分布。

（2）窄带物联网迅速发展，城市智慧应用全面推广

窄带物联网是基于低功耗物联网技术打造的敏捷泛在的城市感知网络，是构建新型智慧城市共性基础“一张网”的具体实践与重要建设内容，是城

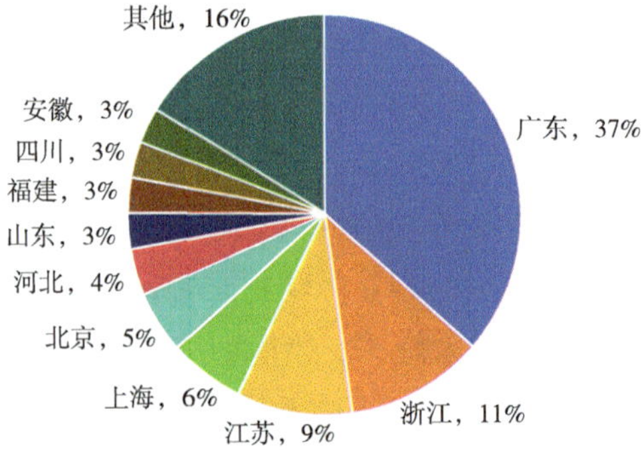

图 2.9　智慧杆塔专利地区分布

市感知信息资源的重要来源，是新型智慧城市建设的重要基础。城市综合物联网的建设是在一个开放的体系架构的基础上，构建一张多领域的城市运行信息感知网络，以夯实智慧城市建设基础，实现城市的精确感知，促进信息系统的互联互通和惠民服务。低功耗物联网技术的大容量、广覆盖、低功耗、低成本、高稳定性等特征为新型智慧城市的信息来源提供了支撑。

低功耗物联网在新型智慧城市建设中的实践主要体现在城市综合感知平台的建设上，其主要有以下几种建设途径服务智慧城市建设。

第一，基于新型智慧城市“一张网”的建设要求，构建城市的综合物联网感知体系，推进交通、能源、排水、环保、应急等城市基础设施的物联网建设与改造，做到对整个城市基础设施的无缝感知与信息采集。

第二，将城市各类物联网感知信息集中汇聚，推动现有智慧城市设施平台整合、政府部门管理服务职能整合和基础信息资源整合，以此打造网络互联互通、运营协同一体、资源充分共享的良好格局。

第三，通过选择社会公众急需、受益面广、信息密集的重点项目优先实施，进一步深化推进城市治理相关领域智慧应用，以点带面促进城市智慧应用在产业发展、民生服务、城市管理等领域的全面发展，在城市管理、应急指挥、综合调度等方面形成有效的工作体系和常态的工作模式，进而推进城市治理现代化。

第四，在物联网产生大量数据之后，对已经产生的数据进行有效赋能，使数据在社会中向公众、企业自由流动，从而形成以公众为中心、以企业创新应用为特点的新兴产业形态，进而打造一批智慧型企业及应用示范项目，拉动智慧产业发展。

北京地区的窄带物联网技术以及相关企业发展迅猛，并在企业、政府等多方努力下建设成效显著。例如，石景山区经济信息化局发布的《石景山区数字经济发展规划》中提出，要夯实物联网基础设施，推扩大窄带物联网络（NB-IT）覆盖范围，加强物联网感知设备的统筹布局和共建共享，推进北斗卫星定位、射频识别技术、传感器及摄像头等多种感知技术的推广应用，加快形成集约高效、共建共享的物联网基础设施体系，并建设首钢园物联网基础设施与管理平台及 AI（artificial intelligence，人工智能）技术公共展示平台。在工信部刊发的《2023 年物联网赋能行业发展典型案例名单》中，有多达 13 家企业上榜且在多个领域开花结果，其中，智慧交通领域中的成果最为丰硕，此外智慧农业、智慧环保以及智慧健康等领域也取得了多项成果。

（3）智慧管廊建设稳步推进，优化城市地下智能化管理

城市地下综合管廊又被称为管沟、共同管道或共同沟，其定义如下：在城市道路下面集中建造很多管线的共同管道，包括电力线、通信线、广播电视线、供水线、雨水线、污水线、中水线、热力线、燃气线等。在统一规划、建设、管理的指导下，以最大化、最优化的方式利用地下空间和资源。城市智慧管廊是对城市综合管廊的智慧运营管理，其基于物联网、云计算、大数据、BIM（building information modeling，建筑信息模型）、GIS（geographic information system，地理信息系统）、人工智能、移动互联网等技术，具有设施设备管理、实时监测、应急管理、联动控制、分析决策等功能，从而提升对综合管廊本体、附属设施、入廊管线、人员、事件的监测、控制和维护，并成为提高综合管廊资产营运无人化、自动化、精准化水平的信息化管理平台。图 2.10 为 2017—2019 年北京市地下综合管廊长度。

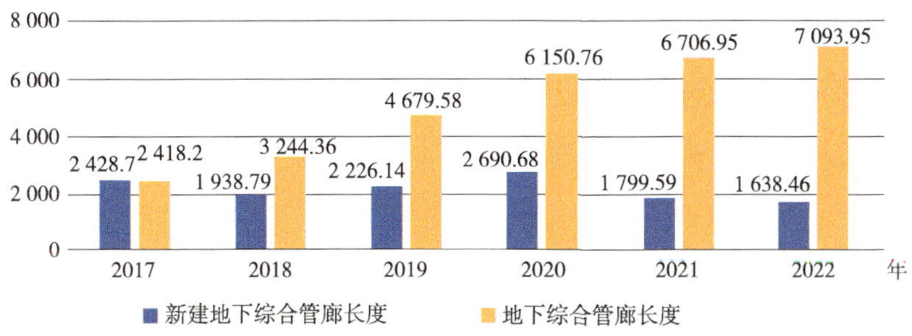

图 2.10　2017—2019 年北京市地下综合管廊长度（千米）

城市智慧管廊主要的技术路径有以下三种。

一是 GIS 技术。GIS 技术以地理空间数据为基础，通过对地下管廊系统所处环境的空间进行信息采集，可以对相关的数据信息进行统一的集中式管理和存储；并利用该技术自带的操作系统对数据以及地下管廊工程的地理模型进行分析，从而有效得出工程建设过程中所需要的空间信息以及动态数据内容。

二是物联网技术。物联网技术主要被应用于相关设备的识别安装等方面，通过红外线感应系统电子标签对信息化建设中的各项设备进行监督管理，从而实现信息的交流和互通，有效避免信息设备在空间上的通信限制。

三是 BIM 技术。BIM 技术被广泛应用在建筑工程模型设计中，根据建筑工程的实际需求进行三维模型的设计。随着技术的不断发展，该技术不仅包含三维建模的功能，而且可以针对建筑工程施工的全部环节进行有效的监督管理。

北京市在建设城市管廊方面处于国内领先位置。早在 1958 年，北京市就在天安门广场地下建设了一条长度为 1 076 米的地下综合管廊。此后几十年来，北京城市管廊的建设成果一直颇丰。

例如，基于 GIS+BIM 的智慧管廊综合业务平台研究与应用，是一种集管廊监控、运维、运营于一体的智慧管廊综合业务平台。该平台以 GIS+BIM 为基础，结合物联网、AI 分析、微服务等主流技术，融合管廊相关资产设施的静态信息及动态信息，实现管廊实时化监控，实景化展示，集中化标准化精细化管理，提升运营管理效能。其中，GIS 引擎包含二维 GIS 引擎以及 BIM 模型的发布引擎。管廊 BIM 模型数据含有丰富的管廊建筑信息，将其应用于平台端时，需要进行 BIM 模型的轻量化处理。北京市通州区文旅局推动的以三维数字平台赋能的城市地下管廊三维 GIS 技术，可以使用户获得身临其境的感官体验，可以更加贴切和完整地描述真实世界。

三维 GIS 的研究对象包括点、线、面和体。其中，线是空间曲线，面是空间曲面，体则是特有的三维对象，三维 GIS 研究的不仅是复杂实体内部空间结构，而且包括体与体之间的相互关联。将三维 GIS 技术应用于地下管廊的管理信息系统建设中，一方面可以使空间关系复杂的管线在表现层次上更加清晰，另一方面可以使用户更容易掌握使用方法，从而降低学习成本。

此外，借助 BIM 技术还可以将图纸上的内容进行“预装”，从而通过模拟真实的三维模型及时发现设计上的问题，提前解决管线之间的位置冲突。以北京通州文化旅游区地下综合管廊项目为例，其中，综合管廊工程涉及的道路共56条，地下综合管廊总长约22.8千米，高3.3米，最大宽度14米，规划中随道路敷设4~5个独立且密团性能良好的舱室，分别容纳水信、燃气、电信、电力及再生水在内的多条管线，管廊断面采用矩形断面形式，全文旅区共设置一处监控中心，对区内20条管廊进行运维管理①。

2.2 北京建设城市数字智能转型示范高地存在的问题

2.2.1 北京市新型网络基础设施建设问题

当前，北京市新型网络信息基础设施的建设投入与收益尚未形成良性循环。尽管北京市通过快速建设5G、千兆光纤网络等新型信息基础设施，促进应用在垂直行业加速落地，推动形成产业生态环境，但目前5G应用尚未进入规模收益期，商业模式仍在探索阶段，建设投资转化为收入仍需要较长时间。同时，新型网络基础设施的技术安全隐患和隐私保护等成为关注焦点。然而，面对网络攻击、数据泄露等威胁，北京市在加强网络设施的安全防护和隐私保护等方面的投入仍然不足。

同时，新型网络基础设施的技术标准和兼容性问题也存在挑战，不同厂商生产的设备之间存在兼容性难题，影响网络的整体建设和维护。此外，尽管北京市不断完善关键信息基础设施的法律法规，但仍存在法律体系不完善的问题，需要进一步加强关键信息基础设施的法律保护体系建设。

（1）新型网络基础设施建设投入与收益尚未形成良性循环

一方面，新型网络信息基础设施的建设及运营成本较高。为应对站址激增带来的土地、电力要素增长等需求，北京市大力推动跨行业基础设施共建共享，一定程度上缓解了基站站址数量大幅增长的问题，但在5G规模化发展阶段北京地区的基站建设数量仍将持续保持增长态势，对此应有充分准备。目前，国内5G基站建设费用是4G基站建设费用的1~2倍，且用电等运营成

---

① 佟庆彬．三维数字平台赋能城市地下管廊智慧运维：北京通州文化旅游区智慧管廊运维管理平台的综合应用［J］．中国测绘，2022（6）：68-71.

本也相应有所提升。

另一方面，为实现相同的信号覆盖效果，5G 基站的数量是 4G 基站的 3~4 倍，而 5G 基站中大宽带配置、大规模天线应用带来更高的能耗，致使维护成本逐年上升。4G 传统基站的功耗在 1.3 kW 左右，5G 基站的功耗已经陡然提升到了 3 kW 以上。庞大的电力运营成本对政府来说也将成为不可忽视的经营负担。

（2）新型网络基础设施存在技术安全隐患和隐私保护问题

新型网络基础设施的建设和应用增加了北京市网络安全风险和隐私泄露的可能性。

首先，北京市的新型互联网基础设施和物联网基础设施采用了统一的标准并对外开放或部分对外开放，因此面临来自网络攻击、协议攻击和病毒木马等的威胁，从而给整个智慧城市的基础设施建设带来了一定的安全隐患。

其次，北京市的新型网络信息基础设施以云计算中心等集约化方式发展，其资源高度共享的特性增加了安全风险，可能面临数据泄露、丢失、不安全身份和访问控制管理、API 篡改、系统脆弱性等威胁。

最后，在大数据安全方面，北京市因汇聚了海量数据，其面临的数据泄露、篡改和破坏等风险也变得日益严峻。此外，北京市的智慧城市建设还面临“信息孤岛”的问题，数据融合、共享等困难导致安全工作的复杂化；同时因大数据安全管理能力不足，用户个人信息易被利用，并成为黑客攻击的目标。

（3）新型网络基础设施的技术标准尚未统一

由于缺乏统一的技术标准，北京市不同供应商生产的新型网络设施和数字系统之间存在兼容性问题，这对给网络的整体建设和维护带来了难度。尤其是对算力设施来说，需要考虑算力的统一标识和度量。此外，在计算系统中还需要考虑精度、操作、指令、芯片、系统级的分层度量等，不同的计算机对不同的应用有不同的适应性，因此很难建立统一的标准来比较不同计算机的性能。并且，算网协同中的算力标识度量不仅与硬件资源的计算能力、存储能力和通信能力密切相关，而且取决于计算节点的服务能力和业务的支撑能力。同时，在工业互联网领域，北京市工业生产车间中使用的设备种类很多，且来自国内外多个厂商，工业平台连接过程中会遇到上万种“协议”，从而造成设备之间的沟通存在原生的壁垒，进而也会影响设备的互联互通和数据汇集。

（4）新型网络基础设施安全保护法律有待完善

目前，北京市对于关键信息基础设施法律保护尚未形成有效的体系。主要表现在以下方面：对因关键基础设施之间随信息化不断加深的互联互通而可能产生的信息安全风险尚缺乏有效的风险控制机制，对涉及关键信息基础设施的信息安全事件的监测和预警能力较弱，关键信息基础设施风险及事件的信息共享不足，各关键信息基础设施部门的保护能力和应急措施参差不齐，缺乏专门针对关键信息基础设施建立一套包括关键信息基础设施范围认定、早期预警、应急响应、信息共享、恢复等在内的完整的制度体系。

2.2.2 北京市智能网联城市道路建设问题

（1）智能网联城市建设相关行业标准不统一，缺乏评价标准

当前，全国范围内对智能网联城市建设相关的各行业标准并不统一，全国范围内的智能网联城市建设工作也处于各领域、各行业的试点探索阶段。从智能网联汽车到智能网联道路再到车路云一体化协同工作，都缺乏各自领域的行业统一化标准。例如，北京市的高级别自动驾驶示范区作为全国自动驾驶的先行范例，对车路云一体化系统以及各组成要素进行了积极的探索工作，创新产品逐步投向市场；北京市在自动驾驶、网联汽车、数字化交通设施等领域有着全国领先的科研成果，车路云一体化建设也取得较快的进展。但就行业标准制定与推广而言，目前在车端、路侧、云端各产品本身、相互间的数据互通、统一数据格式、系统应用服务等方面还缺乏统一的标准规范，且测试评价体系也亟待建立。

如前所述，2024 年初工信部等 5 部委印发《关于开展智能网联汽车“车路云一体化”应用试点工作的通知》，在此背景下，全国各地的车路云一体化的试点工作逐步开展起来。北京作为有一定发展经验的智能网联先行城市，应当积极参与行业相关标准的制定与推广，从而使北京市在本地智能网联城市建设工作标准化稳步推进的同时，为其他城市的相关试点工作与科技创新的开展提供依据与路径。

（2）网联化交通基础设施建设进程较慢，有待深入发展

数字路口、高速公路智慧基础设施等数字化、智慧化的交通路网基础设施是智能网联城市建设的重要组成部分，是网联城市建设在道路端的重要内

容。当前，北京市在智能网联城市建设中注重发挥自动驾驶示范区的先行示范作用，鼓励支持高级别自动驾驶示范区进行科技创新。示范区自成立以来，已在智能网联汽车、智能云控平台等端口取得了较为深入的进展，但是在数字路口等智慧交通基础设施的研发与创新方面则开展较慢，缺乏相关科研成果，也缺少对已有智慧交通基础设施成果的推广与应用。未来的智能网联城市建设需要“车路云网图”五大体系的协同合作发展，而车端和路端作为智能网联城市建设中实体性质相对较强的两部分，都应当有足够高的发展水平和扎实的建设基础。因此，未来北京市应当在进一步发展智能网联汽车的同时，推进路端的智能网联交通基础设施的深入发展。

（3）智能网联产业效益不明显，影响政府、企业等有关各方的投资热情

智能网联城市建设的相关系统技术迭代和商业化落地离不开规模化的基础设施建设，不论是通信基础设施、云平台与大数据中心还是道路基础设施，都存在建设成本高、运维成本高等特点。近年来，北京市高级别自动驾驶示范区对云控应用的规模化与商业化等相关方面进行了积极的探索并取得了一定的成果，并于2023年8月组建了智能网联汽车市域产教联合体。

但从目前看，由于智能驾驶示范区未能完全按照车路云一体化的思维进行云控平台与道路基础设施建设，导致其路侧设施以及云控平台场景支撑建设较为薄弱。同时，产教联合体的合作发展尚处于起步阶段，产业集聚效应以及产学研融合还不够深入，产业效益不够明显，政府与企业等有关各方的投资热情难以持久。

相比北京当前的智能网联城市产业建设情况，上海市在相应领域的人才、产业集聚等工作则有更好的进展。上海市充分发挥制度、科技、场景、产业等优势，全力抢抓汽车智能化、网联化发展机遇，打造智能网联汽车发展高地。构建形成新能港、氢能港、创新港、智能汽车软件园和汽车芯谷之“三港两园”的产业空间布局，集聚汽车“新四化”相关企业600余家、国家及市级公共服务平台24个、公共及企业研发平台200多个，实现全产业链分布，形成了网联汽车的完整生态圈。深圳市在智能网联城市建设中同样较为突出，该市也深入开展产业集聚和产业链的打造等工作。不论是从汽车零部件到整车设计制造，还是从数据收集分析到智慧场景、车路协同来看，深圳的网联城市建设已经拥有完整的产业链布局。

（4）智能网联建设经验总结不足，成果转化及推广亟待加强

当前，智能网联城市建设中的车路云一体化系统面临产业化应用难，大量技术需要攻关、创新等复杂局面。在真实道路交通环境下，车路云一体化系统面临交通要素繁多、环境干扰复杂、渗透率波动大、边际场景多等挑战，对此需要大量关键技术创新。《车路云一体化系统白皮书（2023）》指出①，当前建设的重点在于，如何基于车-路-云信息的融合增强车辆的感知能力；如何在车辆群体运行的复杂环境下基于云计算技术与网联赋能，对个体车辆实现增强安全、提升效率、降低能耗等决策与控制能力的提升；如何基于高频度、细粒度交通动态数据，以共性化服务模式为推进智能化交通、智慧化城市建设以及智能网联汽车产业发展赋能；如何提升相关机制、算法、模型对交通环境的适应能力，充分发挥云控平台的共性基础数据与能力的价值；等等。

除了产业化应用需要进一步攻关之外，北京的智能网联城市建设还面临已有成果应用与推广工作进展较慢等问题。当前，北京智能网联城市建设的科研成果主要集中于高级别自动驾驶示范区内，科研成果的应用也主要集中于示范区内的企业以及示范区内的测试道路上。北京市对车路云一体化科研成果的产业化、民用化工作仍有待加强，对市级车路协同的路网建设和改造也需要进一步发展。

2.2.3 北京建设智慧城市感知体系的问题

（1）智慧杆塔建设缺乏跨部门统筹机制，推进应用中仍存在技术问题

在推进智慧杆塔高质量发展过程中，仍面临定位属性认识不足、跨部门协调机制缺乏、技术创新不够等问题。目前，相关管理部门在数字化基础设施改造中仍以纵向垂直建设为主，导致智慧杆塔投资以及后续的维护运营、数据资源流通协调等难度较大。智慧杆塔所需的供电、通信承载等配套管网设施的建设和改造，也需要多部门的配合，而在这方面的工作亟待加强。此外，尚缺少铁路、高速公路沿线项目建设的协调机构与协同共享机制，这给城域间智慧杆塔带的部署造成了困难。当前，智慧杆塔建设中存在系统封闭、

① 国家智能网联汽车创新中心：《车路云一体化系统白皮书》，2023年1月10日，https://www.sohu.com/a/647644816_649849。

技术方案不统一等问题，从而给全局部署带来了居高不下的成本负担和较大的实施难度。此外，集成度的提高，对新型技术、应用和场景的支撑，对系统软硬件功能、性能、可靠性、安全性等也提出新的要求。

（2）窄带物联网技术面临网络安全和隐私保护问题，缺乏跨平台互操作性

随着窄带物联网技术应用的不断扩大，网络安全和隐私问题成为亟待应对的挑战。窄带物联网涉及大量的个人和机密信息传输，因此对网络安全的保护至关重要。相关部门应加强对物联网设备和网络的安全审查及监管，加强隐私保护措施，确保用户个人信息不受到泄露和滥用。窄带物联网技术的发展有赖于通信技术的支撑，随着5G技术的推广和应用，窄带物联网技术有望得到更快的发展。5G技术具有高带宽、低延迟的特点，能够更好地支持物联网设备的连接和数据传输。未来，窄带物联网技术将与5G技术结合，为北京的智慧城市建设提供更加高效可靠的通信手段。随着物联网设备种类的增多，不同设备之间的互操作性成为窄带物联网技术发展的瓶颈之一。因此，需要加强各种智能设备的互联互通能力，支持跨平台的数据传输和通信，以实现智慧城市各项系统之间的整合与协同。总之，窄带物联网技术在北京智慧城市建设中具有重要的应用前景。通过在智能交通、环境监测、能源管理、安防系统等方面的应用，窄带物联网技术能够提高城市管理与服务水平，改善居民的生活质量。随着窄带物联网技术的发展和完善，智慧城市将更加智能化、便捷化、可持续化。此外在应用窄带物联网技术的过程中，网络安全和隐私保护、通信技术的升级和互操作性等问题也需要得到充分关注和解决。只有在科技、政策和市场的共同推动下，窄带物联网技术才能更好地服务于北京智慧城市建设，推动实现城市发展的可持续性。

对城市铺设窄带物联网设施进行城市数字化转型而言，其存在的问题在于，数字化转型的本质主要是“转型”。然而，当前人们对转型的理解尚不够深刻，政策规划也不够清晰，城市数字化转型方向尚不明朗。此外，有别于信息化建设，城市数字化转型的要求更高，需要其支持城市高效率运营并且持续创新。并且，城市数字化转型不是简单的信息化建设，而是一项涉及城市全面综合能力提升的系统性工程。以智慧水利为例，其存在的主要难点包括：基础数据不全，完成设备接入耗时较长；地域分散，建设物联网成本巨大；等等。

（3）智慧管廊不同单位互通互联程度低，智慧管理在运营中易被忽视

在智慧管廊建设层面主要存在的问题是，管廊各体系独自运行，导致设备层无法实现数据之间的实时互通互联。综合管廊内各服务系统由不同制造商生产，它们被安装于设备层并通过对应的主机对其进行控制，独立运行，不能进行数据连接，也不能完成联动控制，只能通过软件管理平台实现数据的互通互联，但响应速度相对较慢，同时会加大平台工作量。若通过云端设置平台，则该现象会更复杂，所有交互式数据和信息都必须通过云端中转，而这会消耗大量的网络宽带和云资源。通信一旦中断，则无法实现联动控制。此外在软硬件技术层面，智慧管廊软件平台需要将驱动程序提供给服务系统。在管廊建设过程中，子系统的提供厂商较多，平台开发必须选择专有系统。但在工程实践中，商家所采用的协议规范有所不同，技术规定也有区别。因此，不同软件之间的互通互联存在一定的问题。

在综合管廊运营管理中普遍存在的问题，包括廊内环境差、设备维护水平低、管理技术落后、管廊安全预警和应急响应滞后等。产生这类问题的具体原因在于智能化程度不足。对于较早建成并投入运营的综合管廊来说，其电子巡检系统、标签定位系统等子系统并未加入建设清单。一方面，监控工作单一，缺乏协同。各监控系统单独存在，如电力、热力管线监测等都是来自生产厂家的监控系统。这些厂家大多致力于自身专业领域内的管线监测，但对其他专业的管线监控则没有经验，甚至没有考虑到其他监测设备，从而加大了监控系统平台兼容其他管线监测系统的难度。另一方面，可视化与精细化运营管理程度不高。BIM 技术应用不足，只能确定管廊内设备与人员的具体位置，而不能确定空间位置，导致综合管廊可视化程度不高；此外，由于入廊管线产权单位众多，数据壁垒现象严重，导致专业化运营管理难度大。

2.3 北京建设城市数字智能转型示范高地的对策

2.3.1 关于新型网络基础设施建设的政策建议

为进一步推动北京市优化新型网络基础设施建设，针对新型网络信息基础设施的建设及运营成本较高、设施存在技术安全隐患和隐私保护、缺乏统一的技术标准和系统协议以及缺乏有效的风险控制机制等问题，提出如下建议。

（1）平衡新型基础设施的成本与经济效益

首先，推动形成多元化投资模式，鼓励政府、企业和社会资本共同参与网络基础设施建设，通过政府和社会资本合作（PPP）等模式分担风险和成本。有效发挥政策引导资金的杠杆效应，以适当的激励体系设计吸引更多社会资本进入数据基础设施建设领域。数据基础设施领域的投资可与当前的财政政策、产业政策、金融政策形成一定的协同效应，在相关设施投入运营后，能通过激活数据要素动提升企业的全要素生产率。

其次，利用云计算、大数据等技术优化网络资源配置，提高网络基础设施的运营效率和经济效益。同时，数据要素的激活与共享，也可以在资本市场上带动相关应用层面的创新，从而提振资本市场的信心，推动新赛道的涌现。

最后，强化监管和评估机制，构建项目全生命周期的管理体系、制定相关标准，以确保新型基础设施建设的合规性和可持续性。探索建立动态监测和第三方评估机制，推动质量监测与效果评估的常态化、实时化、数据化。通过对项目的定期评估，及时发现问题并采取相应措施，从而确保项目在经济、社会等各方面的效益最大化。

（2）推动设施技术标准化和系统兼容性

加强新型网络基础设施的协同技术研究和应用实践，深入探讨设施协同重点、难点和发展路径。

首先，加快网络优化和技术创新，联合应用方、设备供应商、第三方数据中心运营商、科研院校等多方力量，通过标准的联合制定，形成面向社会各行各业、各类用户使用的网络，开展技术研究和产业应用创新，以形成更好的传输网络。

其次，推动异构设备适配器和中间软件的开发和使用，为特定设备或系统开发适配器或中间软件，并将其转换为兼容主流或标准协议，以搭建不同协议之间的转换桥梁，促进采用不同通信协议之间的交互与互通。

最后，推广开放协议，积极参与相关国际标准化组织的工作，并采用开放、公认的通信协议和数据格式标准，如传输控制协议/互联网络协议（TCP/IP）、超文本传输协议（HTTP）、JSON[①] 等，以确保不同设备和系统之

---

① JSON（JavaScript Object Notation），即 JavaScript 对象表示法，是一种轻量级的数据交换格式。JSON 易于开发者阅读和编写，也易于计算机解析和生成。

间能够无缝交互；积极参与国际标准化组织（ISO）、美国电气和电子工程师协会（IEEE）等相关国际性专业性组织的工作，遵循行业标准并为之做出贡献，以促进全球范围内的技术兼容性和互操作性。

（3）加强新型网络基础设施的安全和隐私保护

首先，加强网络基础设施的技术检查，进行定期安全检测和实时安全监测。安全检测以人员现场操作为主要手段，包括信息收集、漏洞扫描、漏洞验证、业务安全测试、社会工程学测试等。安全监测以部署软硬件设备等方式为主要手段，在信息嗅探行为、漏洞利用攻击、间谍软件、病毒蠕虫攻击等方面进行监测。

其次，运用访问控制和风险控制技术以保护个人隐私。访问控制技术主要指在用户访问网络的过程中为其指定角色，以实现对用户的权限管理。此技术可以预估用户因脱离日常习惯而带来的网络安全隐患，从而为用户提供个性化的信息服务，实现数据的动态控制。风险控制技术指的是运用数据安全工具识别网络风险并创建系统方法，以发现危险并及时阻止危险，实现数据安全使用的目的。

最后，推动完善网络管理监督机制，建立健全相关法律法规。为了实现大数据时代的网络安全管理和隐私保护，有关部门需要制定切实可行的规章制度来管理信息数据的使用，完善有关的法律法规，明确隐私侵权界限，从而为网络安全提供健全的制度保障和法律保护。

（4）完善关键信息基础设施法律法规和监督管理

首先，不断完善《关键信息基础设施安全保护条例》、数据安全法、网络安全法等对关键信息基础设施进行安全规定的法律法规，明确国家关键信息基础设施清单以及安全防护的措施、目标和机制等。

其次，明确落实关键信息基础设施的组织管理、技术运营、责任保障等相关制度，围绕关键信息基础设施的指导监督与安全保护这一主线，全面落实工作合规的基线要求，建立健全关键信息基础设施的标准规范。

最后，建立健全网络安全监测预警制度，及时掌握关键信息基础设施的运行状况、安全态势，预警通报网络安全威胁和隐患，指导做好安全防范工作。

2.3.2 北京市智能网联城市道路建设的政策建议

（1）深化车路云一体化系统架构认识，推进标准规范制定

车路云一体化是智能网联城市建设的重要内容，基础与应用分层解耦是智能网联城市道路云控平台的典型特征。如果分层解耦不充分，将阻碍基础平台及车路云一体化系统跨域共用目标的实现，阻碍对未来道路交通基础数据效能的最大化利用，约束云控应用的市场化繁荣和交通社会综合效能的提升。

当前，北京市的车路云一体化建设面临行业标准不统一、分层解耦不够深入等问题。为进一步深化智能网联城市建设，北京市需要在未来工作中充分发挥行业组织与重点项目建设的示范作用，继续深化相关行业对车路云一体化系统顶层架构的认识，保证其在车路云一体化系统架构中的统一，从而实现未来更大范围内的系统化、路网化的云控服务。

对车路云一体化系统顶层架构的深刻认识，还有利于促进产业快速与良性发展。为此，行业组织应加快推进车路云一体化系统相关标准规范制定工作，包括车端、路侧、云端各产品标准、相互间的通信标准、系统服务标准等。在标准制定的基础上，应进一步建立相应的测试评价体系、测试方法以及测试系统环境等，并定期发布测试报告。通过以上行业标准与测试评价体系的建立，可为技术创新提供评价依据，从而有利于车路云一体化系统的规模化建设与应用的推广。

（2）进一步强化政策支持力度，聚焦关键技术突破

当前，北京市智能网联城市建设已经取得了诸多科技成果，相关政策法规也给予各行业中的相关科技创新企业以较大支持。在此基础上，相关政府部门应在鼓励科研院所与企业进行基础创新的同时，更加深入地做好管理创新与制度创新，为技术创新提供足够的政策与制度保障。

智能网联城市的系统建设涉及车辆、交通、通信等大量相关领域的建设和运营环节，相应地，也会受到来自较多领域职能部门的监管。为防止出现政策冲突、责任模糊等问题，需要建立跨部门的政策协调机制。针对智能网联汽车、智慧交通基础设施、车路云一体化系统平台等智能网联城市建设相关运营所需的政策支持，各部门应主动应对、提前谋划、协调联动。此外，可划定一定范围开展先行先试工作。在先行先试区域内，在各类型车辆的路

权分配、商业化运营收费、交通事故的责任认定、人车保险投保等方面应敢于就现有法律法规进行突破。

智能网联城市是复杂的信息物理系统，包含大量的技术创新工作，除了计算基础平台、车载终端基础平台、云控基础平台、高精度动态地图基础平台、信息安全基础平台等五大共性基础平台之外，与之相关的大量信息物理系统架构、系统动态设计、系统协同感知–决策–控制、系统多智能体互操作等关键技术也亟待突破。对此，政府相关职能部门应提供资金与政策支持，鼓励高校、科研机构、行业企业等开展关键技术研究，以实现关键技术的快速突破。

（3）加强产学研融合，构建智能网联全流程产业链

目前，北京市的智能网联城市建设存在产业集聚不足、产学研融合发展较弱等问题。眼下，全球范围内前沿领域的创新实践中都强调产业的集聚和产学研的融合。例如，美国、印度、韩国、阿联酋、英国、西班牙等国通过打造数字创新产业集群、拥抱数字创新前沿、支持初创企业、促进中小企业数字化转型等方式，促进其国内城市的数字经济创新发展。新加坡、西班牙（巴塞罗那市）为培育吸引数字人才而提供产学认证相融通的培训计划，为各阶段学生提供对口的企业实习或工作机会，此举促进了产学研的深度融合。

产业的创新集群能够整合和协调资源，提供资金、技术、创新空间，支持创新活动，促进创新者之间的交流，从而实现商业价值的最大化。在产业集聚的基础上，产学研三方面的融合则能为企业发展提供相应的人才资源，从而保证企业乃至整个产业的健康发展。由此，在北京市的智能网联城市建设中，相关部门应进一步加强政策支撑，从国际上创新建设的优秀范例中汲取经验，从而进一步促进“车路云网图”五大产业的全方位、全链条集聚，以及产学研领域从研发到生产的全流程深度融合。

（4）加强经验推广及创新成果落地，深化国际交流与协作

近年来，北京市智能网联城市建设中的主要成果集中于高级别自动驾驶示范区内，成果转化及推广应用程度还不高。未来的示范区建设要逐渐从示范阶段进入规模化推广阶段，各行业主体（包括政府主管部门、行业监管机构、供应商、网联车辆、整车企业、出行业务服务商以及特定业务提供商等）都应积极开展跨领域主体协同，协作加快规模化应用与商业落地，促进产业发展的良性循环，以实现车路云产业一体化发展的效益，并探索路网化、系

统化的智能网联城市建设的实现路径。

在大力推进智能汽车产业新业态发展的同时，还应加强与世界各国在科技创新中的合作，开展更加开放包容、互惠共享的国际科技创新交流，通过增进国际智能网联汽车领域的开放、信任与合作，促进智能网联城市在技术标准、测试验证成果等相关方面的互认。未来，以高级别自动驾驶示范区为先行范例的北京市各级科技创新主体，应坚持车路云一体化的智能网联城市建设的战略方向，持续推动高级别自动驾驶示范区的规模化推广，引领和赋能智能网联汽车的高质量发展，为中国分享“北京模式”，向世界展示“中国方案”，积极参与和推动全球汽车产业、城市管理和社会服务等领域的智慧转型。

2.3.3 北京建设智慧城市感知体系的政策建议

针对以上所提及的问题，北京市相关部门在不同维度提出了多方面、多层次、多角度的应对布局策略，具体如下。

（1）加强政策落实力度，推进工程协同实施

推动构建纵横衔接的政策落实机制，统筹打造协同联动的工程实施范式。持续加强政策解读，惠及各类企业等主体，促进数字经济建设主体形成合力，共同推动全球数字经济标杆城市建设。制定更加细化的政策措施，促进全行业数字化转型，研究制定企业数字化场景建设指南、数字基础设施建设支持措施等政策细则，推动标志化、深度化、场景化的数字技术应用创新，加快智慧城市建设。加强智慧工厂、智慧城市等场景建设，通过场景开放，突出重点领域、先行先试，挖掘发现一批涵盖新技术、新产品、新模式的重大项目。构建一套数字经济标杆工程项目清单，建立项目从准入、落地、建设、跟踪、评价到退出的环环相扣的完整机制体系，以提高数字经济项目的挖掘和实施效能。

（2）完善数字基础设施，助推数字项目孵化

加快实施北京城市副中心（以下简称“副中心”）社区示范工程，建设标杆基础设施，筑牢城市数字底座。对此，北京市应加快打造“灯塔”社区，布局副中心社区示范工程，推动实施“整体管家服务”模式。推进商圈数字化发展，鼓励王府井、CBD（Central Business District，中央商务区）等商圈打造示范性数字商圈试点。启动生活服务业数字化，首发“一刻钟便民生活圈

动态地图”，对全市 9 万余个便民商业网点开展大数据监测分析、精准补建和规范提升。同时，在“智慧城市 2.0”建设框架下，进一步推动基层治理模式升级，切实打通为民服务“最后一公里”。优化智慧城市重大基础设施布局，持续推动 5G、千兆固网、智慧城市专网、新型算力设施深度覆盖，争取更多项目尽快落地见效。适度超前部署数字基础设施，建设支撑数字原生的信息网络，加快城市感知体系建设和城市码的应用，加强数据中心优化提升和对算力中心等的统筹布局，持续建设数字城市管廊，完善推广“三京”（“京通”“京办”“京智”）、“七通一平”等项目，进一步夯实数字经济发展底座。

（3）加快智慧社区建设，强化数字赋能城市民生

推动智慧社区场景开放，提升基层治理智能化水平。推动数字化转型场景开放，强化数字赋能城市民生。推进“京通”“京办”“京智”应用，加强“三京”统一入口整合和功能完善；高标准推进“一网通办”“一网统管”“一网慧治”。围绕新技术、新标杆、新示范、新基建等，加快推动智慧医疗、智慧交通、智慧商圈、智慧教育、智慧家庭等重点场景实现突破。依托线上社区数字化平台和线下社区服务机构，推动政务服务平台、社区感知设施和家庭终端联通，打通“最后一公里”社区经济圈。以社区微生态优化促进都市大产业升级，形成“数据-算法-服务”的正向闭环，推动单体设备、碎片拼凑式场景体验向跨场景全域智能体验进化，实现社区智慧化与“产城人”一体化同步发展。以新基建和智慧城市为抓手，推动从技术突破到场景应用再到产业培育的贯通。进一步整合城乡社区治理信息数据资源，实现数据资源驱动基层治理创新，全面提升北京市基层治理智能化水平。数字化社区建设工程是北京市建设全球数字经济标杆城市的引领工程之一，对此应加快智慧社区建设，让数据实现有序流动；借助“城市大脑”，让智力、数据价值资源为基层赋能，优化社区微生态，实现社区智慧化与“产城人”一体化同步发展，以促进基层减负增效。

（4）聚焦数字要素发展进程，引导规范化标准出台

加速数据要素化进程，推进实施方案制定。组建数据要素标准委员会，加强数字经济领域的技术标准创制，针对数据采集、交易、流通、安全制定规范。在此基础上，开展北京市重点数字领域的数据采集标准化试点，如自动驾驶、数字医疗、数字金融、智慧城市等，以提升高质量数据供给能力。

制定数据分类分级规划，为数据要素市场化与安全性制定管理规范。建设数据资产登记和评估机制，确立数据要素可交易的标的地位。

近年来，北京市加快信息化、数字化、智能化建设并使之不断服务于基层治理。各社区期待建立统一的信息平台，通过整体设计实现数据的统筹、整合、互认，依托统一平台建立完善的数据推送机制，同时实现数据活化、持续更新，在不同层级、范围实现数据共享。在“智慧城市 2.0”建设框架下，可进一步推动基层治理模式升级，切实打通为民服务“最后一公里”，推进智慧社区建设的顶层设计，助力基层治理数字化转型与可持续发展。此外，以数字化赋能社区商业发展，努力把社区商业打造成线上线下融合发展的全新商业模式。

（5）加大数字技术研发与应用，落实新技术试点政策

推动数字化转型场景开放和应用，进一步规划前沿技术领域具体行动方案。例如，加快智慧城市和数据原生等新型基础设施建设，抓好标杆工程、带动标杆产业，布局数字经济“一区一品”新格局；加快推进“三京”“七通一平”等的完善与推广，推动新一代数字集群专网、高可靠低时延车联网、工业互联网、卫星互联网和边缘算力体系等的建设，建成一批示范引领性强的数据原生基础设施；拓宽智慧医疗、智慧交通、智慧商圈、智慧教育、数字化社区等重大场景的应用领域，加快感知体系建设和城市码应用，夯实智慧城市建设的数字底座。同时，加快出台基础研究领先行动方案和关键核心技术攻坚战行动计划，探索基础研究多元化投入机制；推出新一轮先行先试试点政策，加快原创性、引领性的关键核心技术攻关，以改革优化开放创新生态。此外，提升人工智能公共算力服务能力，重点推动市级重点算力中心项目落地建设。到 2025 年底，打造形成以全球领先人工智能创新策源地、超大型智慧城市高质量发展示范区、人工智能体制机制改革先行区等为特征的“一地两区”生态格局。

3 数据要素：国际数据要素配置枢纽高地

陈　蕾*

3.1 数据要素市场体系建设：打造北京标杆的必然要求

3.1.1 数据要素市场的全球竞争与发展趋势

（1）我国数据要素市场面临的全球竞争

近年来，国际形势的不稳定性和不确定性明显增加，经济全球化遭遇逆流，国际经济、科技、文化、安全、政治等格局都在发生深刻复杂的变化。在此背景下，数字技术领域的系统性变革，正在重塑世界经济格局，使全球百年未有之大变局加速演进，使世界之变、时代之变、历史之变的特征更加明显。当今世界，各国抢夺数字经济制高点的竞争日趋激烈，全球大数据战略布局持续深化，数字经济成为大国博弈与竞争的核心领域。作为催生数字经济的核心生产要素，数据要素是数字经济新引擎的源动力，也是全球数字竞争的角力前沿。

数据要素市场是以市场化资源配置方式实现数据要素高效流通的重要载体。目前，各国正加速制定数据要素战略方针，培育数据要素市场。数据要素市场将成为全球竞争的新高地。部分发达国家已经提出基于数字经济产业

---

* 陈蕾，首都经济贸易大学财政税务学院教授、博士生导师；首都经济贸易大学财政税务学院2023级博士研究生周锴、董惠敏参与了本章内容的研究工作。

的数据要素市场建设战略或路径，如美国的“政府引导、企业参与、市场运作”模式、欧盟的“数据一体化市场”总体战略等。我国则致力于构建数据要素市场供给、流通、应用、监管、制度、基础等“六位一体”的总体框架体系。在全球的数据要素市场格局中，美国战略统筹，领先全球数据市场，拥有最大的数据要素市场规模；欧盟次之；我国虽稍有逊色，但在数据经济价值增长上位列第一，保持稳定的增长势头。

虽然从数据规模和量级看，我国已具备构建全球领先的超大规模数据要素市场的各项条件，但必须看到，在激烈的全球数据要素市场竞争中，我国数据要素市场化配置水平总体不高，标准化的数据要素市场尚未建立，数据交易规模远低于西方发达国家，制约数据要素高效流通的堵点、难点、痛点仍然存在。

（2）我国数据要素市场的发展历程及趋势

随着大数据、云计算和人工智能等技术的兴起，我国越来越重视数据要素的价值创造。2008 年之后，我国的数字经济迅速发展，政府和企业越来越重视数据在决策、运营优化和创新驱动中的作用，数据的收集、处理和分析也成为企业竞争力的关键。2014 年，“大数据”一词首次出现在政府工作报告中，表明国家层面对数据要素的关注再次提升，对数据要素市场的建设投入和培育力度持续加大。在此背景下，一批数据交易平台及配套机制相继形成，人工智能、区块链等新兴技术手段在数据采集、加工及流通领域的应用能力持续提升，数据要素市场的活力日渐增强，市场规模不断扩大。

2015—2021 年，数据要素不仅成为促进消费和提高生产效率的重要力量，而且在智慧城市、智能制造、产业升级、经济结构优化等领域发挥出越来越明显的作用。2020 年 4 月，中共中央、国务院发布《关于构建更加完善的要素市场化配置体制机制的意见》，“数据”首次作为一种新生产要素被写入中央文件，我国成为全球第一个（在国家政策层面）将数据确立为生产要素的国家。此后，我国相继出台一系列政策，支持数据交易市场的发展，鼓励数据开放和共享，促进数据资源的有效利用。

2022 年至今，我国数据要素市场发展进入快车道。国家陆续出台了《关于构建更加完善的要素市场化配置体制机制的意见》《要素市场化配置综合改革试点总体方案》等一系列政策，加快构建全国数据要素统一大市场。特别是，2022 年 12 月，中共中央、国务院印发《关于构建数据基础制度 更好发挥数据要素作用的意见》（即“数据二十条”），标志着“数据要素”这一概念将全面融入新时代中国特色市场经济的发展之中，并初步搭建起我国数据基础制度体系的“四梁八柱”，擘画了数据要素市场发展的宏伟蓝图。2023 年 10 月 25 日，国家数据局正式揭牌，着手构建数据要素市场化发展的组织架构，为全球进入数字化时代提供了中国范式。2023 年 12 月，国家数据局印发《“数据要素×”三年行动计划（2024—2026 年）》，启动实施“数据要素×”行动计划，聚焦智能制造、商贸物流、金融服务、医疗健康等 15 个领域，以形成一批典型应用场景，推动数据要素在各类场景中充分发挥“乘数效应”。

综上，我国数据要素市场的顶层设计已初步完成，数据要素交易市场正展现出强劲的增长势头。《2023 年中国数据交易市场研究分析报告》显示，2022 年，我国数据交易市场规模达到 876.8 亿元，占全球数据市场交易规模的 13.4%，占亚洲数据市场交易规模的 66.5%；到 2025 年，我国数据交易市场规模有望达到 2 046 亿元。随着数字经济的不断发展和数据价值的日益凸显，这一市场有望继续保持高速发展态势，成为支撑国家经济增长的重要力量。

3.1.2 北京构建国际数据配置枢纽高地的战略价值

北京是我国重要的政治中心、文化中心、国际交往中心、科技创新中心，也是国家数字经济创新发展试验区。在政策环境方面，北京市委、市政府以习近平新时代中国特色社会主义思想为指导，全面贯彻落实党的二十大精神，按照“做强做优做大”数字经济的要求，制定了《北京市加快建设全球数字经济标杆城市的实施方案》等行动计划，把释放数据价值作为北京市减量发展条件下持续增长的新动力，以促进数据的合规高效流通使用、赋能实体经济为主线，加快推进数据产权制度和收益分配机制的先行先试，围绕数据开放流动、应用场景示范、核心技术保障、发展模式创新、安全监管治理等重点，充分激活数据要素潜能，健全数据要素市场体系，为建设全球数字经济标杆城市奠定坚实基础。在技术基础方面，北京集聚众多高校、科研机构，拥有强大的人才和技术支撑，对构建数据要素市场化配置高地拥有国内一流的研发实力和产业基础。在实践基础方面，当前北京市已具有较为丰富的探索实践与经验基础，并率先建成支持“可用不可见”交易模式的国际大数据交易所，率先开展数据资产登记评估入表试点，率先实现数据跨境交易。在企业基础方面，北京市拥有字节跳动、百度等一批技术领先的互联网公司，数据基础领先全国。

数据要素的精准配置是数据要素市场有序运行的必要条件，北京作为中国的首都，构建国际数据要素配置枢纽高地极具战略价值，具体如下。

一是推动数据要素市场化。通过建设数据要素配置枢纽高地，北京市将推动建立供需高效匹配的多层次国际数据交易市场，充分挖掘数据资产的价值，从而形成一套先行先试的数据制度、政策和标准，为数据要素的交易和利用提供更加明确的规则和框架。

二是提升数字经济竞争力。通过打造高效、安全、开放的数据要素配置枢纽，构建国际数据要素配置枢纽高地，既有利于增强北京在全国数字经济领域的核心地位，也有利于推动中国在全球数字经济版图中占据更为突出的位置。

三是促进数字技术创新。数据要素是数字经济的核心要素，北京市通过构建数据配置枢纽高地，将成为全球数字技术创新的重要策源地，从而吸引和培养更多的创新人才，推动数字技术的深层次研发和应用。

四是优化数字治理。随着数据要素市场化建设的推进，北京市将在数字治理方面向全球提供“北京方案”，从而成为数字治理的服务高地，此举有助于推动北京、全国乃至全球形成更加完善的数字治理体系，保障数据的安全、合规应用。

五是增强辐射带动能力。北京的国际数据配置枢纽地位将有效提升其在全球数字经济发展中的示范和辐射能力，凸显标杆效应，从而带动京津冀地区乃至全国的数字经济发展。

六是支持新兴数字产业。数据配置枢纽高地的建设将为新兴数字产业提供孵化和引领平台，促进新产业、新业态、新模式的持续发展，推动我国经济结构的优化升级。

3.2 北京市数据要素市场体系建设蓝图

3.2.1 短期突破：精准锚定，推进数据要素市场高质量发展

当前，北京市旨在打造一个高效、安全、开放且具有国际竞争力的数据

要素市场，为全球数字经济标杆城市的建设提供有力支撑。2024 年 1 月 20 日，北京市两会召开，其间提出：2024 年要大力建设数据基础制度先行区，开展数据资产入表、数据跨境便利化服务等综合改革试点，推动算力中心、数据训练基地、国家区块链枢纽节点等一批重大项目落地，力争 2025 年数据产业规模超过 500 亿元，初步建立健全数据要素市场体系；在北京数据基础制度先行区“2+5+N”的架构规划基础上，进一步丰富和完善数据基础设施建设，积极响应“数据要素×”行动计划，鼓励分离的数据板块通过数据基础设施实现数据流通应用，充分释放数据价值，促进数据要素市场规模化。

3.2.2 长期蓝图：引领全球，塑造数据要素配置竞争新格局

数据要素市场的本质是一个由市场配置的动态过程，旨在实现数据在流动中产生的价值。2023 年 7 月 5 日，北京市委、市政府印发《关于更好发挥数据要素作用 进一步加快发展数字经济的实施意见的通知》（以下简称《实施意见》）。《实施意见》提出，力争到 2030 年，北京市数据要素市场规模达到 2 000 亿元，打造数据要素配置的政策高地、可信空间和数据工厂，汇聚高价值数据资产总量达到 100 拍字节（100 PB）、数据交易额达到 100 亿元、数据产业规模超过 1 000 亿元，打造“2+5+N”的数据先行区基础架构，基本完成国家数据基础制度的先行先试工作，形成数据服务产业集聚区。此外，将出台一批先行先试的数据制度、政策和标准，推动建立供需高效匹配的多层次数据交易市场，以充分挖掘数据资产价值，打造国际数据要素配置枢纽高地。

3.3 北京市数据要素市场体系建设创新实践

3.3.1 统筹布局：从政策规划到成熟引领的深度蜕变

北京市的数据要素市场建设是一个从 0 到 1 的巨大工程。这一工程主要包括以下几项关键举措。

（1）政策指引与规划

数据要素市场建设伊始，北京市便密集出台前瞻性的政策引导和系统规划，确立了数据要素市场建设的发展方向和目标。2020 年 4 月，北京市大数

据工作推进小组办公室制定《关于推进北京市金融公共数据专区建设的意见》，2021年7月和12月，先后发布《北京市关于加快建设全球数字经济标杆城市的实施方案》和《政务数据分级与安全保护规范》。特别是进入2022年下半年后，又密集出台《北京市数字经济全产业链开放发展行动方案》《北京市数字经济促进条例》《关于更好发挥数据要素作用 进一步加快发展数字经济的实施意见》《北京市公共数据专区授权运营管理办法（征求意见稿）》《关于进一步推动首都高质量发展取得新突破的行动方案（2023—2025年）》等一系列数据要素相关法律法规，从而形成了强化数据要素市场化配置、促进数字经济发展的制度体系，为数据要素市场的建立提供了强有力的制度和政策基础。

（2）试点探索与实践

在政策法规的指引下，北京市通过设立试点区域和项目，开始探索数据交易、共享和开放等模式，逐步推动数据要素的市场化配置，并落地了一系列实践成果。

数据要素基础制度方面，启动数据基础制度先行区，对数据产权、加工生产、流通交易、监管治理、数据安全等方面进行全方位探索实践。公共数据授权经营方面，2023年7月，北京市经济和信息化局发布《北京市公共数据专区授权运营管理办法（征求意见稿）》，率先开展对公共数据专区授权运营模式的规范研究和实践探索，并探索出数据分散授权专区的授权经营方式。数据运营平台方面，先行探索公共数据运营模式，率先开展金融公共数据专区建设，并已着手打造全国首个科技专题数据专区。数据交易流通方面，北京国际大数据交易所建立了全国首家基于隐私技术的安全可信数据交易平台，为市场参与者提供数据清洗、供需撮合、法律咨询、价值评估、权属认证等一系列专业化服务。数据资产化方面，北京市已实现数据资产质押融资贷款、无质押数据资产增信贷款额度、基于数据资产价值应用的融资贷款、数字资产保险、数据信托、数据知识产权的证券化、数据资产作价入股等数据资产化的突破，并积极推动国有企业探索开展面向个人或企业的数据资产质押融资、证券化等金融创新服务试点工作，北京银行、华夏银行等已在数据资产抵质押授信等方面进行了相关探索。

（3）成熟运营与引领

北京市具有数字经济的先发优势，也具有开展数据交易的技术创新优势，经过多年在数据要素市场建设方面不断地积极探索，北京数据要素市场逐渐走向成熟，形成了较为完善的市场体系和运行机制，已落地多项全国首个创新成果，成为全国乃至全球数据市场的重要参与者和引领者。

一是成立了全国第一家运用隐私计算、区块链等数据技术构建数据合约和数据交易系统的数据交易所，依靠技术手段打造数据流通交易“数据可用不可见，用途可控可计量”的安全环境。

二是北京国际大数据交易所在2022年全球数字经济大会上牵头设立了国内首个数据资产登记中心，为数据资产的聚集、登记、评估、流通、管理、服务等提供基础设施保障和安全保障，并以此打造国内具有权威性的数据资产登记中心。

三是率先建成“北京市公共数据开放创新基地”，通过数据清洗脱密脱敏后，提供精准和无偿的数据供给，在打造高自由度的轻量级数据创新试验场、无条件开放数据量等方面实现全国领先。

四是首创数据专区模式，其中，金融专区为全国首个公共数据授权经营试点项目，至今已通过数据汇集和接口汇通两种途径累计收集企业注册登记、税务、医保、公积金等政务数据累计超过20亿条，涵盖全市520多万家市场主体。

综上，北京市在政策环境、基础设施、技术创新等方面全面发力，形成了数据要素发展的整体优势。根据《中国地方数据发展报告（2023年）》，北京市凭借优良的政策环境、强大的数据基础设施、成熟的数据流通环境，位居全国地方数据发展指数的首位，打造了全国数据要素市场化配置改革的“北京样板”。

3.3.2 基础建设：基础设施日益完善，技术积淀深厚

（1）加大基建投入，构建一体化数据基础设施

北京市立足首都城市战略定位，持续加大对数据基础设施建设的投入，构建基于区块链、国际数据空间、IPv6（Internet Protocol Version 6，互联网协议第6版）下一代网络、智算中心等多层次技术体系的数据流通安全域。从建设新型网络基础设施到开展数据基础制度先试先行，逐步打造新型数据基础设施，积极参与数据基础设施标准体系建设，数据基础制度综合改革试验田和数据要素集聚区也在紧锣密鼓地筹备之中。

当前，北京市的数据基础设施建设正在全面加速中，现已启动数据基础制度先行区，进一步提升了数据供给的规模、质量和流通效率。北京公共数据开放创新基地、北京公共数据资产登记中心、北京社会数据资产登记中心、北京数据资产评估服务站、北京数据跨境服务中心等一系列数据服务窗口现已开放。经开区紧抓北京数据基础制度先行区建设契机，现已推出国内首个“算力资源+运营服务+场景应用”一体化建设工程。亦庄经济开发区正在构建基础网络、智算中心、调度平台、可信空间、训练基地等五位一体的新型数据基础设施，并已建立了北京国际数据实验室、国际数据空间协会中国数据中心等数据要素先行机构。2024 年，北京市开始推动数据基础制度先行区建设物理集中和逻辑分布相结合的可信数据基础设施，集聚数据要素企业，计划初步建成公共智算供给体系，新增 8 000 P（1 P 约等于每秒 1 000 万亿次的计算速度）左右公共智算本地供给能力。目前，各不同环节基础设施正不断完善，并通过制度、机制、技术等手段逐步实现互联互通，最终将形成支持数据资源汇聚、公共数据产品加工、交易流通、跨境流通、安全监管等公共数据全生命周期的一体化数据基础设施。

（2）强化技术支撑，打造高标准数据交易模式

在数据基础设施不断完善的同时，北京市不断强化数据交易技术能力支撑，运用隐私计算技术，创造出“可用不可见、可控可计量”的数据交易模式，并依托区块链等先进技术构建“1+3”的交易系统总体架构，为数据供需双方提供可信的数据融合计算环境。

一是运用多方安全计算、联邦学习、TEE（trusted execution environment，可信执行环境）等隐私加密计算技术，将数据所有权与使用权分离，实现数据可用不可见，扩大数据流通渠道，为数据供需双方提供可信的数据融合计算环境。

二是将区块链技术应用于数据确权登记、访问、分析、计算、交易等过程中，将操作过程上链存储，保障数据来源可追溯、内容防篡改。此外，北京国际大数据交易所采用机器学习等技术，实现数据采集、清洗、组织、加工等环节的自动化和智能化。

三是提供测试沙盒，使数据供需各方可在线完成部署模型、开发及测试。如图 3.1 所示，北京市凭借强大的技术研发创新能力，已成为当前国内数据要素技术支撑领域的重要领跑者之一。

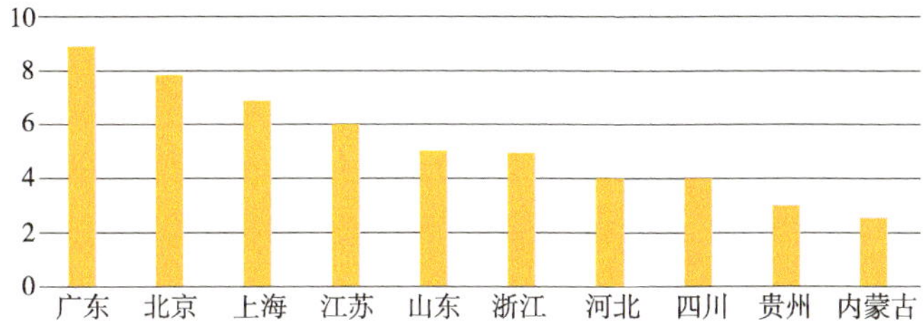

图 3.1　2023 年全国数据要素技术支撑得分前 10 名

资料来源：《数据要素市场化推进力指数研究报告（2023）》。

3.3.3　市场生态：数据要素交易活跃，形成完整链条

近年来，北京市在数据资产登记、评估、入表、交易等方面进行了大胆探索和创新突破，北京数据要素市场已经构建了完整的产业链条，形成了健康的生态体系。

（1）市场多元主体不断涌现

数据要素市场的主体是其基本依托和核心枢纽，市场主体的规模、创造力、竞争力是数据要素市场活跃度的关键衡量指标，反映出数据要素市场生态和市场的成熟度。近年来，北京市逐渐加大对数据要素市场主体的培育力度，积极发挥大数据交易所、数据经纪商等市场中介的作用，对数据要素市场的典范进行奖励，推动第三方专业服务机构不断融入数据要素市场，努力构建数商生态和数据合作生态，并通过数据专区建设吸纳大量市场主体和数据、技术、资本等多元要素的参与，力图以政企数据融合应用为主线，构建更多层级的数据要素市场。目前，北京市各级政府已与百度、360 集团等多家公司签署战略合作协议，旨在促进不同行业、不同领域之间的合作，实现数据共享与交换，并支持中央企业、市属国有企业、互联网平台企业及其他有条件的企业和单位在京成立数据集团、数据公司或数据研究院，以持续推动数据要素市场的创新应用与发展。

（2）数据要素交易环境日益优化

数据要素市场的运行涉及数据收益分配问题。为实现数据收益更加合理的分配，北京市探索建立了结构性分置的数据产权制度，推进数据资源持有权、数据加工使用权、数据产品经营权“三权分置”的产权运行机制，打造

多层次数据要素市场体系。

为规范引导数据要素市场化，北京市持续完善更新公共数据目录，建立公共数据资产基础台账，做到“一数一源”、动态更新和上链存证①，并计划打造数据产权登记与数据资源交易登记互联平台，以鼓励多元主体共同参与数据产权登记平台建设，大力支持企业在数据交易机构开展数据资产登记，在2023年全球数字经济大会上，北京国际大数据交易所发放首批数据资产登记证书，中国工业数据专区发放首批数据登记互认证书。

为激活数据要素价值最大化，北京市不断推动完善数据资产价值评估模型，在全国率先开展数据资产评估试点工作，通过“标准+试点”的方式，探索出一条极具北京特色的数据资产评估路径。

为助力企业数据资产入表，北京市相关政府部门联合主办了数据资产评估入表训练营，鼓励企业积极参与数据资产入表探索，并针对不同类型的企业制定专业化数据资产入表路径，目前已成功助推北京城市副中心企业开运集团和佳华科技成为首批数据资产入表试点企业。

（3）数据要素跨境流通逐渐高效

2020年，中央批准北京市开展“两区”建设，即“国家服务业扩大开放综合示范区”和“以科技创新、服务业开放、数字经济为主要特征的自由贸易试验区”，为北京先行先试数据跨境流通规则提供了得天独厚的政策优势。自那时起，北京市以“两区”建设为载体，从以下三个方面积极探索数据跨境流通模式。

一是积极参与RCEP（Regional Comprehensive Economic Partnership，《区域全面经济伙伴关系协定》）、CPTPP（Comprehensive Progressive Trans-Pacific Partnership，《全面与进步跨太平洋伙伴关系协定》）、DEPA（Digital Economy Partnership Agreement，《数字经济伙伴关系协定》）等高标准数据跨境流通国际规则的制定和合作。

二是在海淀区、朝阳区、北京大兴国际机场临空经济区分别建设北京数字贸易港、北京商务中心区跨国企业数据流通服务中心和数字贸易试验区，以推进数据跨境流动国际合作。

三是由北京国际大数据交易所建立国内首个国际数据交易联盟，并打造

① 数据上链存证是一个将数据通过区块链技术进行存储和验证的过程。

服务跨境场景的数据托管服务平台，通过提供数据驻留、脱敏输出、融合计算等一系列服务，致力于打造国际数据联盟生态，为我国探索数据跨境管理的解决方案。

（4）数据要素乘数效应不断增强

数据要素与不同要素结合，能够发挥协同优化、复用增效和融合创新等乘数效应，通过推动数据要素的多场景应用，提高资源配置效率，创造新产业模式，培育发展新动能，从而实现对经济发展的倍增效应。

北京市通过搭建平台，提升数据的计算能力，在不同场景中释放数据千姿百态的乘数效应，持续助力新质生产力的形成。例如，位于北京亦庄的高级别自动驾驶示范区，已从 1.0 阶段的小步快走迭代到 3.0 建设阶段，实现了无人零售、无人接驳等 8 大类应用场景，累计为大众提供常态化出行与生活服务超 200 万人次；西城区成立以“数据驱动共创未来”为主题的“马连道·数据街”合作发展联盟，以全面吸引数据要素的集聚。

3.4 全球数据要素市场发展现状与建设经验

3.4.1 全球数据要素市场规模与增长情况

打造国际数据要素配置枢纽高地，必须全面了解全球数据要素交易市场的建设和运营状况，汲取建设经验、前瞻性的发展思路以及成熟有效的运营模式，这样才能有效推动数据要素市场的国际化进程，实现数据要素市场的高质量对外开放。

国际方面，随着数据成为新生产要素，数据交易规模也不断增长。2022 年全球数据交易规模为 906 亿美元，预测至 2025 年市场规模有望增长到 1 445 亿美元，到 2030 年全球数据交易市场规模有望达到 3 011 亿美元。

全球数据交易行业市场规模扩大的原因主要包括以下三点。

第一，数据交易市场的发展，与数据经济的发展以及政策的完善密不可分。当前，各国在数据定价、交易机制和确权上纷纷提出条款，以通过政策的完善推动全球数据交易市场的发展。

第二，经济进一步全球化，跨国企业数量攀升，跨国数据产品和服务交易需求不断增加，数据交易市场规模增长。

第三，2020年新冠疫情期间，线下实体经济受到限制，多数商品和服务开始向线上转移，加速数字化转型，数据交易规模增加。

图3.2为全球数据交易行业市场规模（2022年）及其分析与预测（2021—2030年）。

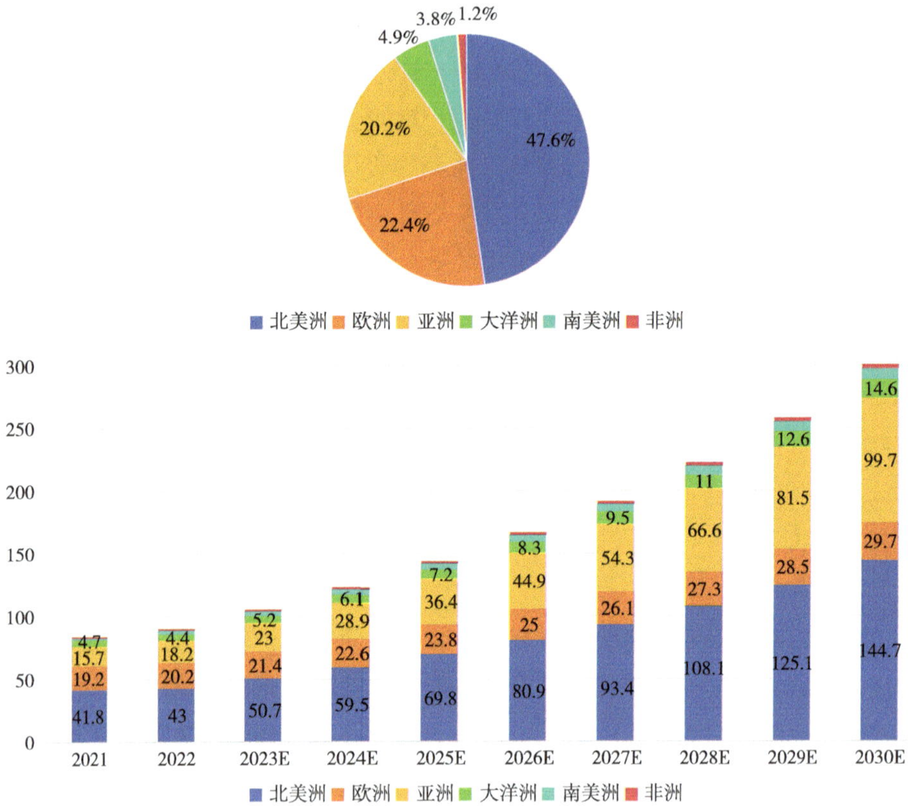

图3.2　2022年全球数据交易行业市场规模（上图）、
2021—2030年的分析与预测（下图）（以交易额计，10亿美元）

数据来源：头豹研究院。

3.4.2　数据要素市场化建设的国际经验

当前，部分发达国家已提出基于本国数字经济产业基础的数据要素市场化发展战略或发展路径，但从数据要素市场化体系建设的实际进展看，各国仍处于不断摸索与建设完善的阶段，目前尚未形成一套体系成熟、机制健全、多方适用的市场化发展方案。此外，不同国家的政治法律基础、市场化水平、数字经济相关产业基础不尽相同，在数据要素市场化建设过程中的战略重点选择和比较优势发挥方面也存在差异。

以下是对部分发达国家和地区在数据要素市场化的交易模式选择、市场主体积极性激励、市场标准设计、技术实现等方面的典型模式和经验进行的总结，目的是为北京市数据要素市场化建设的路径选择和体制机制设计提供参考和借鉴。

（1）美国：市场交易模式多样化，扩宽市场流通渠道

美国数据要素市场发展周期较长，数字化产业体系健全，拥有众多世界大型互联网及信息服务企业。统计数据显示，美国数字经济规模约占世界数字经济总量的41.7%，已经建成较为完善的数据流通、交易体系，形成了多种交易模式并存的格局。美国典型的数据要素交易模式可以概括为三类，即“供给→需求”、“供给←中介服务→需求”和“供给↔市场机构↔需求”。其中，供给方和需求方不仅包括企业，而且包括个人、政府及公共服务机构。

美国数据要素市场主要交易模式如图3.3所示。

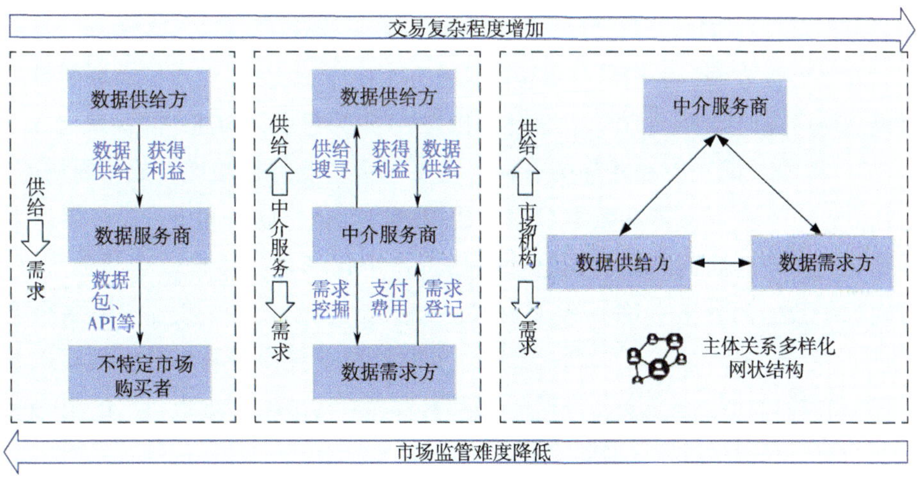

图3.3 美国数据要素市场中的主要交易模式

在“供给→需求”交易模式中，需求方以专业数据服务商为主，供给方大多为个人或其他企业。数据服务商从个人手中购买数据后，经过处理、整合并上线出售，以离线数据包或者数据库使用权限等形式向市场需求方提供

数据要素并获取收益。

在“供给←中介服务→需求”交易模式中，中介机构是交易模式的核心，其主要提供数据要素的供需引导、搜寻匹配和交易撮合等服务。在这种交易模式中，不论是数据供给方或是数据需求方，主要通过数据服务中介机构完成数据要素交易。

在“供给↔市场机构↔需求”交易模式中，不论是个人、企业还是数据服务商，均可能成为交易市场中的数据要素供给方、需求方或中介机构，并可能承担多个市场角色，因此交易更加开放和灵活。

从美国数据要素市场各类交易模式特点及适用性看，“供给→需求”交易模式中双方的交易关系较为简单、便于监管，适合低复杂度的数据要素交易或定向交易；“供给←中介服务→需求”交易模式较为依赖中介机构或交易平台的中介服务能力，适合中等复杂度或较为活跃市场的交易；“供给↔市场机构↔需求”交易模式最为灵活，适合复杂数据要素产品和活跃市场交易，但是监管难度和监管成本也最大。不同区域和不同行业的数据要素市场之间差异较大，而市场交易模式需要与市场主体、规模和供需能力相适应，因此，美国数据要素市场的多样性交易模式有助于保障不同市场环境下数据要素的流通顺畅。

政策支持方面，美国白宫管理和预算办公室于 2019 年发布了《联邦数据战略 2020 行动计划》（FDS）。该计划以 2020 年为起点，描述了美国政府在未来 10 年政府数据开放和共享的方向，主要包括企业数据治理，数据的访问、利用和增长，决策支持和数据可信，数据的商业化、创新和公开使用等，旨在指导美国政府如何利用数据这项战略资产来提高自身运行效率和透明度，同时保护数据的安全、隐私和保密性。此外，美国信息技术与创新基金会（ITIF）在 2023 年 6 月发布了一份名为《恢复和重新构想联邦数据战略以确保任务成功》的报告，该报告对《联邦数据战略 2020 行动计划》的出台背景、内容、局限性进行了总结和展望。

（2）英国：推进个人数据要素化，调动市场供给主体积极性

个人数据是数据要素的最基础来源，然而碎片化的个人数据除了整合和管理难度高之外，还面临隐私信息保护、个人信息使用边界确定以及收益分配等难题，导致个人数据在成为数据要素并发挥其经济价值过程中往往面临现实障碍。因此，如何对个人碎片化数据进行收集、处理以实现数据信息要

素化，是壮大数据要素市场供给主体、激发市场活力的重要内容。对此，以英国为代表的部分国家有关数据银行模式的探索，为解决上述问题提供了有益参考。

以实现个人数据的价值释放、调动数据要素市场中个人供给主体的积极性作为初衷，英国于 2011 年发起了 Midata 项目①，尝试创建一套能够将个人数据转化为数据要素的个人信息资源管理和数据处理方法框架、原则及模型，并将其开发为基于计算机技术实现操作化管理的系统。经过不断发展与完善，Midata 项目逐渐演变为数据银行模式，使个人能够清晰、明确地选择将自己的某一类数据在某种程度或范围内授权给接入数据银行系统的数据需求方，供其免费或付费使用，并根据约定价格或标准化定价体系获取相应的服务或经济收益。这种模式能够在保护个人对其数据的所有权、知情权、隐私权和收益权的前提下，为个体和数据需求方搭建一个集管理、开发和利用为一体的综合数据要素运营平台，从而有利于激发个体的数据共享意识，释放并实现个人数据要素价值，进而调动数据要素市场供给主体的积极性。

此外，在国家战略层面，英国于 2022 年 6 月发布了《英国数字战略》（UK Digital Strategy），并于 2022 年 7 月进行了更新。该战略旨在通过一系列行动释放数据要素的价值，以促进经济增长、创新和社会福利，并支持数据驱动技术的发展。该战略的核心要素包括：建设安全可靠的数字基础设施，激励和保护创新及知识产权，培养数字技能人才，促进数字融资增长，鼓励企业数字技术创新，提升区域经济水平与全球影响力，等等。

（3）德国：强化标准设计与技术实现，营造安全包容要素流通环境

明确数据权属并实现动态追踪，营造安全可信的流通环境是数据要素能够跨领域、多行业自由流通的前置条件，而完善、明确的标准设计和技术手段是上述前提得以实现的基本保障。为满足上述要求以进一步挖掘数据要素价值，德国于 2014 年率先提出“工业数据空间”行动，后逐渐拓展为标准、技术及工作实现流程明确的数据空间构架（见图 3.4）。

就机制创新来看，在进入数据空间、参与数据要素交易之前，接入数据空间的主体用户需要在指定的监管部门完成身份信息认证和资质审核，通过

① Midata 是一个自发性的政府组织的项目，旨在为消费者提供更便捷的数字化服务。个人用户通过聚合这些数据，可更直观、全面地解析自己的消费行为，从而更有效地做出财务和生活上的决策。

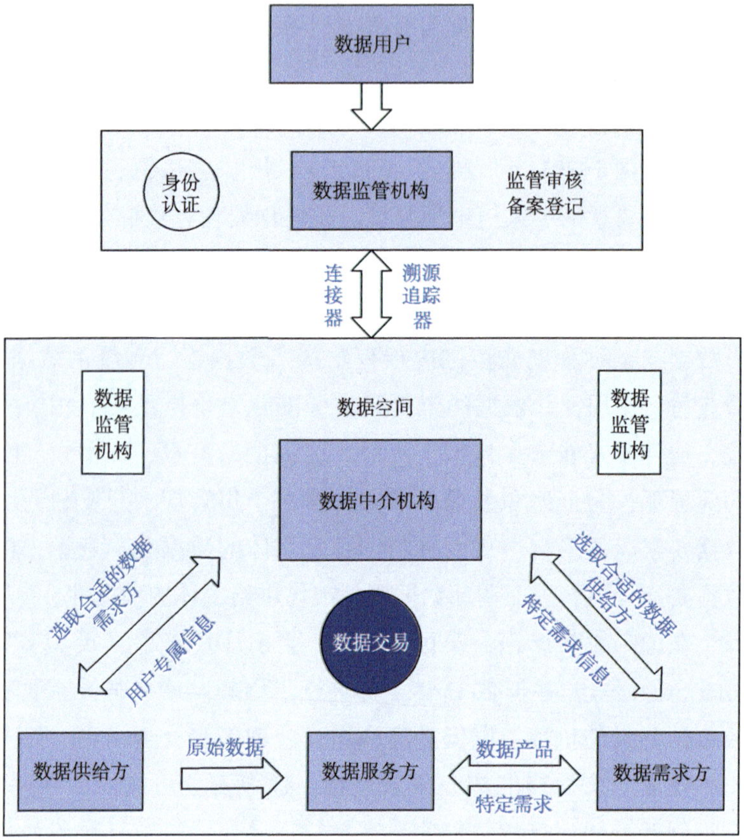

图 3.4　德国数据空间工作流程

审核的方可获得进入数据空间的专属连接器。“空间准入”审查能够促进参与数据交易的各方主体快速建立互信关系，也有助于监管部门实现角色管理与市场监管。

从交易过程看，数据空间内引入了经过资格审核的专业中介服务机构和数据交易结算部门。专业中介服务机构一方面可为数据需求者提供服务咨询，将其需求以标准化或专业化的语言进行转译，然后定价发布或寻求适合的数据供给方；另一方面也会对数据供给方的资源提供打包及数据商城上线等服务。数据交易结算部门则主要负责数据交易的备案登记与结算，并在监督、记录数据交易日志的同时提供数据会计服务，日后一旦出现争议时即可以此确定交易各方的责任。

此外，数据空间内的用户在需求发布、数据录入、数据来源、定价机制、数据使用方法和权限范围等数据要素市场化交易过程中的必要操作需要通过专属连接器来完成，而数据空间内的每一笔交易完成后能够自动对整个交易过程的核心内容生成溯源追踪码，从而实现对交易活动的全过程、精准化监控。

（4）欧盟：破除区域间市场壁垒，推动统一数据要素市场建设

由于不同区域的数字法规、安全标准、税收制度、监管机制不尽统一，数据要素市场流通过程中不可避免地存在区域市场壁垒，这不仅抬高了交易成本，而且降低了市场资源的配置效率。相比其他国家，具有 27 个成员国的欧盟在破除数字要素区域市场壁垒、推动统一市场建设方面所面临的挑战更大。为此，欧盟出台了一系列政策法规以解决上述问题，这也为我国数据要素市场化的统一市场建设提供了有益借鉴。表 3.1 为欧盟数字领域中的主要政策法规。

表 3.1　欧盟数字领域中的主要政策法规

<table>
<tr><th></th><th>发布主体</th><th>发布/修订时间</th><th>相关内容</th><th>核心目标</th></tr>
<tr><td>《欧洲数字化统一市场战略》</td><td>欧盟委员会</td><td>2015 年 5 月</td><td>建设数字化统一市场，发挥数字时代优势，提倡资源共享，提高信息技术领域的标准化和可操作性，增强网络信息信任与安全保障</td><td rowspan="2">提出数据要素统一市场建设顶层规划</td></tr>
<tr><td>《欧洲数据战略》</td><td>欧盟委员会</td><td>2020 年 2 月</td><td>提出欧盟未来 5 年中实现数据经济所需的政策措施和投资策略</td></tr>
<tr><td>《2030 数字指南针：欧洲数字十年之路》</td><td>欧盟委员会</td><td>2021 年 3 月</td><td>旨在为欧洲未来 10 年的数字化转型提供明确的方向和目标</td><td>安全和可持续的基础设施建设、数字技能和数字人才的培养，对企业和公共服务的数字化转型</td></tr>
</table>

续表

	发布主体	发布/修订时间	相关内容	核心目标
《数据治理法案》	欧盟理事会	2022 年 5 月	提出开放更多数据和增强数据可用性的新型欧洲数据治理模式	统一区域数据共享、应用标准
《数字市场法案》	欧盟委员会	2022 年 7 月	侧重维护经济秩序，创新性地提出“守门人”概念，防止市场主体从事不合理的商业行为，确保重要数字服务市场的公平性和开放性	注重数据要素市场监管和反垄断
《数字服务法案》	欧盟委员会	2022 年 7 月	针对在线平台的透明度要求和问责机制制定规范，强调各大在线平台需要承担一定的社会义务	
《网络和信息系统安全指令》	欧洲议会	2016 年 7 月	加强基础服务运营者、数字服务提供者的网络与信息系统安全性，要求二者履行网络风险管理、网络安全事故应对与告知等义务	健全数据安全法律体系
《通用数据保护条例》	欧洲联盟	2018 年 5 月	协调欧盟数据保护立法，旨在为公民提供个人数据保护和赋权，加强欧盟内部个人数据保护	

如表 3.1 所示，从欧盟数据要素市场化发展政策演进看，相关政策内容及启示主要包括以下四方面内容。

一是提出数据要素统一市场建设顶层规划。制定《欧洲数字化统一市场战略》《欧洲数据战略》《2030 数字指南针：欧洲数字十年之路》等战略规划，包括提出构建多成员国、多行业互联共通的数据开放和共享体系，加入协调跨成员国和跨部门的数据使用原则和方法等内容，为建立数据要素统一市场、发挥市场规模效应以及为后续投资和相关产业政策制定等提供思路与指导。上述战略规划还为其核心目标分别制定了明确的具体目标，构建了监测机制，用以跟踪评估欧盟在实现 2030 年关键目标和数字原则方面的进展，并通过分析指出目标实现过程中的差距。基于这些分析，欧盟委员会将发布《欧洲数字十年发展报告》，该报告会详细汇报有关“欧洲数字”的2030年愿景及其相关核心目标、原则的进展情况。此外，该报告将促进欧盟委员会与成员国之间的协作，共同分析问题所在，提出解决方案，并就如何有效弥补差距提出具体建议。

二是统一区域数据共享、应用标准。出台《数据治理法案》，整合成员国碎片化数据，破除数据要素多区域、跨主体流通壁垒。例如，对数据利用的原则和标准进行统一，提出创建欧盟公共数据统一接入点，由统一组织管理数据访问权限和成员登记册；对公共部门数据使用的设备保障、接入点和安全标准做出统一要求；鼓励数据中介机构发展及“数据利他主义”行为，促进数据跨区域、多主体流通。

三是注重数据要素市场监管和反垄断。出台《数字市场法案》《数字服务法案》，明确数据要素各类市场主体的权责配置及社会责任，规范市场主体行为。其中，为防止大型平台利用数据要素规模优势实施市场垄断，上述法案规定对科技企业、社交媒体、数字服务及电商平台的所有涉及数字经济服务的业务进行有针对性的监管，对判定存在“系统不合规”行为的平台处以高额罚款，并对情节严重的还会给予整改、拆分、重组等“结构层面”的处罚措施，从而为数据要素市场的公平竞争、创新发展以及中小企业的成长提供良好环境。

四是健全数据安全法律体系。出台《网络和信息系统安全指令》《通用数据保护条例》，提出构建数据安全共建共治体系，依法保障数据主体的知情权、控制权和隐私权，并通过提高安全技术水平、更新网络安全标准规范和加强安全系统建设等方式加强数据安全综合保障能力。

3.4.3 北京模式与国际模式之比较：特色与差异

基于上述对北京模式和部分发达国家和地区（主要是欧美发达国家和地区）的分析，总结北京模式和国际模式的对比如下。

（1）政策引导与市场机制

北京模式在数据要素市场建设中更注重政府政策的引导与支持。政府通过制定相关公共政策，激发数据要素市场活力，刺激需求和供给的增长，为市场发展提供有力保障。国际模式在数据要素市场建设中更注重市场的主导作用，鼓励自由竞争，通过市场机制并辅以制度标准和技术规范，以推动数据要素的流通与交易。目前，欧美发达国家和地区已形成了一个多层次的、由多个主体共同参与的数据发展和治理体系，其中数据经纪商和数据中介在撮合交易中扮演重要角色。

（2）数据流通模式与交易渠道

目前，北京市的数据要素主要依托于北京国际大数据交易所进行交易和流通，公共数据则通过北京公共数据开放平台进行流通。如前所述，国际模式中已出现了多元化的流通模式和交易渠道。例如，美国的“供给→需求”“供给←中介服务→需求”“供给↔市场机构↔需求”这三种模式、英国的数据银行、欧盟推动建设的欧洲共同数据空间等。

（3）数据治理与市场监管

北京模式与国际模式都采取了一系列措施进行严格的数据治理和市场监管。北京市通过制定并实施公共政策、技术标准等引导和规范数据市场的发展，坚持全流程包容审慎监管原则，着力提高监管的智能化、精准化和高效化水平。欧洲模式注重通过建立统一的标准和多元协同监管机制促进数据的流通和使用。其中，德国注重数据要素市场的标准化建设和技术实现，即通过制定明确的标准，确保数据的质量、格式和安全性，从而为数据的流通和交易提供基础保障；而英国的数据治理更侧重于对个人数据的保护。

综上所述，北京模式和国际模式既存在相似之处，在具体的设计上又各有侧重和特色。例如，北京模式更注重政府政策的引导与支持，通过制定政策激发市场活力；国际模式则更强调市场的主导作用，鼓励自由竞争。在数据流通与交易方面，北京模式主要依赖交易所和公共数据平台，国际模式则展现出多元化的流通模式和交易渠道。在数据治理与市场监管上，两者都采取了严格的措施，但各有侧重，如北京模式注重全过程、精准化监管，国际模式中的欧洲模式则注重统一标准和多元协同监管机制的建设。

3.5 北京市数据要素市场体系建设差距与约束

3.5.1 规模与质量：市场体量与数据质量需要提高，共享水平有待突破

以北京国际大数据交易所为依托的北京市数据要素市场已初步形成，但

尚处于成长阶段。相比国际先进城市或地区，北京市的市场体量处于中上水平。近年来，北京市的数据交易量、数据服务收入等数据要素市场的重要指标虽呈增长趋势，但总量和增速均与国际和国内（如上海、深圳等）先进水平存在差距。此外，北京市数据要素市场的参与者数量、多样性以及市场活跃度等指标也有待进一步提升。数据主体可能存在的过度收集、拒绝分享甚至垄断数据等倾向会阻碍数据要素的流动和共享，降低流通数据要素质量，降低市场运行效率，损害消费者合法权益。低程度、低质量的公共数据开放共享也会影响国家战略的制定与实施。总之，北京市亟待进一步建设和完善数据市场的营商环境。图 3.5 为我国 30 个城市的数据要素市场发展指数排名及总得分。

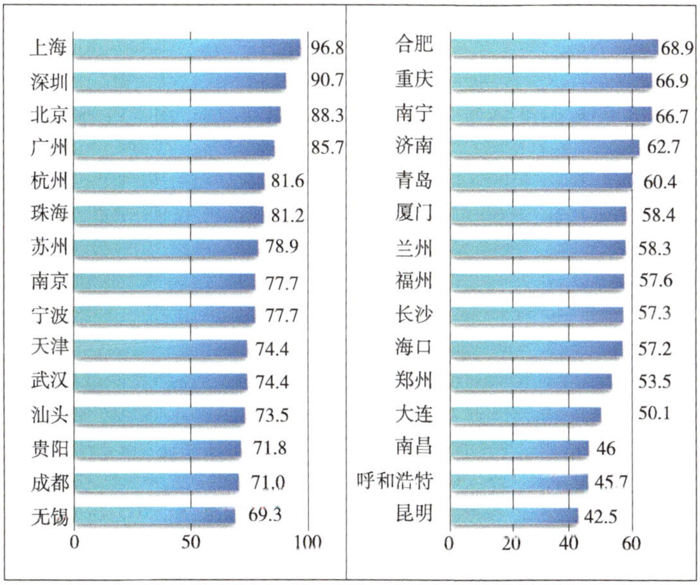

图 3.5　我国 30 个城市的数据要素市场发展指数排名及总得分

资料来源：大数据流通与交易技术国家工程实验室、上海数据交易所：《数据要素市场发展指数 2023》。

如图 3.5 所示，北京市数据要素市场发展指数为 88.3，位居全国第三，处于全国领先水平，且在业务量上呈现快速增长的趋势，在数据量上存在绝对的优势，并已接入国际市场数据。但北京数据交易市场仍存在一定局限性，未来以北京为中心的华北地区数据交易市场规模的增长可能面临诸多瓶颈。

首先，北京地区的数据资源促进高质量发展的潜力尚未充分发挥，仍存在市场化程度不高的问题。其次，政府在数据资源分配方面仍扮演重要角色，市场主体参与度不高，数据交易活跃度有限；北京的数字经济规模也落后于广东、浙江、上海等省市，数据在经济转型中的关键作用尚未得到有效施展，数字产业化、产业数字化仍有较大空间。再次，数据的创新发展潜力有待挖掘。最后，华北地区的创新型数据资源流动效率较低，与国内发达地区相比差距明显，部分高价值的科学数据尚未得到充分共享和使用。

3.5.2 政策与法规：数据产权界定规则亟待完善，政策环境有待优化

产权的明确界定是市场得以顺畅交易的核心基石，而在当前数据要素的流通中，确权问题成为亟待解决的难题之一。尽管传统生产要素的产权界定理论及实践已相对成熟，但数据作为新型生产要素，其权属的界定仍面临制度安排和规则不明确的挑战，这导致数据产权的认定及权益分配在不同主体间存在显著困难。

数据确权涉及数据的整个生命周期与流通过程，其主体呈现多元化特征，可能包括数据的原始提供者、生产者、收集者、处理者以及流通中的加工者和提炼者等。这种多元性与传统物权中的一物一权原则存在冲突，从而进一步加剧了数据确权的复杂性。因此，在明确数据来源者、处理者及使用者的基础上，需要确立数据资产的持有权、使用权及收益权，构建数据资产产权的多重权益架构。目前，我国在数据资产确权方面的法律法规仍有待进一步完善。

2023 年以来，北京市知识产权局、北京市经济和信息化局、北京市人民检察院联合编制并发布了《北京市企业数据知识产权工作指引（试行）》和《北京市数据知识产权登记管理办法（试行）》，以规范数据知识产权的登记、界定、管理和保护，对数据知识产权的制度构建、登记实践、权益保护和交易使用进行了有益探索，一定程度上缩小了数据要素交易中政策环境的现实约束，为数据产权清晰界定提供了相应的政策保障。

尽管如此，根据中国人民大学信息资源管理学院发布的《数据要素市场化推进力指数研究报告（2023）》，北京市的政策标准得分尚未进入国内前十名，相关工作仍有待继续推进。

3.5.3 流通与监管：应重视数据安全及隐私保护，交易机制有待健全

当前，北京市数据要素交易市场在数据流通与监管方面存在进一步完善的空间，来自数据安全、数据运营和数据加工等三方面的现实约束（见图 3.6），相关的交易机制和监管模式还有待健全。

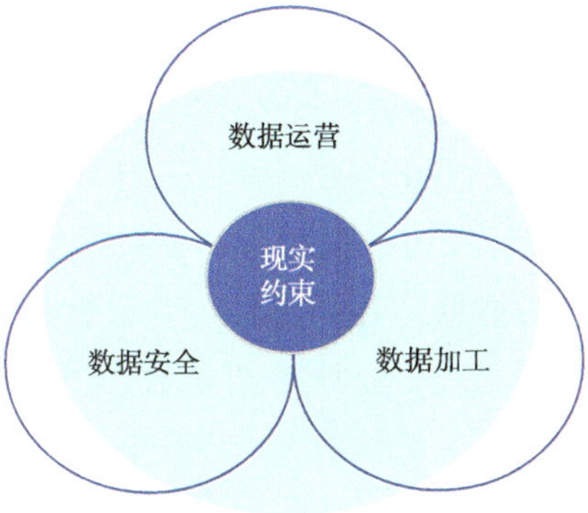

图 3.6 北京市数据要素市场建设的现实约束

首先，数据安全是数据要素市场稳定发展的基石。一般而言，只有那些不涉及国家安全、商业机密和个人隐私的合法、脱敏数据，才能作为交易要素参与市场流通。然而，随着数字化转型的深入和信息化能力的增强，数据信息的共享范围日益扩大，数据的复杂性和安全风险也同步攀升。在数据要素权利主体多样化、复杂化的背景下，未来的数据安全将面临侵权主体多样化、侵权方式和关系错综复杂以及技术追踪难度增大等挑战。更为严重的是，不法者在巨大的经济诱惑下所进行的数据泄露、贩卖和非法交易等行为，不仅会破坏市场环境，而且会威胁国家安全。此外，交易所在数据交易和运营过程中，还要时刻警惕外部非法用户的入侵和内部员工的数据泄密等安全问题。因此，加强数据安全保护，不仅是维护市场秩序的需要，而且是保障国家安全的重要一环。

其次，在数据运营方面，如何借助大数据和人工智能技术，为智慧城市、普惠金融和产业发展注入新动力，同时探索出可行的数据运营商业模式，已成为北京市数据要素市场建设面临的关键挑战。目前，我国数字信息基础设施的发展仍呈现出不均衡、不充分的状况，这直接导致了区域间和行业间“数字鸿沟”的存在，不利于构建一个统一开放、竞争有序的数据要素大市

场。更为严重的是，部分数据存在不准确、不完整、不及时等质量问题，大大降低了数据的实用价值。同时，由于缺乏有效的数据质量监管机制，这些问题难以得到及时解决，从而影响了整个数据市场的信誉度。因此，北京市数据要素市场的建设不仅要考虑如何推动区域数字经济的振兴，而且要致力于弥合区域与企业间的数字鸿沟，并引导全国范围内统一开放的数据要素大市场的建设，这些都是当前亟待深入思考和解决的问题。

最后，在数据加工方面，如何将来自不同渠道、格式各异的数据转化为有用的信息或产品，而非简单出售原始数据，已成为各运营机构的核心关切。在数字化浪潮中，数据的价值虽已备受瞩目，但原始数据往往难以满足用户的实际需求。因此，对于北京市数据要素交易机构而言，如何对数据进行深度处理，提炼出有价值的信息，并将其转化为符合用户需求的产品或服务，已成为提升竞争力的重中之重。这既需要对数据进行清洗、整合和标准化，更需要借助先进的数据分析技术和算法，将数据转化为具有深刻洞察力的信息乃至成为智能决策的支持系统。唯有如此，北京市的数据要素市场才能在激烈的市场竞争中崭露头角，实现数据的最大价值。

2023 年，北京市委、北京市政府发布《关于更好发挥数据要素作用 进一步加快发展数字经济的实施意见》，北京市经济和信息化局等相关部门也发布了《北京数据基础制度先行区政策清单》等一系列政策清单，以加强对数据分类分级的保护，完善数据可信技术和“监管沙箱”制度，建设一体化数据流通体系，推进社会数据有序流通，率先探索数据跨境流通，推进公共数据专区授权运营，创新数据监管模式，强化数据安全和治理，等等。根据中国人民大学信息资源管理学院发布的《数据要素市场化推进力指数研究报告（2023）》的相关披露，北京市的数据开放得分位居全国第六，同时相关建设工作正在进一步加快推进中。

3.6 北京市数据要素市场体系建设的路径选择

3.6.1 政策环境优化：完善数据交易安全和隐私保护规则，有序推进数据开放共享

北京市在实践探索经验基础上，坚持“在实践中规范、在规范中发展”

的原则，以促进数据流通、加快发挥数据在各个行业中助力提质增效作用为出发点和目的，建立数据交易规则和监管框架，积极培育数据服务新业态，推动数据要素市场高质量发展。

首先，数据确权是完善数据交易安全和隐私保护规则的首要任务，是数据资产化的基础和交易流通的前提。2022 年，中共中央、国务院颁布的“数据二十条”，创新了数据产权观念，淡化所有权、强调使用权，聚焦数据使用权流通，创造性提出建立数据资源持有权、数据加工使用权和数据产品经营权“三权分置”的数据产权制度框架（见图 3.7）；并根据数据持有主体，即公共数据、企业数据和个人数据的开发利用、共享流通、价值挖掘模式的不同，建立分类分级确权授权机制。北京市在“数据二十条”的基础上，从北京市的实际情况出发，发布了《关于更好发挥数据要素作用 进一步加快发展数字经济的实施意见》（即“北京数据二十条”）。未来，北京市将在“破题数据产权分置和收益分配、加快推动数据资产价值实现、先行先试打造综合改革试验田”等方面持续发力，并在遵循基本的数据交易原则及服务框架的前提下，共同制定更加细化的数据交易规则与服务标准，有效发挥数据交易平台在市场交易规则及服务标准等方面的治理和监管职责。

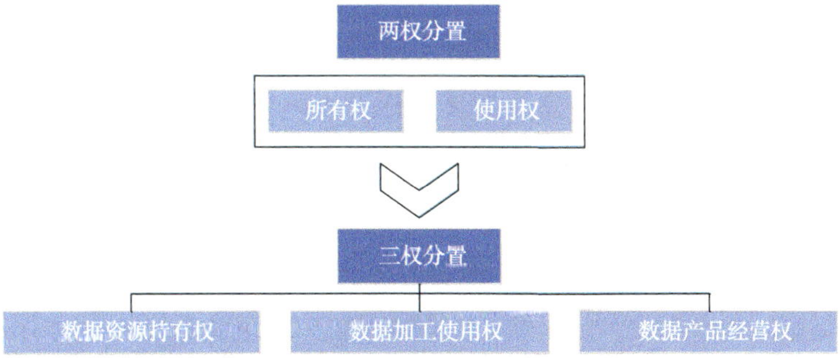

图 3.7　数据要素产权结构性分置

其次，为保障数据的安全有序流通，北京市将健全和完善数据分类分级保护制度。基于数据要素的影响对象与影响程度这两个维度对数据要素进行分级分类，其中核心数据和重要数据禁止流通和共享；一般数据又可根据不同重要级数分为可以流通或者限制流通。根据数据要素类型，可以分为政府公共数据和社会数据。其中，政府公共数据应该通过高质量的开放、共享来促进流通，而社会数据则需要通过确权、定价、交易等环节进入要素市场流通。建立数据分级分类管理制度是推动数据要素确权和数据要素市场建设的首要步骤。北京市基于科学统一的标准，对数据要素进行分级分类，明确可交易和共享数据要素的边界和尺度。例如，基于数据敏感度和隐私性、重要性和危害程度等对数据进行划分，并实施禁止流通、限制流通或可以流通等三级分类管理制度。

在此基础上，北京市将科学有序地提升数据要素的开放和共享水平，以实现大数据的充分扩散、大范围共享和市场化流通。要激发数据要素共享活力，必须完善企业数据共享流通激励机制。针对一些数据资源型企业，应维护其正当权益和商业秘密，保证共享数据的合法利用，并探索有关数据优惠的财政政策。同时，要把握好执法尺度，避免企业因执法过度而不敢共享。对此，可借鉴上海市的相关经验，在保障数据安全的同时，对企业间的数据分享和数据再使用的行为设置豁免条款。

3.6.2 智能平台建设：构建先进高效的数据要素流通网络，多方赋能打造数字生态

建立健全高质量数据交易智能平台是下一阶段北京市数据要素市场建设的重要攻坚方向之一。

一方面，整合优化现有数据交易平台架构，明确平台交易服务功能。为此，一是要对相同或相邻区域内重复建设、功能重合的数据交易中心、交易所等数据交易平台进行结构性整合优化，理顺并明确平台的基本定位、服务目标、管理架构、权责配置等顶层框架设计；二是要立足数据要素的登记、交易、应用、保护等市场服务需求，逐步建立并完善平台服务的基础制度、标准规范和操作指南，以引导数据要素的市场化汇聚和规范化融合利用。

另一方面，鼓励交易平台积极拓展数据经纪服务业务，发挥数据交易枢纽作用。一般而言，交易平台作为数据交易场所，主要承担交易规则维护和交易权益保护等职责，较少直接参与各方交易或直接提供中介服务。但是，对于尚处于发展初期的数据交易平台来说，如果其仅仅依靠市场供需而自发匹配，则可能面临业务量不足以维持平台正常运转的困境。在此情形下，交易平台可尝试直接提供数据经纪服务或联合中介机构进行提供，以主动寻求、匹配数据要素的需求方与供给方，撮合双方完成交易。这样，不仅能为数据要素市场的上游供给方提供需求反馈，而且能为市场的下游消费方提供产品

选择和案例展示，从而在增强数据交易市场活力的同时拓宽业务领域，形成规模效应。

目前，北京国际大数据交易所正在积极建设数据要素市场中介服务体系，为进一步推动数据市场的繁荣与发展，广泛招募具备专业能力的数据托管商和数据经纪商，共同推动数据交易的高效、规范与安全。为加强行业合作与资源共享，北京国际大数据交易所还牵头成立了“北京国际数据交易联盟”，这一联盟汇聚了众多供给方、应用方和服务方，旨在通过深度合作与协同创新，共同打造一个繁荣、开放、共享的数据生态。通过这一举措，北京国际大数据交易所不仅推动了数据交易市场的规范化与专业化，而且为数据产业的可持续发展注入了新的活力。

图 3.8 展示了数据要素交易中所需的各项技术。

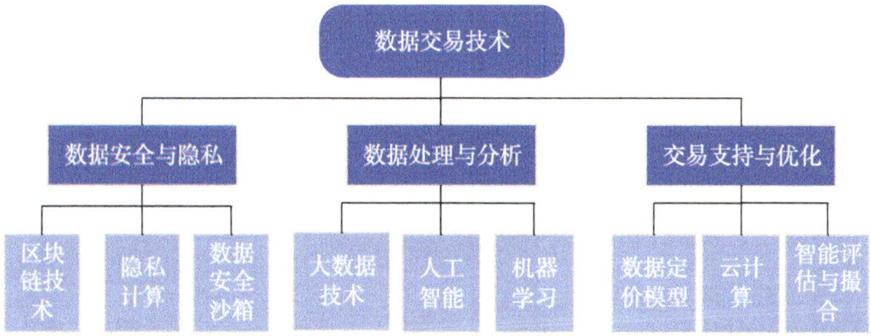

图 3.8 数据要素交易技术

3.6.3 市场基础培育：支持数据要素市场多层次主体培育，发挥要素供给中的乘数效应

市场基础的培育是增强数据要素供给能力的关键所在，其对推动数据要素市场的健康发展具有深远意义。在培育市场基础的过程中，北京市持续关注并支持数据要素市场多元主体的发展，通过发挥要素供给乘数效应，促进数据要素市场的繁荣和活跃。

一方面，北京市坚持公共数据和政务数据的开放与共享先行策略。北京市率先建立了公共数据开放平台，并依据数据开放的要求，在政务平台上实现数据的公开，并定期完成数据的更新与维护。通过这一举措，北京市的数据要素市场将逐步引导市场增加数据要素的供给，从而为数据要素市场的繁荣奠定坚实基础。在此过程中，北京市还应积极探索和完善数据共享、交换、协作和开放的标准化体系建设，以确保数据流通的顺畅和高效。

另一方面，提高个人及社会数据要素的供给能力同样至关重要。为实现这一目标，北京市持续探索个人数据的收集和管理机制，研究如何在保障个人数据安全、自主和可控的前提下，依托各类激励机制保障个人数据的收益权，从而激发个人提供碎片化数据的积极性。此外，北京市大力扶持数据采集、挖掘及加工服务行业的发展，鼓励专业化数据服务机构合规开采、开发数据，形成数据要素产品，从而增加有效供给。这些措施将有助于丰富数据要素市场的供给来源，推动数据要素市场的多元化发展。

此外，构建和完善数据要素参与收入分配的机制也是多元主体培育的重要举措，有助于促进数据要素的有效供给，保障要素主体合理权益。差异性公平要求尊重主体的劳动创造与成果，以激发主体的能动性与积极性。因此，建立合理的数据要素参与收入分配机制，按市场评估贡献、按共享分配报酬至关重要。

图 3.9 为提高数据要素供给能力的相关路径。

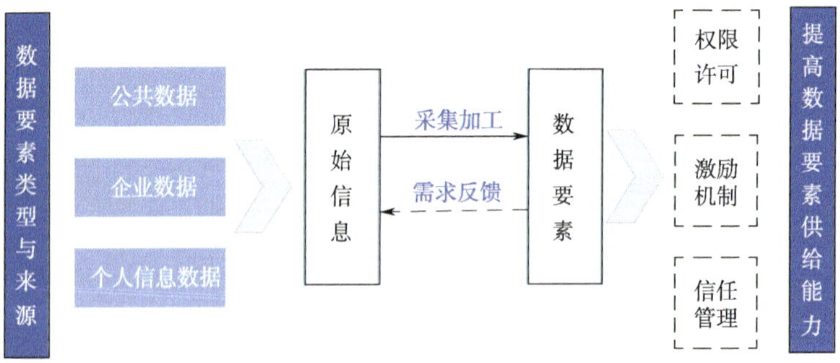

图 3.9 提高数据要素供给能力路径

3.6.4 强化市场监管：加大全流程包容审慎协调监管力度，保障数据市场有序交易

北京市在数据要素市场建设的过程中，需要加大全流程包容审慎协调监管力度，以保障数据市场的健康、稳定和可持续发展。

首先，北京市将建立健全数据要素市场的监管制度，明确监管主体、监管对象、监管内容和监管方式。建立多元主体监管体系。基于政府所有的大量可共享的公共数据，推动打破数据孤岛，整合不同政府部门和社会主体的数据资源，共建多元主体监管的新思维与模式。通过制定和完善相关法律法规、规章制度和政策文件，为市场监管提供明确的法律支撑和制度保障。数据要素市场涉及多个部门和领域，需要加强跨部门、跨领域的协调监管。对此，北京市将建立数据要素市场监管协调机制，明确各部门的职责和分工，形成监管合力，确保市场的有序运行。

其次，在数据要素市场的全流程中，应坚持包容审慎的监管原则。既要鼓励创新、促进市场活力，又要防范风险、保障市场安全。在数据信息登记、数据合规评估、数据要素确权、数据资产定价、数据运营管理、数据投融资、交易与跨境等各个环节，都要建立相应的监管机制，以提供全方位监管支持，确保数据的安全、合规和有效利用。随着数字技术的快速发展，监管手段也需要不断创新。对此，北京市将继续积极探索运用大数据、人工智能等先进技术手段，提高监管的智能化、精准化和高效化水平。通过技术手段的运用，实现对数据要素市场的实时监测、预警和处置，提高监管的及时性和有效性。图 3.10 为全流程包容审慎协调监管流程。

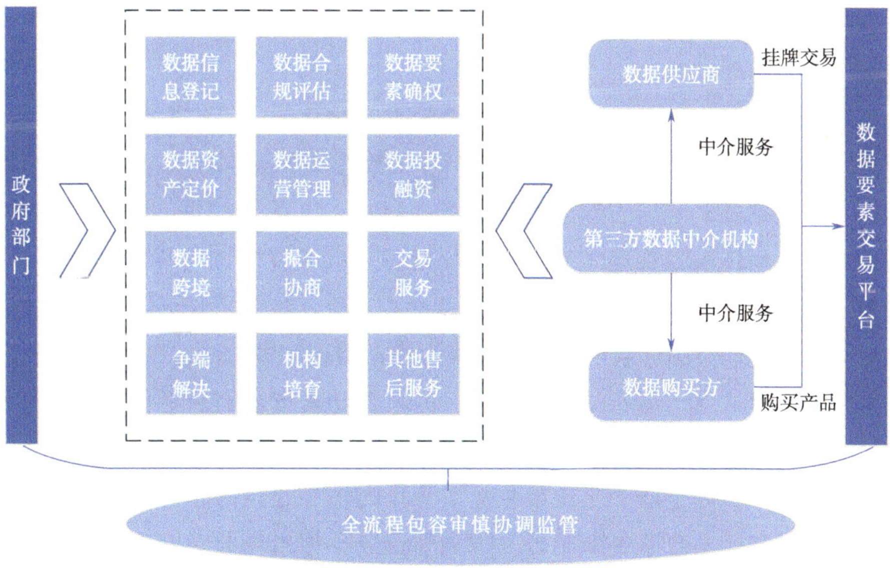

图 3.10　全流程包容审慎协调监管流程

强化市场监管的最终目的是保障数据市场的有序交易。对此，北京市将建立健全数据交易规则和标准体系，规范数据交易行为和市场秩序，加强对数据交易活动的监督和管理，打击数据欺诈、数据侵权等违法行为，维护市场的公平竞争和健康发展。

3.6.5 国际合作交流：深入参与国际高标准数据规则制定，拓展影响力和合作空间

北京作为我国的首都和科技创新的重要基地，在数据要素市场的建设上具有无可比拟的地位和显著优势。北京市将继续积极参与国际高标准数据规则的制定，以推动数据要素市场的国际化进程，拓宽自身在国际舞台上的影响力与合作空间。

一方面，北京市将积极参与国际数据规则和标准的制定过程，推动形成符合国际通行做法和我国国情的数据规则体系，向世界数据要素市场建设提供“北京方案”乃至“中国方案”。通过与国际组织、跨国企业和其他国家和地区的交流合作，学习借鉴先进经验，提升北京市在国际数据规则制定中的话语权和影响力。在深入参与国际高标准数据规则制定的基础上，北京市将进一步积极推动与国际数据市场的对接。通过加强与国际数据市场的联系和合作，促进数据跨境流动和国际贸易，提升北京市数据要素市场的国际竞争力。

另一方面，北京市将积极拓展与其他国家和地区在数据要素市场领域的合作空间。通过加强双边和多边对话，推动数据要素市场的国际合作与交流，共同探索数据要素市场的创新发展路径。同时，北京市将进一步积极引进国际先进的数据技术和管理经验，提升数据要素市场的整体水平和竞争力，并加强与国际数据要素市场领域的交流和人才培养。目前，北京国际大数据交易所已经通过举办国际会议、研讨会等活动，增进与国际同行的了解与合作，并筹建博士后站点，培养高水平人才，为数据要素市场的国际化和高质量发展注入新的活力。

国际合作交流是推动北京市数据要素市场体系建设的重要一环。通过积极参与国际高标准数据规则制定、加强与国际数据市场的对接、拓展国际合作空间以及加强国际交流与人才培养等措施的实施，北京市将不断提升自身在国际数据要素市场中的影响力和合作空间，推动数据要素市场的国际化发展进程。

4 数字生态：新兴数字产业孵化引领高地

丁述磊*

4.1 北京建设新兴数字产业孵化引领高地的成效

4.1.1 新一代数字化出行产业

（1）基本建成高级别自动驾驶自主创新体系

智能网联汽车产业生态进一步优化，基本建成高级别自动驾驶自主创新体系。从2020年启动建设至今，北京自动驾驶示范区已经建成约160平方公里，通过车、路、云、网、图五位一体建设，深入实践车路云一体化技术路线。目前，已初步形成了“车路云网图”五大体系，并建立了智能网联汽车政策先行区，开放国内第一个出行服务的商业化试点，已启动3.0阶段的建设约100平方公里，完成经济开发区核心区60平方公里范围内EUHT专网建设，开放自动驾驶测试道路323条，共1 143.78公里，是国内开放测试道路最长的城市①。截至2024年3月，全市累计部署车辆超过800台，为29家测试车企发放了道路测试号牌，自动驾驶测试里程近3 000万公里，已实现约160平方公里的智能网联道路和智慧城市专网全覆盖，率先开放自动驾驶出行

---

* 丁述磊，首都经济贸易大学劳动经济学院副教授、硕士生导师；首都经济贸易大学劳动经济学院2023级硕士生李楠、池昊霖、艾嘉诚参与了本章内容的研究工作。

① 北京市社会科学院：《北京数字经济发展报告》，2023年6月。

等多项商业化试点服务，在配套政策、测试道路开放、监督管理等多个环节都保持领先。按照计划，自动驾驶示范区拟于2024年6月完成3.0阶段任务，扩展至包括通州、顺义等地在内的600平方公里。

图4.1为北京自动驾驶示范区车辆入网情况。

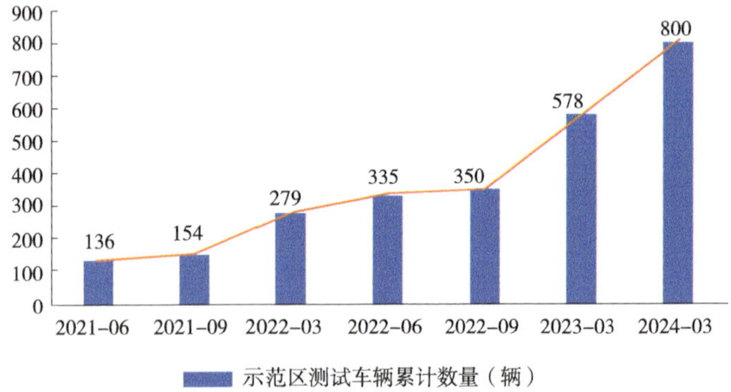

图4.1　北京自动驾驶示范区车辆入网情况

北京市自动驾驶示范区推进自动驾驶各个应用场景全面示范、协同发展。自动驾驶"出租车"、自动驾驶小巴、无人接驳车、无人配送车、无人环卫车、无人巡逻车、自动驾驶货运重卡、无人零售车等8种场景下自动驾驶汽车已经悄然"驶"入市民生活，一座充满科技感的未来之城逐渐浮现，累计提供常态化出行与生活服务超200万人次。表4.1为示范区落地场景一览。

表4.1　示范区落地场景一览

场景	运营成果	参与企业
Robotaxi（自动驾驶出租车）	部署280台Robotaxi，在公开道路面向用户推出自动驾驶出行服务。Robotaxi先后实现主驾有人商业化、副驾有人商业化、后排有人道路测试和全无人示范应用	百度、小马智行、安途（Auto-X）、文远知行、滴滴等
无人配送车	累计投放212台无人配送车，与购物平台、物流企业联合运营，在经开区主流商圈、超市、社区、产业园区等实现区域性快递和生鲜无人化配送	京东物流、新石器、美团等
无人零售车	累计投放71台无人零售车，在经开区的主要区域售卖简餐、零食、饮料等商品，为用户提供科技化、人性化、便利化的无人零售服务	新石器

续表

场景	运营成果	参与企业
无人接驳车	部署 2 台无人接驳车，用于地铁站与企业园区间短途接驳，打造自动驾驶通勤专线，丰富公众的科技出行选择	文远知行
自动驾驶小巴	部署 6 台自动驾驶小巴，开通自动驾驶教育专线，解决校区间的通勤问题	轻舟智航、百度、商汤科技等
干线物流	部署 7 台自动驾驶重卡，于示范区开放高速路段开展示范验证	主线科技、小马智卡、擎天智卡、深向（Deepway）等
无人清扫车	部署 2 台无人清扫车，已实现道路测试和园区日常清扫活动	文远知行、商汤科技等
无人巡逻车	部署 1 台无人巡逻车，支撑区交通大队开展日常的路边车辆违停巡查工作	新石器

截至 2024 年 3 月，上海市已有 32 家企业、794 辆车获得道路测试、示范应用、示范运营牌照，开放测试道路共计 234.3 公里，累计测试里程约 2 290 万公里，测试总时长约 122 万小时，企业参与度、测试道路里程数和场景丰富度位居全国前列。截至 2023 年 8 月，深圳市累计向 15 家企业，325 辆智能网联汽车发放道路测试及示范应用通知书，累计开放智能网联汽车测试示范道路 771 公里，同比增长 20%，深圳市坪山区实现全域开放 440 公里，率先推出全无人商业化试点，累计单次超 26 000 单，运行里程超 50 万公里。

图 4. 2 为北京、上海、深圳三地累计已开放的自动驾驶测试道路里程。

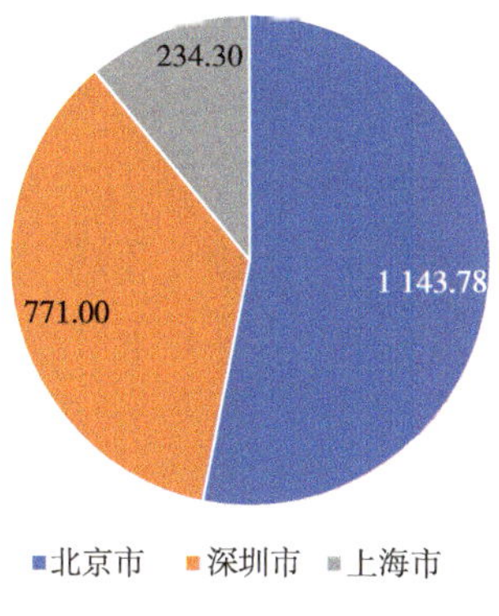

图 4. 2　累计开放自动驾驶测试道路里程（千米）

(2) 持续完善交通绿色出行一体化服务平台

2023 年 6 月，北京市交通委员会和北京市生态环境局联合印发《北京 MaaS2.0 工作方案》，标志着北京市的 MaaS（mobility as a service，出行即服务）建设正式迈向 2.0 阶段①。截至 2023 年 6 月底，北京 MaaS 平台用户量已超 3 000 万户，用户规模领先全国，日均服务绿色出行 450 余万人次，碳普惠实名注册用户量突破 350 万户，累计产生碳减排量近 46 万吨，其中，12 万吨碳减排量已完成市场交易。

北京市的交通绿色出行一体化服务平台是国内第一个落地实施的一体化出行平台应用试点，采用政府企业合作模式，以出行服务平台 App（Application，移动端应用程序）为依托，共享融合交通大数据，为市民提供整合多种交通方式的一体化、全流程智慧出行服务，打造更便捷、更高效、更经济的绿色交通服务环境。

截至 2024 年 3 月，北京市的 MaaS 平台日均服务绿色出行用户数已超 500 万户，该平台也是国际上首个超千万级用户的 MaaS 服务平台。MaaS2.0 阶段，北京市将继续坚持“绿色、一体化”发展理念，以提供优质“门到门”绿色出行一体化服务为根本，以构建“有为政府+有效市场+碳普惠赋能”的 MaaS 体系为目标，重点围绕“服务场景功能拓展优化、互利共赢生态圈构建、无感式全场景碳赋能、全球品牌标杆打造”等四方面，开展 11 项建设工作。力争到 2025 年，北京市的 MaaS 平台日均服务绿色出行人数不少于 600 万人，累计绿色出行碳减排量超过 100 万吨。

图 4.3 为北京市的 MaaS 发展规划。

(3) 不断优化智能网联汽车产业发展环境

2024 年，自动驾驶汽车将迎来立法保障。截至 2024 年 3 月，北京市的智能网联汽车政策先行区已形成“2+5+N”的政策体系架构（见图 4.4），为产业发展构建起适度超前的政策管理体系，在自动驾驶汽车的测试示范、监督管理等方面积累了相对成熟和丰富的经验。创新应用监管沙盒模式，聚焦全无人化测试、高速公路商业化试点、无人接驳等方面，加速政策研究及落地。于 2023 年出台多项具有代表性的管理政策，为智能网联汽车新技术和新产品

① 北京市交通委员会：《北京发布 MaaS2.0 工作方案 北京 MaaS 迈向 2.0 阶段》，2023-06-29，https://jtw.beijing.gov.cn/xxgk/dtxx/202306/t20230629_3150511.html。

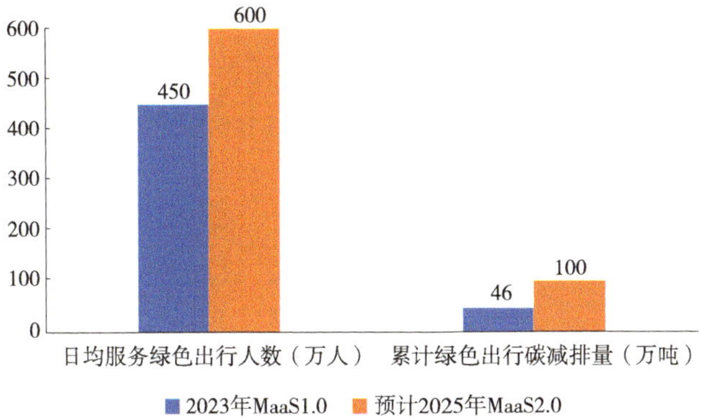

图 4.3　北京市的 MaaS 发展规划

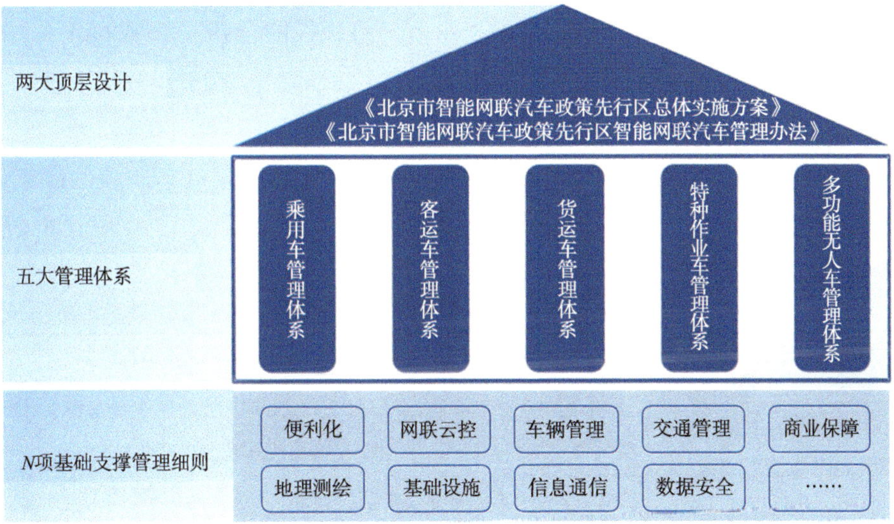

图 4.4　先行区“2+5+*N*”政策体系

的落地应用提供了良好的发展环境。此外，在国家数据分类分级保护制度下，深入结合示范区车路云一体化数据管理实践经验与企业安全发展诉求，形成《北京市智能网联汽车政策先行区数据安全管理办法（试行）》、《北京市智能网联汽车政策先行区数据分类分级管理细则（试行）》和《北京市智能网联汽车政策先行区采集数据安全管理细则（试行）》等政策文件作为落实先行区数据安全管理办法的重要举措。

2023 年 8 月 25 日，北京市发展和改革委员会发布《关于进一步推动首都高质量发展取得新突破的行动方案（2023—2025 年）》，提出促进智能网联汽车产业引领发展，前瞻性推进智能网联汽车立法工作，推动高级别自动驾驶示范区建设，对新建和改建道路严格按照示范区相关标准进行路侧智能化设备建设，持续推动北京经济技术开发区 EUHT 专网建设，努力打造可向全国推广应用的技术标准。

自 2022 年 6 月启动智能网联汽车立法工作以来，示范区积极配合市经信局开展立法调研工作，组织区内代表企业召开多次企业专题调研及座谈研讨，充分了解企业立法诉求。目前，《北京市智能网联汽车管理条例》已纳入 2023 年度北京市人大立法工作计划的调研论证项目，为配合市人大开展调研论证工作，在市经信局的指导下，示范区协调与立法工作相关的市级部门组成调研组，赴上海和深圳两地开展智能网联汽车地方立法调研工作，深入学习两地的立法经验。结合调研情况，示范区将积极配合开展立项申请、立项论证以及草案编写等工作，加快推动立法工作，争取于 2024 年被纳入市政府立法工作计划以及市人大立法审议项目。

表 4.2 为近年来北京、上海、深圳等地有关智能网联汽车产业的政策文件编制情况。

表 4.2　政策文件编制情况一览

	发布部门	政策名称
2023 年 3 月 28 日	北京经济技术开发区管理委员会	《2022 年度智能网联汽车场景示范应用补贴资金申报办事指南》
2023 年 3 月 28 日	北京市规划和自然资源委员会、北京市经济和信息化局	《北京市智能网联汽车高精度地图试点工作指导意见》
2023 年 4 月 4 日	北京市规划和自然资源委员会	《关于开展北京市智能网联汽车高精度地图审图工作的通知》
2023 年 5 月 12 日	北京市高级别自动驾驶示范区工作办公室	《北京市智能网联汽车政策先行区数据安全管理办法（试行）》
2023 年 6 月 30 日	北京市高级别自动驾驶示范区工作办公室	《北京市智能网联汽车政策先行区数据分类分级管理细则（试行）》
2023 年 8 月 25 日	北京市发展和改革委员会	《关于进一步推动首都高质量发展取得新突破的行动方案（2023—2025 年）》

续表

	发布部门	政策名称
2023 年 9 月 8 日	北京市人民政府办公厅	《北京市促进未来产业创新发展实施方案》
2023 年 11 月 26 日	北京市高级别自动驾驶示范区工作办公室	《北京市智能网联汽车政策先行区采集数据安全管理细则（试行）》
2023 年 3 月 22 日	上海市浦东新区人民政府	《上海市浦东新区促进无驾驶人智能网联汽车创新应用规定实施细则》
2023 年 4 月 27 日	上海市嘉定区人民政府	《嘉定区建设世界智能网联汽车创新高地行动方案（2023—2025 年）》
2023 年 7 月 13 日	上海市浦东新区科技和经济委员会	《浦东新区智能网联汽车产业高质量发展三年行动方案（试行）》
2023 年 11 月 16 日	上海市临港新片区管理委员会	《中国（上海）自由贸易试验区临港新片区促进智能网联汽车发展若干政策》
2023 年 8 月 3 日	深圳市工业和信息化局	《深圳市加快打造“新一代世界一流汽车城”三年行动计划（2023—2025 年）》
2023 年 11 月 25 日	深圳市工业和信息化局	《深圳市促进新能源汽车和智能网联汽车产业高质量发展的若干措施》
2023 年 12 月 28 日	深圳市坪山区人民政府	《深圳市坪山区关于加快智能网联汽车产业发展的若干措施》

4.1.2 新型数字化健康服务产业

（1）医疗健康数据平台初步搭建

医疗数据中心、医疗数据研究院等平台的搭建是高效集成与利用医疗数据、发挥医疗数据数字生产力的重要方式。2023 年 5 月，第一届数字健康创新应用大赛——健康医疗大数据主题赛、北京医疗健康数据创新应用竞赛等医疗健康数据应用赛事在北京市联合发起，探索针对参赛主体的高价值医疗健康数据开放路径与模式，促进医疗健康数据的应用效率，合规挖掘潜在价值，促进高价值数据在医疗领域实现合规与合法流动。针对医疗单位开启互联互通、智慧医院等规模化、规范化的数据收集与平台建设工作，鼓励并引导医院主体开展院级、科研级大数据中心搭建，为其提供开展医疗大数据收集与平台搭建的基础设施建设帮助，引入崭新的 IT 架构以满足新业务、新任务对计算资源、存储资源、网络资源的新要求，加速医疗领域实现信息协同互联。鼓励医疗主体投身并顺应网络时代信息技术的飞速发展，改变信息化建设思路，借助云技术、人工智能等工具，改革临床、决策与科研流程，与当下跨越式变化的时代背景实现专业化、智能化、数据化的同频发展。

（2）医疗智能设备研用实现突破

推进机器人新型业态培育发展，引用人工智能工具打造数字化医疗新服务。北京市在医疗机器人企业数量及创新能力方面已排名全国第一，目前，北京市医疗机器人整机企业每年拉动资本投资规模超过 20 亿元，预计到 2025 年北京市医疗机器人市场规模将达到 70 亿元，占全国市场 30%以上。积极引进国际先进医疗设备，弥补国内相关领域不足。

截至 2023 年 12 月，北京是全国拥有达芬奇手术机器人最多的城市，其装机量、辅助完成手术量、年度复合增长量均稳步提升，不少医院使用达芬奇手术机器人系统已陆续突破百例、千例大关；签约星空放疗（Celestial Oncology）的放疗机器人，4π 全方位放疗系统将正式落地北京市医疗机器人产业创新中心，以弥补我国国产放疗机器人产业的空白。以天智航天为代表的一批国产手术机器人企业持续探索挖掘新型商业化模式，大幅减轻了医疗机构的资金压力，缩短了机器人产品进院时间，加速了医疗智能设备的研发、生产与使用流程。目前，天智航天玑骨科手术机器人在国内骨科机器人的临床应用中占比已达 80%以上，开展手术数量累计已超过 4 万例。加大国内医疗智能设备研发生产，攻克多项难关，医疗机器人领域目前已经突破基于在线反馈和智能引导的人机交互技术、智能假肢运动控制技术、人体运动意图识别技术、碳纤维复合材料工艺等核心技术。

目前，国产医疗机器人已成功实现数量与种类上的突破：辅助完成北京医院首例“机器人辅助全膝关节置换术”，国内腔镜手术机器人装机量呈双位数增长并且其使用渗透率持续保持增长趋势，单孔腔镜机器人也开始获批并预计在未来几年陆续放量，罗森博特骨折复位机器人填补了国际相关领域的空白，神经外科手术机器人获证产品及相关企业均在北京，腹腔镜手术机器人的研发落地成功打破海外多年技术垄断，等等。

（3）医疗资源网络共享多端优化

鼓励医疗主体推进分诊、挂号、诊断、治疗、康复等就医环节的数字化与网络化，实现医疗资源网联共享，催生了互联网医药、远程诊疗、网上问诊、互联网医院等多种互联网医疗新模式。

截至 2023 年底，北京全市共建成互联网医院共 65 家，可提互联网诊疗服务的医疗机构现有 245 家，累计诊疗量达 192.06 万人次，与同时期的其他城市相比，上海市级医院互联网总平台共涵盖 37 家医院，深圳市共建成 48 家，可见北京互联网医院建成规模上具有一定优势①。

目前，北京地区共有 12 家互联网医院平台已开通较为完整的就诊服务，通过全市互联网医院平台即可使用线上问诊与药物邮递功能，为个体居民简化就医流程、提高就医效率，为实体医疗机构运转减负，为医疗资源提高使用效率。实施基层预约转诊平台建设，预留大量权威的优质专家号源，便于 2 000 多家社区卫生服务机构及时向 95 家医院发出患者转诊申请并及时得到处理，从而使优质医疗资源实现上下流动与贯通。持续推动互联网医院建设中患者端、医生端、药师端、管理端的互联贯通，促进线上线下就诊的一致协同，借助管理助推与技术赋能工具，扩大医疗资源供给与服务，丰富就诊模式选择，优化医疗单位服务流程。

图 4.5 为北京市互联网医疗发展情况。

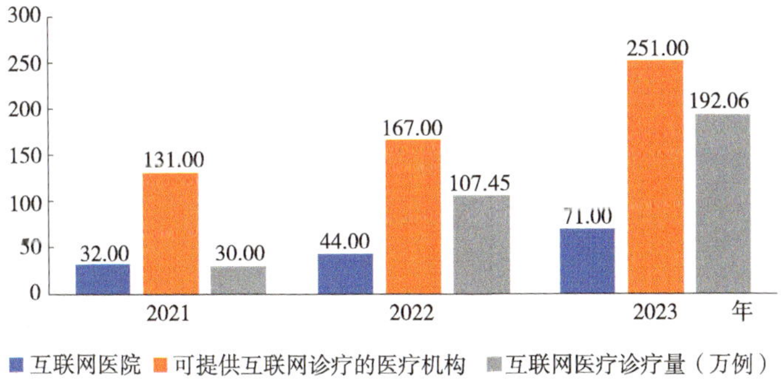

图 4.5　北京市互联网医疗发展情况

---

① 北京市卫生健康委员会：《北京市卫生健康委员会 2023 年度绩效管理工作自查报告》，2024-01-08，https：//wjw. beijing. gov. cn/zwgk_ 20040/zyms/202401/t20240118_ 3539346. html；上海市级医院互联网总平台：《2023 年度上海市级医院互联网总平台便民服务大数据分析报告》，2023-03-05，https：//mp. weixin. qq. com/s/KpLZBWfKHXr256bbuG_ 5HA。

(4) 医疗保障平台搭建逐步完善

稳步推进医疗资源与信息互联共通，依托“京通”小程序，系统化打造“健康服务”模块，建成全市统一预约挂号平台，集成医疗、医保、医药板块，推动就诊信息实现联通、便捷化，实现三医联动。加强医疗机构、用户体系和支付手段的统筹，大力推动医疗机构资源信息的互联互通和共享使用，优化升级全市统一预约挂号平台板块功能，目前已支撑270家医院实现线上预约挂号，支持110家医院实现医保移动支付、检验报告和医疗影像查询功能。通过“京通”小程序、市属医院小程序和App正式上线医疗收费电子票据，以方便群众就医与操作医保使用流程，多环节改善群众就医体验与效率，推进健康信息、就医流程实现逐步归集。

4.1.3 智能制造产业

(1) 制造企业智能转型加速进行

在推进北京市制造业企业智能转型升级的进程中，各大制造企业陆续引进先进自动化设备与智能化技术以提升生产效率、改进产品质量、多环节实现降本增效，采用自动化程序设定以实现不同类型产品的混线生产与模式切换，智能化改造广泛实施。在生产研发、营销、采购、物流管理及存储等多生产环节中，传统制造企业正在加速以装备制造向智能制造模式转化，数字化车间模式建设、数字化生产运营系统等自主开发的生产与管理引擎逐渐引入制造类型企业的生产过程，多生产环节数字化管理与实时网络监控等技术有效搭建了生产数据的集成与分析平台，数字化与智能化的发展在深度与宽度上不断实现崭新突破，规模以上的高端装备与智能转型生产产业工业增加值在此环节中提高幅度超10%，数字化与信息化赋能先进制造业高质量发展的产业布局逐步形成。

图4.6为北京市专精特新企业分布情况。

(2) 智能制造标杆建设持续迈进

北京市在智能制造技术创新与智能制造标杆建设层面取得了重大进展。计算机视觉技术、机器人技术以及5G等先进生产技术工具与生产制造过程的高效融合为智能制造的发展提供了强大的技术支撑，智能制造产业前沿成果日益丰硕，北京市在国家级智能制造系统方案供应商数量方面居全国第一，北京工业互联网平台数量、接入资源量也均居全国首位，“双跨+行业+特定技

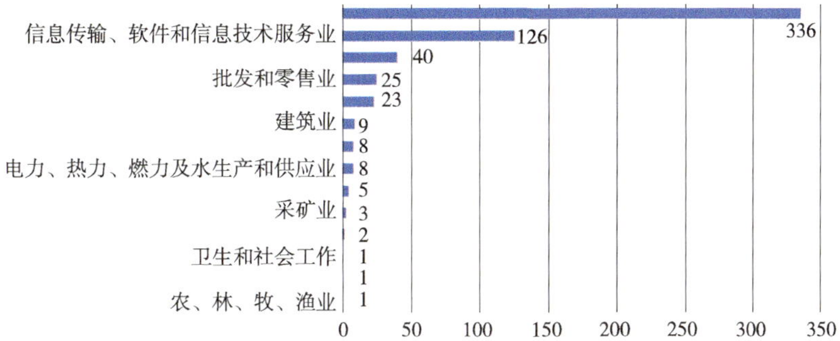

图 4.6　北京市专精特新企业分布情况（家）

术”的工业互联网平台体系模式在北京日益发展成熟，超过 5 万个各类型的工业 App 汇聚成熟，为打造智能制造万亿级的产业集群与生态体系创造了发展条件，为智能制造系统创新链与产业链的持续优化注入动力。一大批智能制造企业标杆不断涌现，其中，福田康明斯与三一智造入选世界经济论坛“灯塔工厂”，小米“黑灯工厂”成为世界级行业标杆；北京经济开发区重点制造试点示范企业 70%已达到三级集成级水平，从数字化网络阶段向智能化阶段迈进，为“新智造 100”工程的顺利推进、首都高精尖产业集群的高效打造奠定了坚实基础。

表 4.3 为 2023 年度北京市智能制造示范工厂揭榜单位名单。

表 4.3　2023 年度智能制造示范工厂揭榜单位名单

揭榜项目	揭榜单位	项目典型场景
北京天诚同创电控装备智能制造示范工厂	北京天诚同创电气有限公司	①产品数字化研发与设计；②虚拟试验与调试；③工艺数字化设计；④智能在线检测；⑤质量精准追溯；⑥产品远程运维；⑦数字基础设施集成；⑧产线柔性配置；⑨精益生产管理；⑩先进过程控制；⑪人机协同制造；⑫在线运行监测
北京盛通印刷智能制造示范工厂	北京盛通印刷股份有限公司	①数据驱动产品设计优化；②可制造性设计；③销售驱动业务优化；④生产计划优化；⑤人机协同制造；⑥精准配送；⑦能耗数据监测；⑧供应链计划协同优化

(3) 智能制造区域高效合作形成

京津冀数字区域共同体是建设北京国际科技创新中心、高水平人才高地的重要抓手，是实现更高水平、更深层次、更宽维度的智能制造与区域协同发展新模式。京津冀三地深入推进协同创新共同体建设，积极发挥各地优势，在协同合作中实现智能制造数字化发展的进一步增长，区域科技创新和产业融合发展水平得到持续提升。

科技成果转化方面，北京积极发挥首都的科技创新中心优势，与天津市的先进制造研发优势相融合，从而发挥更高效的科技创收引擎功能，2023 年累计流向津冀技术合同 6 758 项，成交额 748.7 亿元，比上年增长 1.1 倍。河北省积极发挥京津冀的地缘优势，以促进自身智能制造行业实现数字产业化、产业数字化，在线运营服务器规模与算力实现新突破、雄安国际互联网数据专用通道顺利建成、张家口“东数西算”工程成功落地，在促进数实融合的同时为承接京津科技溢出效应和产业转移提供坚实基础，为京津冀地区顺利推进智能制造区域合作、高效建立分工协作、加快形成产业配套格局贡献了河北力量①。

图 4.7 为近年来京津冀区域技术合作与发展情况。

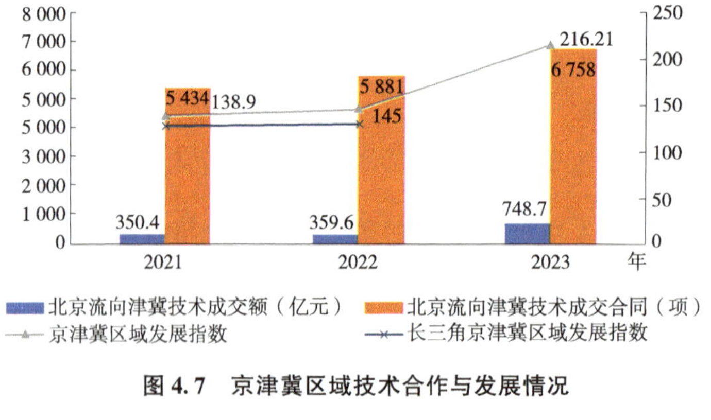

图 4.7　京津冀区域技术合作与发展情况

（4）智能制造业态发展加速更新

在产业数字化发展、智能化升级的引领驱动下，智能制造领域也不断孕育出新产业、新模式、新业态。当前，5G 基站建设中已实现北京市区五环内

① 北京市人民政府：《协同发展形成合力 发展成果进一步共享 2023 年京津冀地区生产总值达 10.4 万亿元》，2023 - 01 - 26，https：//www. beijing. gov. cn/gongkai/shuju/sjjd/202401/t20240126_3546090. html。

全覆盖、五环外重点区域和典型场景精准覆盖，从而为智能制造新业态创造和发展奠定了基础。国家工业互联网大数据中心、顶级节点指挥运营中心顺利建成，“5G-Link 全流程实验室与公共服务平台”正式投入使用，以特色工业互联网平台的新业态形式为智能制造发展注入新鲜力量。制造企业重心向用户转化，远程化、实时化的个性化定制与数字化设计服务模式迅速发展，其中，曲美集团集成应用 3D（3 Dimensions，三维）审图系统软件以优化产品用户定制服务，为家居行业个性化定制服务开启新模式。金风科技引领建设远程专家系统、全球监控管理中心等，为大型风电场运维构造智能化服务体系，开辟全球风电行业远程运维服务新思路。

4.1.4 支持碳中和的数字能源产业

（1）可再生能源利用规模和质量提升

2023 年，北京市持续推动能源清洁发展，加快推进送电入京的大型新能源发电基地建设，新增能源消费优先由可再生能源提供，推动可再生能源规模化利用，大力发展本地地热及热泵、光伏系统，科学开发利用中深层地热供暖，有序发展生物质能利用，试点推进风电项目建设。目前，“十四五”时期规划建设的 6 个域外绿电基地已全部开工，其中，2 个已实现全容量并网发电，此外建成首个中深层地热供暖项目，支持 23 个浅层地源热泵项目和 27 个光伏项目，全年可再生能源消费占比达 14%以上。

图 4.8 为近年来北京市可再生能源发电量占总发电量的比重。

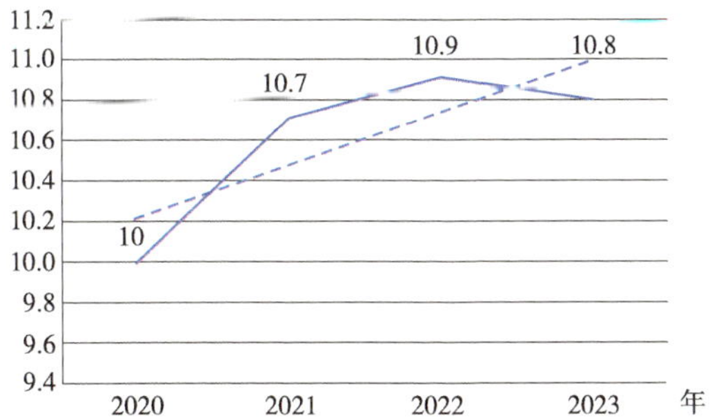

图 4.8 北京市可再生能源发电量占总发电量的比重（%）

北京市节能减排工作深入推进，能源利用效率在全国省级地区始终保持领先水平。此外，根据国家能源局 2018—2022 年连续五年发布的《全国可再生能源电力发展监测评价报告》，梳理北京和上海近五年的可再生能源电力消纳情况如下。

2018—2022 年，北京市可再生能源电力实际消纳量从 150.75 亿千瓦时提高到 292 亿千瓦时，可再生能源电力消纳比重从 13.2%提高到 22.8%，可再生能源电力消纳比例明显提高。同一时期，上海市可再生能源电力实际消纳量从 503.23 亿千瓦时提高到 520 亿千瓦时，可再生能源电力消纳比重从 32.1%降低至 29.8%，可再生能源电力消纳比例基本维持不变①。可见，北京市可再生能源电力消纳量在逐年上升，但是与上海市相比还存在一定差距。

图 4.9 为北京市和上海市 2018—2022 年可再生能源消纳量和比重，图 4.10 为北京、上海、深圳三地的万元 GDP 能耗及下降率。

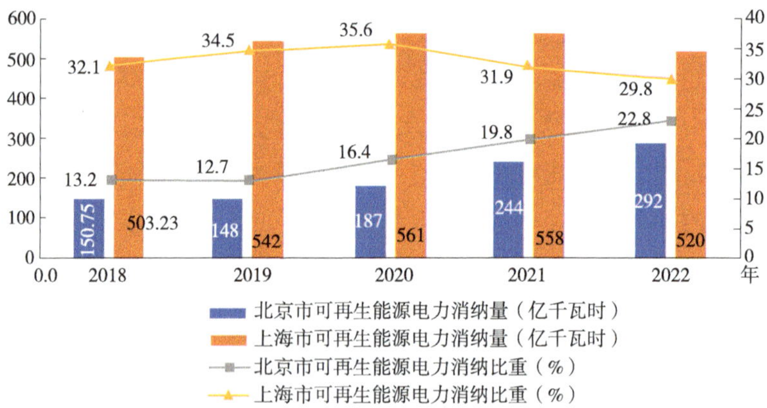

图 4.9　北京市和上海市 2018—2022 年可再生能源消纳量和比重

（2）配套设施供应保障能力显著增强

聚焦价值链、产业链和生态链三大链条。数字能源可有效提升能源产业的整体价值，带动产业融合升级，构建数字能源生态圈。作为数字经济的领头羊，北京市数字基础设施建设快速发展，移动通信、光纤网络、物联网、数据中心等信息基础设施完备。图 4.11 为北京市数字基础设施建设情况。

此外，北京市加快绿色转型和数字化转型，大力发展绿色能源、智慧能

① 数据来源于国家能源局。

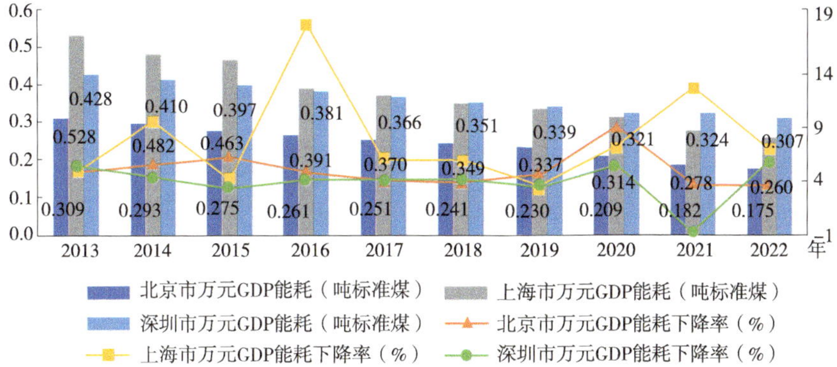

图 4.10　万元 GDP 能耗及下降率

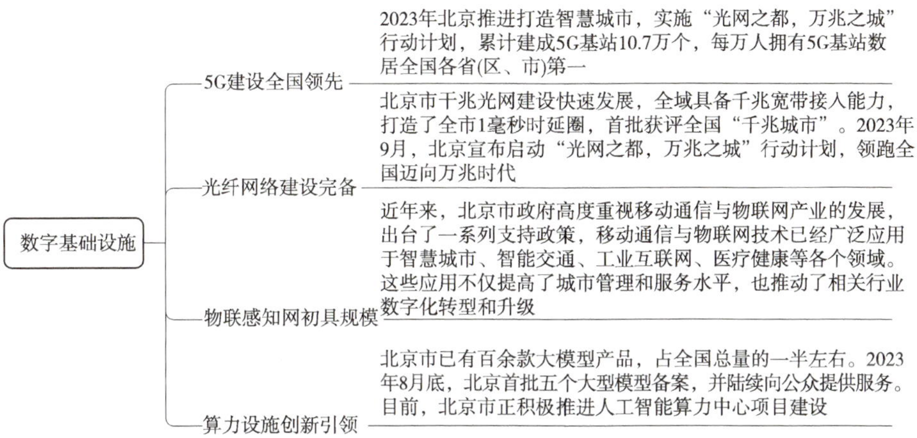

图 4.11　北京市数字基础设施建设情况

源，构建坚强韧性、低碳智慧的能源体系，打造产业升级和市场竞争新优势。例如，在电网结构向清洁低碳转型的背景下，京能集团充分发挥保障首都能源供应的国企责任，积极推进构建新型电力系统，依托虚拟电厂管理平台，实现集团内负荷侧可调资源的统一调度、统一管理，迈出了“数字京能”新步伐。截至 2023 年 6 月，京能集团虚拟电厂管理平台已接入类型包括分布式光伏、电蓄热、冰蓄冷、储能、充电桩、大工业等资源，覆盖北京、天津、河北、浙江、广东等地，同时京能集团虚拟电厂管理平台接入负荷侧资源总容量达到 1.35 GW（1.35 百万千瓦），成功实现了平台突破 GW 级的目标。

随着我国新能源汽车产业驶入“快车道”，充电桩作为与之匹配的基础设施而备受关注。2023 年，北京市电动汽车充电桩达到 23 万个、换电站达到

159座，形成了车桩（站）协同发展的格局，全市平原地区电动汽车公共充电设施平均服务半径小于5公里，形成“1个市级平台+*N*个企业平台”的服务体系，充换电设施互联互通能力持续增强①。着力解决新能源汽车发展面临的充电桩接入难、无序充电等问题，实现新能源汽车充电负荷的“可充、可放、可控、可调”，积极探索“谷段充绿电、峰段有收益”模式。

作为全国最早发展新能源产业的城市之一，深圳市也是全球超大型城市中首个实现公交车、出租车全面电动化的城市。预计到2025年底，深圳新能源汽车规模将超过130万辆，在完善的产业链和新技术支持下，深圳对超级充电站（“超充”）的布局和建设迈开大步前行。此外，深圳市正在大力推进“电力充储放一张网”建设。基于数字孪生城市底座，聚合全市的充换电站、储能设施、通信基站、充电柜等柔性充放资源，聚焦车网互动（V2G）、AI和大数据分析等技术，实现车网互动、超级快充、柔性充电、共享储能等新模式新业态应用。在为公众提供高效便捷用能服务的同时，可实时监管充电设施等的建设运行状况，提升城市能源安全韧性，促进源网荷储一体化和多能互补发展。

（3）能源领域体制机制改革稳步推进

北京发挥市能源与经济运行调节领导小组办公室的统筹协调作用，组建城市管理委员会，使城市能源运行管理的综合性、整体性和协调性得到显著增强。能源领域“放管服”改革和优化营商环境加快推进，能源服务使得企业运营更高效，居民生活更便利。成立首都电力交易中心，电力市场化改革稳步推进。2023年，北京市印发能源绿色低碳转型、可再生能源替代等26个“双碳”专项政策，制修订数据中心合理用能等15项地方标准，累计发布90项创新型绿色技术②。推动出台建筑绿色发展条例和三年行动方案，新增超低能耗建筑18.2万平方米。深圳市则着力打造“一张网”（电力充储放一张网）、“两中心”（虚拟电厂管理中心、数据要素交易中心）、“三平台”（智慧

① 北京市人民政府：《北京市“十四五”时期城市管理发展规划》，2023-03-14，https：//www.beijing.gov.cn/zhengce/zhengcefagui/202204/t20220412_2672524.html。

② 北京市人民政府：《关于北京市2023年国民经济和社会发展计划执行情况与2024年国民经济和社会发展计划的报告》，2023-02-01，https：//www.beijing.gov.cn/gongkai/jihua/bg/202402/t20240201_3552090.html。

能源平台、深碳云网平台、创新合作平台），推动数字技术在能源“四环节”（产、供、储、销）的应用，在数字能源领域探索出特色鲜明的创新实践。

2023 年 1 月 31 日，北京市在《关于北京市 2022 年国民经济和社会发展计划执行情况与 2023 年国民经济和社会发展计划的报告》中，提出要制定虚拟电厂建设指导意见，建立调节性（可中断）电力负荷资源库，提高智慧调度水平。此外，北京市发展和改革委员会发布《北京市可再生能源替代行动方案（2023—2025 年）》指出，到 2025 年，全市可再生能源开发利用总量占能源消费总量的比重达到 14.4%以上，力争达到 15%以上，新建重点区域可再生能源利用比重原则上不低于 20%，实现新建产业设施可再生能源利用率不低于 20%，新建公共建筑屋顶光伏覆盖率力争达到 50%；引导和激励电力用户挖掘需求响应资源，开展电动汽车灵活充放电、智能调度；充分利用新型储能、分布式能源、可调节负荷手段推进虚拟电厂建设。

4.1.5 数字金融产业

伴随数字化浪潮的到来，科技与金融的结合愈发紧密，数字金融为推动实体经济发展提供了关键支撑。北京作为国家金融管理中心，始终把金融业高质量发展放在重要位置。如图 4.12 所示，近年来北京市金融业的增加值稳定上升，2023 年上半年，北京金融业实现增加值 4 119.9 亿元，同比增长 6.5%，占全市 GDP 的比重达 20%，已经成为首都经济的第一大支柱产业。

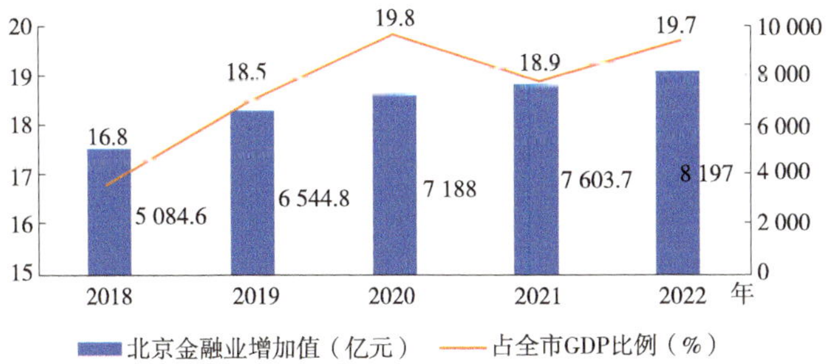

图 4.12 北京市金融业增加值占全市 GDP 的比重

（1）数实经济融合发展迈上轨道

随着新一轮科技革命和产业变革深入发展，数字化转型已经不是一道“选择题”，而是一堂“必修课”，越来越多的传统产业迈上了“数实融合”

发展新赛道。目前，深圳市正在全力推进先进制造业与工业互联网深度融合创新，并将主阵地布局在龙华区。正所谓“龙华区拥抱新一轮数字经济浪潮，推动数字经济高质量发展，引导企业与政府‘同频共振’，共谋数字经济发展未来”。截至 2023 年 8 月，深圳市龙华区全区上云上平台项目 4 万余个，数字经济核心产业企业 1 080 家，上半年实现总产出 2 154.4 亿元，数字经济已成为龙华区经济高质量发展的新引擎①。

近年来，北京市也高度重视数字金融发展，坚持以服务实体经济为根本宗旨，注重激发“金融+科技+数据”要素形成的倍增效应，支撑建设与大国首都地位相匹配的现代金融业。在保障国家金融管理中心建设方面，北京市首个国家级金融改革实验区——中关村科技金融改革实验区获批，以国家级金科新区丽泽数字金融示范区为代表的产业发展集群影响力也有进一步提升。在支持服务实体经济方面，北京市搭建数字化小微金融平台，支持政务数据向金融机构开放，提升普惠金融的服务能力。在推动金融创新发展方面，北京市广泛拓展食、住、行、游、购、娱等应用场景，覆盖多个商圈和网红打卡地等，北京市已连续四年在全球金融科技中心城市排名中名列前茅。

除了服务实体经济，数字金融的落地应用也为特殊群体带来了实质性的便利。两年多以来，中国人民银行数字货币研究所持续与残联开展各类合作，提升数字人民币产品的无障碍体验。2023 年，中国人民银行数字货币研究所持续开展产品无障碍改造和创新，保障新功能适配读屏操作；针对障碍用户容易遇到的问题如人脸识别等，开展有针对性的优化；试点推广用户身份识别卡（SIM 卡）硬钱包，以提供更方便的使用体验，实现对老年人等群体更加友好的服务。

（2）数字人民币试点取得成效

数字人民币是数字形式的法定货币，和纸钞、硬币等价。图 4.13 描述了数字人民币发展历程。近年来，上海市积极推动数字普惠金融服务行动，随着金融业数字化转型逐渐深入，金融服务模式更加完善，更广泛地覆盖“小而散”的普惠金融客群。此外，依托分布式账本和智能合约系统，沪上多家

① 经济日报：《深圳推进数实融合创新 激活数据要素价值潜能》，2023-08-22，http://zfsg.gd.gov.cn/xxfb/dtxw/content/mpost_4239357.html。

金融机构也在助力探索数字人民币试点的多元化应用场景①。

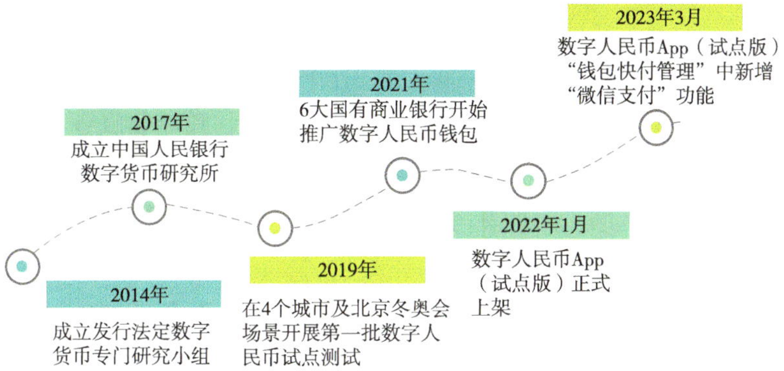

图 4.13　数字人民币发展历程

北京市的数字人民币试点也取得显著成效。一是数字人民币冬奥场景试点圆满成功。北京冬奥会期间，全市食、住、行、游、购、娱、医等场景均支持数字人民币消费，结合冬奥会需求部署数字人民币-现钞兑换自动柜员机（ATM）、数字人民币-外币自助兑换机，推出硬件卡、手环、手套、徽章、服装等冬奥会特色可穿戴硬件钱包，参与试点的用户、商户、交易规模稳步增长。二是在服贸会期间，开设“数字人民币大道”，宣传推广数字人民币，有效提升了观展者的消费体验。

（3）数字金融示范区稳步建设

万德（WIND）数据查询显示，截至 2024 年 3 月，深圳市现有金融科技企业约 300 家，其中，约 220 家企业分布在福田区。开园至今，全市新增金融科技企业 98 家，其中，84 家企业落户福田区，占全市新落户金融科技企业数量的 86%；而在落户福田区的企业中，有 71 家落户金科双园，双园产业聚集效应明显②。

---

① 数都上海：《以科技手段填平信息鸿沟，上海大力推广数字普惠金融》，2023-08-21，https：//baijiahao. baidu. com/s? id=1774793431150915669&wfr=spider&for=pc&searchword=%E4%B8%8A%E6%B5%B7%E6%95%B0%E5%AD%97%E9%87%91%E8%9E%8D%E5%8F%91%E5%B1%95%E7%8E%B0%E7%8A%B6。

② 《深圳第四！福田金科双园争当数字金融“卷王”》，2023-03-26，http：//www. sznews. com/news/content/mb/2024-03/26/content_ 30826622. htm。

北京市依托金融产业优势，也一直在深入推进金融科技与专业服务创新示范区建设。其中，西城区的数字金融发展优势明显，并承担了多个国家金融数字基础设施重大项目。在全国 29 家重要国家金融基础设施机构中，注册地在北京市西城区金融街的有 14 家；新引入中移金科控股等 10 余家头部企业，累计引进 155 家重点金融科技（数字金融）企业和专业服务机构。数字经济活力显现，成功举办“全球数字经济大会西城分论坛”，打造马连道国际·茶·数字孪生街区，启动全球数字经济产业园联盟链建设。丰台区则重点推动数字金融、轨道交通数字化的先行先试。该区以丽泽金融商务区为依托，聚焦数字货币、数字监管、数字资产等领域，聚集了央行数字货币研究所、银河证券等重点金融机构以及央企重点金融板块和重点协会组织，推出“丽泽”数币一卡通——北京市首个政务服务数字人民币应用场景，成立数字金融创新发展联盟，着力打造数字货币与数字资产创新发展先行区。

（4）数字金融风险管控成效显著

在金融风险管控方面，上海数据交易所在审核开户信息与用户权限时负有告知交易风险的义务，并设置保证金制度以防范交易风险；发行方及数商对所披露的数字资产信息负有真实、准确、完整、及时义务，通过充分披露确保信息的公开透明；交易双方应当完成适当性综合评估，以确保各自的风险承担能力；各数商（如发行平台和区块链服务商）则有义务在技术上保障数字资产的可信交易①。

北京市则围绕支付清算、登记托管、征信评级、资产交易、数据管理等环节，依托金融公共数据专区支持金融机构创新产品和服务，鼓励金融机构之间通过区块链、隐私计算方式共享业务数据，以提高金融风险防控能力。目前，京津冀征信链已成为全国首个基于互联网的涉企征信链，是中国人民银行营业管理部践行金融支持京津冀协同发展、共享发展的重要举措，也是持续加强社会信用基础建设、改善营商环境、提升小微金融服务能力的有益探索。目前，这一平台系统已覆盖京津冀地区 99%以上的市场主体，初步实现征信信息跨区域、跨行业、跨领域流动。截至 2023 年一季度末，“京津冀征信链”调用量已连续 5 个月保持在百万次以上，累计调用量突破 1 000 万

① 《探索规范有序的数字资产交易，推动数实融合数字经济新发展格局》，2023-04-08，https：//www. cet. com. cn/wzsy/kjzx/cygdzx/10035966. shtml。

次，助力商业银行向近 941 万户小微企业及个人消费者发放信用贷款超过 460 亿元①。

4.1.6 数据支撑的研发和知识生产产业

图 4.14 描绘了 2016—2023 年中国地级及以上数据开放平台数量增长情况，从中不难发现，数据平台数量逐年上升。数据中心是数字经济时代的重要基础设施，为各类企业、政府和个人提供数据处理、储存、传输和信息安全保障等服务，也为数据支撑的研发和知识生产产业的发展奠定了基础。“十四五”以来，北京市由数据支撑的研发和知识生产产业在前沿领域不断探索，关键算法技术如自然语言处理、通用视觉和多模态交互大模型等已达到国际先进水平。微芯研究院已获批牵头建设国家区块链技术创新中心，同时还计划建设“中关村人工智能大模型产业集聚区”，总量达 612 TB② 的高质量大数据集模型发布，为产业发展提供了重要支持。

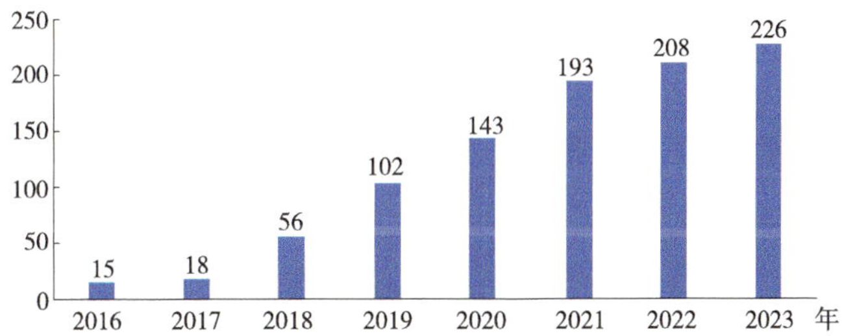

图 4.14　2016—2023 年中国地级及以上地区数据开放平台数量增长情况（个）

北京市以“七通一平、三京、三个一网”为核心进行规划布局，加速推进智慧城市建设，持续提升数字社会智慧化体验。其中的“一平”即“大数据平台”，完成全市 82 个部门、16 个区和经济开发区“上链”，汇集 2 675 个

① 北京青年报：《京津冀征信链调用量破千万次 助力银行向小微企业及个人发放信贷超过 460 亿元》，2023 - 04 - 27，https：//baijiahao. baidu. com/s? id = 1764330519931452708&wfr = spider&for = pc&searchword = %E4%BA%AC%E6%B4%A5%E5%86%80%E5%BE%81%E4%BF%A1%E9%93%BE%E4%B8%8A%E9%93%BE%E4%BA%A7%E5%93%81%E7%B4%AF%E8%AE%A1%E8%B0%83%E7%94%A8。

② TB 是一种计算机存储容量单位，1 TB = 1 024 GB。

信息系统、37 万条数据目录，以及全市 380 余亿条政务数据和 1 600 亿余条社会数据，支撑市区两级 160 余项业务应用[①]。数字化时代，随着数据的快速产生和大规模收集，在经验和理论分析的基础上，可以通过人工智能和大数据分析技术从中获取更加准确和全面的信息。

（1）大规模数据平台投入使用

截至 2024 年 4 月，已有部分数字资产在上海数据交易所的数字资产交易平台进行交易，如在光明随心订发行的“龙耀追光，一‘订’光明”，在高光拾刻发行的“北京 CBD 国际集团——全国首批数据资产入表纪念”数字资产纪念奖章，“为‘星星的孩子’点亮光明——首款孤独症公益主题”发行的数字资产等。这些数字资产的流通交易获得了市场的密切关注，多数一经上市即告售罄，极大助力了数字资产的流通和价值再创造，赋能发行方的品牌提升并取得了良好的社会效果。试运行期间，上海数据交易所遴选优质数字资产进入交易市场，同时对发行方、数商和其他交易参与主体的市场准入采取邀请制[②]。

目前，北京昇腾人工智能计算中心已落地中关村门头沟园。据了解，该中心一期算力规模达 100 P，可为企业和科研单位等提供昇腾 AI 澎湃算力服务，实现“政、产、学、研、用”全流程的打通。2021 年 3 月发起设立的北京国际大数据交易所，探索建立集数据登记、评估、共享、交易、应用、服务于一体的数据流通机制，在全国率先构建首个新型数据交易规则体系、率先实现新型数据交易模式、率先建设数据托管服务平台、率先实现首个线上线下一体化的数据跨境流通服务中心等。

目前，北京国际大数据交易所交易的数据产品已近 1 600 个、交易规模近 16 亿元。2023 年 11 月，北京国际大数据交易所顺义数据要素服务中心启动。北京国际大数据交易所顺义数据要素服务中心是北京市数据基础制度先行区揭牌后第一个落地的区级数据服务中心，目的是吸引更多科研机构、创新个体在此落地发展，共享数字经济红利。近年来，顺义区数字经济各领域发展迅速、成效显著。目前全区规模以上数字经济企业达 277 家，重点区域和场景实现 5G 全覆盖。成功落地全国最高水平的工业互联网数字化转型促进中

---

① 北京市社会科学院：《北京数字经济发展报告》，2023 年 6 月。

② 中国经济新闻网：《探索规范有序的数字资产交易，推动数实融合数字经济新发展格局》，2023-04-08，https：//www. cet. com. cn/wzsy/kjzx/cygdzx/10035966. shtml。

心，建成了工业互联网标识解析国家顶级节点（北京），累计接入企业6.6万家①。

（2）医疗数据专区建设成功入轨

目前，全国各地都在加强医疗中介平台建设。2024年1月，上海市大数据中心、上海市医保中心、中保科联等三方共同启动上海市医保大数据创新实验室（商业保险）。同日，国家金融监督管理总局上海监管局与上海市医疗保障局签署《关于加强基本医保和商业健康保险行业监管合作备忘录》，双方将在数据共享、项目合作、联合调研等6个方面强化交流合作。此举标志着上海各方在协同深化医保大数据应用、推进商业健康保险与医药医疗服务供给侧结构性改革、支持创新药械发展等方面迈入了全方位、多领域、深层次的合作新阶段，将进一步提升数据惠民能力，助力更多惠民举措快速落地②。

北京市也在积极配合医疗领域的数据专区建设，做好政务数据开放。一是积极推进药监数据中心建设，启动药品品种企业全生命周期数据管理平台项目建设工作，串联起全市药品监管品种和监管企业信息，面向社会公众开放，为全市企业和公众提供优质高效的数据查询服务，促进产业发展和“两区”建设。二是根据牵头单位需求，积极配合开展医疗数据专区建设，按需进行数据汇聚，依法进行数据开放。北京市目前已经成功接入友谊医院、潞河医院以及通州、海淀等2个区域的影像平台（合计44家各级医疗机构）的影像数据，已汇聚存档影像检查病例374 392份，初步实现在一个平台上面向居民、医生、管理人员三类用户提供影像调阅、影像分享、人工智能读片、远程会诊等功能。

（3）优质教育资源供给持续增加

深圳市龙华区教育大数据中心是翠鸟云与翠鸟现场双平台技术融合共同开发的可视化平台，同时还定制了移动端App，并支持App与平台间的数据互通，拓宽了多端应用的同时，实现了多端共享、数据互通、运维管控等多

① 北京市人民政府：《北京国际大数据交易所顺义数据要素服务中心成功启动》，2023-11-23，https：//www.beijing.gov.cn/ywdt/gqrd/202311/t20231123_3307759.html。

② 浦东发布：《上海医保大数据创新实验室正式启动!》，2023-01-19，https：//baijiahao.baidu.com/s? id=1788455037361217358&wfr=spider&for=pc&searchword=%E4%B8%8A%E6%B5%B7%E5%B8%82%E5%A4%A7%E6%95%B0%E6%8D%AE%E4%B8%AD%E5%BF%83%E5%8C%BB%E7%96%97。

方面的便捷使用，为智慧化转型建设提供源动力。

北京市朝阳区教育数字化建设，至今已经历了硬件建设、资源建设、信息化应用和数智赋能等四个阶段，形成了政府主导、社会参与、学校具体实施、共同推进教育信息化的良好格局。在推进教育数字化工作中，朝阳区扩展课程资源，赋能学生自主学习新发展，组织全区骨干教师研发 1 万余个资源包，根据学生点击量等方式持续更新资源，年均新增 200~300 个资源包，为不同发展水平学生的自主学习提供优质基础资源。同时，优化“五育并举”的教材配套课程资源，与高科技企业合作，提供 55 门双师型数字化素质教育课程，覆盖全区 116 所学校，12 万余名学生开展常态化学习，扩大供给学生实践类、实验类、探究类课程资源；建成 2.3 万道高质量区本试题，供给超过 18.5 万道精选题目和视频微课资源，为学生自主学习、精准学习提供有效支持，形成区域智慧作业资源库①。

（4）文化产业资源配置更加灵活

北京市东城区启动实施数字经济标杆城市建设 3 年行动计划，培育“文化+科技”产业集群，将东城文化遗产、景观人物内容 IP② 进行数字化开发，建设“故宫以东”文商旅融合生态圈。此外，开展老字号守正创新工程，围绕珐琅厂、吴裕泰、信远斋等重点老字号企业开展各类特色直播活动，助力经济发展；怀柔区聚焦视听传媒、动漫游戏、创意设计及直播电商等领域，打造影视数字产业高地；成立影视文化科技数字产业专班，在影都开展打造数字经济标杆城市“桥头堡”工作③；等等。

4.2 北京建设新兴数字产业孵化引领高地中存在的问题

4.2.1 新一代数字化出行产业

（1）核心技术积累不足，与国际先进水平相比还存在差距

北京作为国际科技创新中心，在数字技术方面具有领先优势，但科技创

① 北京市社会科学院：《北京数字经济发展报告》，2023 年 6 月。

② 在当下文化语境中，IP 的概念主要指具有较大影响力的文化产品或文化形象。

③ 北京市社会科学院：《北京数字经济发展报告》，2023 年 6 月。

新联合攻关的积极性、主动性等还未被全面调动。在部分核心技术（如人工智能算法、软硬件等）的研发上仍存在短板，在一定程度上钳制了产业升级进程。对于智能网联汽车产业而言，需要依赖传感器来感知周围环境，以做出准确决策。但是，目前传感器技术存在一些局限性，如传感器的准确性、稳定性、适应不同天气和路况等问题，以及国产传感器的性能与国际先进水平相比还存在一定差距。同时，高级别自动驾驶系统需要进行大量的数据处理和计算，对计算平台和芯片的性能要求极高，而国内在高端自动驾驶芯片的设计、制造和封装测试等方面还存在一定的技术瓶颈。因此，在国外技术专利壁垒高筑、数字经济发展迫切需要的背景下，北京市需围绕重点领域，从制度、设备、人才等诸多方面持续加大研发力度，力争成为国际领先的“北京队”，凝心聚力实现重大技术突破。

（2）产业生态尚未健全，智能路网基础设施建设进度缓慢

智能网联汽车需要人、车、路、云、网、图互联，协同发展，道路基础设施是网联化的重要基础，需要建设智能化基础设施网络、无线通信网络、高精度位置服务网络等各类基础设施网络。但就北京市而言，其在某些区域中的基础设施的覆盖仍显不足。

首先，5G 专网的覆盖情况。智能网联汽车的发展需要高速和低延迟的 5G 网络进行数据和信息的传输。当前，尽管北京市正在积极推进 5G 智慧城市建设，5G 网络覆盖率已经达到了 85%，但仍有部分地区未实现 5G 覆盖。反观深圳市，截至 2022 年底已累计建成 5G 基站 6.45 万个，每万人 5G 基站数约 37 个，每平方公里 5G 基站密度达 32 个，在全球范围内率先实现 5G 独立组网全覆盖。

其次，在北斗高精度定位、高精度数字地图、互联网地图等方面，北京市还缺乏推进北斗规模应用的统筹协调机制，相关部门的统筹不够，联动不多。

（3）现有存量市场无法匹配产业发展对复合型人才的需求

人才是推动产业发展的重要力量和核心要素，要发展壮大北京市数字出行产业，突破技术困境，就要从根本上突破人才困境。目前，北京市在数字人才的供给方面整体上存在一定缺口，数字人才的供给结构不够合理，尤其是精通新兴技术的复合型人才较为稀缺，企业需求与现有人才培养方向不匹配，校企人才输送低效，能力岗位难以适配。此外，北京市在数字化出行产

业发展过程中涉及信息技术、交通工程、数据分析等多个领域，需要具备相关专业技术的复合型人才。然而，当前这类人才相对短缺，尤其是在算法开发、数据分析、自动驾驶技术等领域的高端人才更加匮乏。

(4) 相关政策尚待完善，部分法律法规制约产业迅速发展

大量技术创新和商业创新不断涌现，对数字经济相关制度规范的更新、迭代和调整提出了更高要求。虽然中央和北京市地方层面均已制定出台了一系列相关政策，推动了产业发展，但政策覆盖面有待拓展。当前，部分管理方法并不符合实际情况，与富有创新活力的数字技术发展需求不相匹配；针对数字出行产业的法规体系还不够健全，一些相关法规和政策还需要进一步完善。例如，北京市各区均出台了落实《北京市关于加快建设全球数字经济标杆城市的实施方案》的相关行动计划，但在具体落实过程中还没有出台具体的执行政策，以也没有形成一系列长效的配套机制，表明各区在政策落实方面存在难点。此外，对于在建设北京市数字化出行产业过程中的问题，尚未进行梳理并形成问题清单，从而对落实相关的规则制度造成制约。

4.2.2 新型数字化健康服务产业

(1) 医疗健康大数据数字化建设缓慢，各大医疗主体主动性尚未得到充分调动

目前，北京市各大医疗主体已相继开启医疗健康数据的集成与应用工作，但该项工作深度与宽度的不足决定了医疗数据强大的“生产要素”属性与价值尚未得到真正开启与挖掘，医疗健康数据的数字化使用对健康服务领域尚未产生质的影响与改变。

首先，各大医疗机构主体对医疗大数据建设框架与建设规划尚不足够清晰，对医疗大数据平台建成的深远意义也未充分领会，缺乏探索数据系统与医疗服务相互结合的渠道、融合模式的主观能动性。当前，医疗大平台的建设是北京市智能医疗的重要任务。在这方面，深圳市可以提供有益的经验。例如，国家健康医疗大数据研究院（深圳）高效联动了粤港澳地区以构建政产学研用生态体系，其以医疗数据为基，以政策研究破局，为深圳市的医疗健康数字化发展贡献了重要力量。

其次，北京市的各医院虽已颁布各项标准、启动资金支持以促进医疗数据应用的发展，但与医疗数据相关的数据收集、过滤、存储、分类、分析等

环节的多情景处理模式尚不健全，也不成熟。

最后，北京市的较多医院目前缺乏数据治理的主动性与积极性，医疗数据数字化工作浮于表面，过于被动，导致目前医疗健康数字化发展仍未具备坚实的物质基础与数据基础，现有的医疗数据难以具备真正的流通性以发挥其价值，医疗数据工作在未来的沉淀难以推进。

（2）医疗智能设备市场尚未充分挖掘，核心关键技术研发落后于国际水平

手术机器人、康复机器人等各大医疗设备的成功使用是医工融合交叉、医疗科技成果应用的成功实现与落地转化的具体体现。我国作为全球第二大医疗设备市场，技术与成本等难关阻碍了医疗智能设备市场的充分发展。核心部件的研发、关键技术的瓶颈是当前阻碍人工智能为医疗健康服务带来根本性变革的最大难关。例如，当前众多设备中的关键零件仍然无法实现自主研发生产，其高昂的购入成本决定了先进智能设备在医疗领域的稀缺性，终端应用得到较大范围推广的可能性也极大地缩小，机器人辅助手术渗透率远低于国际水平。

此外，北京市的国产机器人研发层次仍与国际领先水平存在较大差距，国产智能医疗设备的产业生态链条与模式尚未充分形成，市场化拓展应用速度缓慢，医工企之间的共研平台搭建工作未得到扎实推进，因此其在合作程度、创新效率、资源利用等方面仍然存在较大提升空间。

在这一方面，深圳市的“深圳三院-南科大”医工交叉模式是产业科技双向促进的代表性成果，其推动了高校、企业、医院形成三位一体的联合攻关，分别从实际问题、产品设计、临床解决等方面入手参与，形成了三方共赢的合作、共享模式，从而为前沿医疗的创新合作建立了良好的机制。

可见，如何发挥高校资源丰富的首都优势以推进高校科研单位与医院主体的合作，已成为当下北京市进行医疗智能设备建设时的重要命题。

（3）医疗资源网络共享运作机制模糊，权威医学专家人才缺口有待填补

在北京市医疗资源共享体系的搭建过程中，互联网医院数量与可提供互联网医疗服务的医疗单位数量近年来有显著增长，这标志着医疗资源的云化、网络化、共享化工作取得了形式上的丰富与规模上的发展扩大，但其内部框架运作机制仍有待进一步明晰。互联网医院所提供的导诊、诊断、治疗与药物配送等一系列服务所产生费用的分配标准与承担主体尚未得到一致稳定的

界定，针对患者、实体医院等多主体所发挥的收益机制也尚未得到理顺。网络医疗服务的质量高低依托于数字平台质量，当前实体医院与互联网医院之间的医疗数据共享通道尚未完全打开，医疗数据与医疗资源未得到充分有效的使用。网络医疗服务质量的根本决定因素仍然是医疗团队素质，而当前互联网医院医疗力量构成中缺少各类领域的相关权威性专家，因此互联网医院对患者的吸引程度不足。医疗平台对医生团队的系统性要求、标准化培训机制设置、流程性后台监控等工作并未落实到位，导致出现各服务主体自身角色定位不清，诊疗中诱导治疗、出诊医师与宣传不一致等情况频频出现，平台所提供的服务与患者需求并不适配的情况也屡次发生，诊疗中用药随意性过大、诱导治疗等情况也令患者在就诊时心存顾虑，可见当前系统中的服务规范性有待提升。

（4）医疗健康服务平台宣传工作缺乏，平台运营与技术支持质量有待提升

医疗健康服务平台是居民实现简化就医手续与提升就医效率，医疗主体实现有序分配医疗资源与减轻业务负担的重要工具，而当前以“京通”为代表的医疗健康服务平台仍存在一系列技术与内容上的不足。作为北京市实现三医联动的重要工具，“京通”平台是当前医疗健康领域功能最为齐全的一款产品，但当前仅有 33 万余人注册了该平台，推广宣传工作力度的不足导致许多用户并不能详细了解其功能性质与操作流程，从而影响该平台的使用率。

此外，该类平台所能获取的后台技术支持力度与质量尚显不足，用户在使用过程中遇到的一些问题无法得到专业及时的解决，导致病患最后仍然只能选择线下前往医疗机构解决问题，从而使平台的用户使用黏性受到一定影响。平台的服务内容仍有部分的缺失且无法及时更新以满足用户的新需求，界面组成的复杂性、操作过程的不便捷、界面卡顿与闪退、数据泄露与滥用等问题的解决速度较慢，进一步影响了用户体验。

在医疗健康平台的运营与数据集成工作中，深圳市医保局携手华为公司推进了“首席数据官”试点工作。其基于华为云原生数据湖等高新技术，采用华为数据治理方法和一站式数据治理平台经验，完成了深圳市医保数据湖的搭建工作，是助力大规模医疗数据集成与运作的典型案例。政企合作的有效开展，也是当前北京市推进医保服务平台建设工作中仍须加大探索力度与合作深度的重要抓手。

4.2.3 智能制造产业

（1）传统制造企业智造转型推广不足，中小企业转型基础条件普遍较差

当前，北京市制造产业数字化水平与智能化程度与国际领先水平仍存在较大差距，智能制造转型较为成功的示范企业初步形成的国内经验与模式尚未得到充分利用，其示范带动作用相对有限。与此同时，当前北京市的部分生产制造企业仍然处于自动化向数字化转型的阶段，对数字化转型的深远意义缺少清晰认知，欠缺转型主动性。迫于资金、技术、人才、经验等客观条件的限制，部分企业单凭自身力量难以顺利开展并实施转型，并且因为存在较高的转型失败风险与成本，自动化与信息化基础条件普遍较差的中小制造类企业转型面临着更高的实施难度。针对此类问题，深圳市已连续 4 年、每年为 2 000 家工业企业实施免费数字化转型咨询诊断工作，也就是为企业提供研产供销服管全链条诊断。

企业转型助力社会援助的进一步落地与细化，是当前北京市传统企业规模性转型升级工作的一大任务。当前，在国内智能制造核心零件与关键技术水平不足、自主可控能力有待加强的情况下，北京市的高档数控机床、核心零部件等仍然主要依赖国外进口，大部分底层操作系统、计算机辅助软件制造执行系统也主要由国外企业提供。高昂的引进成本增加了数字化转型在制造业中有效推广的难度。

（2）智能制造整体人才缺口相对较大，多部门跨领域合作力度有待加强

据《制造业人才发展规划指南》预测，到 2025 年高档数控机床和机器人有关领域人才缺口将达到 450 万人。在智能制造不断深化的过程中，对人才的需求量也会随之增长，较大的人才缺口将成为北京市智能制造行业未来发展所面临的普遍性问题。

当前，与北京市智能制造相关的人才结构与培养机制尚不成熟，已有的传统行业劳动力结构已无法满足智能制造转型升级所创造的新型技术人才、高水平技术人才需求；包括工程技术人才、数据科学家、业务分析师等在内的跨学科、跨领域的人才支持力度不足，行业配套的人才培养与引进机制也不成熟。

智能制造涉及多部门与行业之间的相互合作与交叉融合。然而，当前制造业、信息技术、物流管理等行业之间缺乏有效的协作与资源整合，智能制

造核心技术领域研发效率与水平仍然存在较大改善空间，高端传感器、高端控制系统等核心技术研发与应用瓶颈有待合作攻克。

为解决智能制造业的人才缺口与教育滞后问题，上海交通大学与上海人工智能实验室联合打造人工智能（卓越人才试点班）——国智班，实施学术科研导师、项目研发导师、企业实践导师三导师制的联合培养模式，将优秀的课外资源与实践平台纳入人才培养体系，培养人工智能领域的顶级人才。

综上，如何利用好首都的高校资源优势及其作为科技创新中心的资源优势，进一步打造自主化的人才培养模式，建成智能制造人才培养高地，是解决当下北京市相关领域人才缺口问题的关键抓手。

（3）京津冀智能制造产业链有待完善，区域各类转型资源整合利用受限

京津冀制造行业间合作虽已经取得重大进展，但产业分工的优化空间仍然较大，整体区域当前尚未形成高水平完整产业配套体系，众多核心企业仍然处于单点存在的形式，智能制造领域企业聚集程度也相对落后于其他地区，这些都限制了北京市发挥科技创新中心城市的产业辐射功能，其区域智能制造发展也因此受限。

京津冀三地在人才、资金、政策、创新科技资源等方面的基础条件与发展情况并不平衡：北京与天津拥有较高水平与规模的高端技术人才与科创实力，河北则具有相对充足的劳动力供给；相比北京，天津与河北的工业企业在计算机使用率、工业数字化程度、信息化应用等方面较低；等等。但由于薪资待遇水平、教育医疗资源等众多方面的差异，高技术人才难以实现区域流动，资源整合与利用效率在区域内无法得到高效提升。

（4）新业态相关政策与法规尚不规范，智能制造产业呈碎片化分布态势

随着智能制造新业态的不断催生与升级发展，数据安全、隐私保护等领域的相关政策与法规环境有待加速完善，智能制造设备与服务相关的系列标准与规范有待进一步统一规范。与此同时，在智能制造转型过程中，新业态的发展伴随新岗位的产生，对劳动力的知识储备也提出了新要求。

然而，当前北京市制造业人员流动性较大，受劳动力市场中需求方议价能力下降的影响，大量基层员工与技术型劳动力的招聘难度增大，留存率较低，无法为智能制造新业态发展提供充足的劳动力。目前，北京市智能制造产业链的整体配套水平尚不完整，各生产制造企业、行业的交流合作关系较弱，分布态势呈碎片化，不利于形成完善的产业生态体系，科技创新成果的

本市转化与产业化难度较大，这些都进一步影响了智能制造新业态的发展。

4.2.4 支持碳中和的数字能源产业

（1）能源创新能力和智慧水平有待进一步提升

作为全国科技创新中心，北京市在低碳技术方面拥有雄厚的创新基础。特别是，2022 年北京冬奥会作为世界首个碳中和冬奥会的成功举办，使得北京在低碳环保技术创新方面积累了大量的成果和成功经验。当然，尽管北京在科技创新方面取得了显著成就，但在某些关键核心技术上仍面临各类挑战。例如，北京市的国际科技创新中心资源优势发挥不足，绿色低碳技术推广应用和智慧能源系统建设还处于起步阶段，能源运行管理智能化、精细化水平有待提升，等等。

现阶段，北京市在氢能开发利用、绿电技术、二氧化碳捕集利用等关键绿色技术创新方面已取得较大进展，但在氢燃料电池电堆、新型催化、绿色合成、“绿氢”规模化应用等低碳技术领域还存在较大的待发展空间。特别是，氢燃料反应堆和电池电堆等一些核心设施的关键零部件以及清洁能源发电等核心技术装备在很大程度上仍依赖进口，限制了北京市数字能源产业在核心技术上的自主研发能力和市场竞争力。

（2）产业链与相关配套设施建设相对缓慢

低碳产业链是指从原材料供应到产品研发、制造，再到包装、运输和销售以及后续服务、回收再利用等产品全生命周期的各个环节都实现低碳化，从而形成行业产业链条整体的绿色可持续发展，如果其中某些环节的发展滞后，将影响整个产业链的形成和完善。

发展低碳产业需要相应的基础设施支持，如充电设施、智能电网、废弃物处理等。如果这些基础设施的建设滞后，将影响低碳产业链的正常运行。当前，北京市虽然在新能源汽车、智能制造等一些低碳产业发展方面已取得了较大进展，但在配套产业链建设方面还存在缺项和短板。同时，传统产业在绿色转型过程中，其整体产业链的低碳化转型也有待进一步深化。此外，类似中国绿色制造联盟这种由工信部牵头搭建的产业低碳化平台也相对较少，作为政府职能补充的第三方社会化服务的发展也相对缓慢。

（3）数字能源领域体制机制改革仍需深入推进

与碳达峰、碳中和相适应的能源政策、法规、标准和价格体系亟待健全完善，能源领域“放管服”和营商环境改革仍有待深入推进，政府对能源行业的监管能力、监管手段也有待加强和创新。由于传统产业长期存在的惯性作用，一些企业和政府部门对低碳产业的紧迫性和重要性可能认识不足，这在一定程度上减缓了该产业发展的步伐。同时，支撑低碳经济发展的财政金融体系还比较薄弱，尽管国家和北京市已经投入了大量的金融和财政资源，但绿色发展资金的缺口仍然明显。此外，绿色制造领域也面临着资金紧张的问题，尤其是中小型企业，因为其可享受政策的覆盖面较小，这不仅限制了其在绿色转型中的参与度和积极性，而且影响了整个低碳产业的健康发展。

4.2.5 数字金融产业

当前，数字金融产业正在持续深入推进之中，成为助力经济发展、服务民生的关键力量。当然，在该产业的发展过程中需要始终保持对风险的关注。

（1）金融科技创新氛围不足，数字金融科技创新生态尚未形成

与知名国际金融中心相比，北京市在金融科技创新方面的氛围相对不足，缺乏一流的科技创新平台和生态环境。目前，北京市在数字金融科技创新方面的政策支持和投入力度还不够，且缺乏对科技创新企业和项目的重点支持和扶持。科技创新的环境和氛围相对薄弱，缺乏对数字金融科技创新的激励机制和政策支持。除此之外，北京市的数字金融科技创新生态尚未形成，缺乏完善的创新生态系统和产业链条。与知名国际金融中心相比，北京市在数字金融科技领域的创新资源整合和创新生态建设方面相对滞后，且对数字金融科技创新的投资不足，风险投资环境和机制也不够完善，缺乏投资机构对数字金融科技创新项目的重点支持和投资，从而导致创新项目的融资难度较大。

（2）金融科技人才资源短缺，相关数字人才培养体系有待完善

数字金融领域需要大量的金融科技人才，包括技术开发、数据分析、风险管理等方面的专业人才。当前，北京市金融科技人才供给不足，人才培养体系有待完善。例如，北京市各高校主要在金融学院或金融系设置金融科技专业或相关方向，有关数字金融的专业或方向则比较少。

除此之外，北京市相关金融机构尚未建立健全系统化的人才培养通道，数字化金融人才岗位序列设置有限，人才职业发展空间有限，创新价值也未能在薪酬分配中得到充分体现，激励机制所能发挥的作用不强。同时，跨学

科、跨边界交叉培训的教材也比较缺乏，内部流动不够通畅，人才创新意识、人才活力也没有得到充分激发。

(3) 金融数据资源整合较难，金融数据管理体制缺乏统一标准

发展数字金融需要大量的数据支撑。然而，当前北京市的金融数据资源分散、整合难度大，数据标准化程度不高，亟待加强金融数据资源的整合与共享，提高数据利用效率。目前，北京市已搭建起金融公共数据的对外开放平台，但在数据要素的市场化交易与流通中仍存在一些难点，金融数据管理中尚缺乏统一标准。例如，国家和行业层面的能源数据管理中缺乏统一的规范化标准，各部门自建的信息化系统按照各自业务需求和标准建立，金融数据无法共享，更无法与公众充分互动；数据共享机制不够完善，导致数据利用效率低下，难以实现数据的最大化价值；等等。

4.2.6 数据支撑的研发和知识生产产业

(1) 政府监管体系不够完善，缺乏相关政策指导

目前，北京市已出台了一系列支持科技创新和知识产权保护的政策措施，为数据支撑的研发和知识生产产业提供了良好的政策环境和政府支持。例如，推动企业加大对科技创新的投入，提高科技成果转化率，鼓励创新型企业的发展，等等。但是，数据支撑领域的研发和知识生产活动涉及大量的敏感信息和个人隐私，目前的监管政策体系尚不够完善，缺乏相关法规和政策的指导，容易导致数据安全风险和合规问题。

(2) 人才短缺与结构不合理，技术人才需求量较大

目前，北京市在数字经济人才的供给方面整体看存在一定缺口，尤其是精通新兴技术的复合型人才较为稀缺。尽管北京市拥有大量高校和科研机构，但在数据支撑领域的高级人才仍然相对不足。此外，现有人才结构存在一定的不合理问题，如缺乏深度和广度兼备的数据科学家、工程师和分析师等人才。

随着数字经济发展的深入，在金融、医疗、城市建设、公共管理等多方面对数字技术人才的需求急剧增加。在国际关键技术领域，美国对中国的供应链“硬脱钩”持续升级，从而对我国的数字经济技术发展造成压力。当前，传统学科的单一领域人才供给较多，“卡脖子”技术领域的攻关人才则比较缺乏，且复合型数字经济领域人才的培养方案仍在探索中，尚未形成符合市场

需求的高效规划。

（3）核心技术创新能力不足，成果转化难以实现

尽管北京市拥有众多科研机构和高新技术企业，但在数据支撑领域的创新能力仍相对比较薄弱，缺乏核心技术的突破和原创性的研究成果，从而导致其在数据支撑的研发和知识生产方面与国际先进水平存在一定差距。除此之外，北京市对数据支撑领域的研发和知识生产投入尚显不足，科研项目资金紧张，企业对技术创新的投入不够，缺乏长期、稳定的资金支持，从而制约了核心技术创新能力的提升。此外，北京市的科研机构和企业之间的合作机制也不够畅通，缺乏有效的技术转化和应用机制，科研成果难以快速转化为实际生产力，从而影响了核心技术的推广和应用，导致北京市的产学研结合程度相对较低，制约了核心技术创新能力的提升。

（4）产业生态系统尚未形成，创新主体缺失严重

与知名国际金融中心相比，北京市在数据支撑的研发和知识生产产业生态等方面尚不完善，如缺乏完善的创新生态系统和产业链条等，从而影响了数据支撑产业的健康发展。尽管北京市拥有众多高校、科研机构和企业，但在数据支撑的研发和知识生产领域，尚缺乏具有核心竞争力的创新主体，创新主体的缺失又导致了产业生态系统的形成困难。此外，北京市缺乏有效的创新孵化平台，创新企业和项目缺乏良好的孵化环境和支持服务，制约了创新企业的成长和发展，导致难以形成相关的产业链条。

4.3 北京建设新兴数字产业孵化引领高地的对策

4.3.1 新一代数字化出行产业

（1）以培育创新体系为主线，形成体系完备的产业创新格局

强化顶层设计，制定科技创新规划，明确其发展目标、重点任务和保障措施，为科技创新提供全面的政策支持和引导。一是围绕出行产业的整体布局，加强智能底盘、车用操作系统、下一代感知系统、信息安全、智能座舱芯片、人车路云信息聚合平台等技术研发和突破，建立全球竞争力。二是坚定不移开展自主创新，加强创新中心和科研院所以及行业企业等单位的合作，通过技术合作真正持续提升产业的创新能力。三是积极推进科技创新国际化，

加强与国际科技创新中心的合作和交流，引进国际先进科技成果和人才，提高北京市科技创新的国际化水平。

（2）推进智能基础设施建设，推进云网协同和算网融合发展

数字基础设施是产业数字化发展的基石。为此，应优化升级数字基础设施，加快建设信息网络基础设施，推进云网协同和算网融合发展，有序推进基础设施智能升级。一是完善城市道路规划，推进路面设施信息化升级与智能设施建设的“双同步”。加快建设包括交通信号灯、监控摄像头、智能停车系统在内的智能交通系统，以满足出行产业发展。二是提高通信网络覆盖率，建设大规模数据中心，实现车、路、人、云平台之间的互联互通。三是把握5G与车联网深度融合的关键时期，加速网联化建设，扩大发展成果。

（3）培养多学科复合型人才，制定更加合理的人才培养方案

北京市作为全国科技创新中心及数字经济发展高地，人才是其最大的资源优势和最重要的发展动力之一，也是持续推进其经济高质量发展、不断强化城市创新力最不可或缺的资源保障。一是加快出台国家层面的智能网联汽车人才培养及发展规划，面向世界科技前沿、面向国家重大需求，深入实施新时代人才强国战略，加快建设世界重要人才中心和创新高地。二是完善“政府-高校-产业”科研成果孵化生态链，促进产业人才与高校人才“双向流动”。三是在相关高校加快设立智能车辆工程学院或专业，健全数字化出行产业的人才培养体系，加大力度培养掌握交叉学科专业知识的复合型人才，加快补充因数字化出行产业高速发展而产生的人才缺口。

（4）加快完善相关政策法规，优化数字化出行产业发展环境

北京市在政策先行区“2+5+*N*”智能网联汽车管理政策体系基础上，应推进地方立法，进一步优化数字化出行产业发展环境。一是重点突破智能网联汽车产品准入、销售、合法运营、违法违规及事故定责、保险等方面的障碍，建立适用智能网联汽车监管的原则性制度框架，为关键核心技术攻关、产业培育发展及示范应用创造有利条件。二是加强对端-网-云等各环节的信息安全监管，建设国家智能网联汽车运行的基础大数据运维及监管中心。三是政府部门应该完善相关法规体系，填补法规空白，明确相关主体的权利和义务，鼓励企业和行业协会参与政策制定，提高政策制定的针对性和有效性。

4.3.2 新型数字化健康服务产业

（1）积极推进医疗数据中心建设工作，统一数据采集使用标准与流程

一是引导医院、技术机构等单位深入了解医疗大数据的建设内容与重要性，使其认识到大数据平台建设在实现数据共享互联、提高医疗服务质量与效率等方面的深远意义。二是针对医疗大数据中心的建成，明确具体的组织架构与规章制度，以确保各级各部门的职责与分工落实到位；针对数据的收集、存储、归纳、分析、共享等流程建立完善的规章制度，以保证数据安全与数据质量；建立统一的数据接口与标准，使不同来源的医疗数据得以高效整合，从而提高数据的质量与可用性。三是定期开展数据分析与应用类赛事，以研究的形式增强医疗数据的可读性与可用性，从而进一步促进医疗数据的价值实现，为疾病诊治、疾病预防、医疗智能科研等工作提供真实可靠、来源一线的创新思路与活力。

（2）加快医疗健康智能设备产业发展，鼓励医研企多主体医学共建共研

一是加紧培育医疗智能设备产业创新生态，鼓励医院、科研机构、企业等主体共同开展智能设备相关创新研究，共同建设临床医学研究中心，实现产业创新要素的深度融合。二是优化政策环境，加强对该领域专利的保护机制、减少技术准入门槛以吸引更多企业加入，推进相关技术的研发和应用，加快智能化医疗平台的建设，规模化开展对医疗工作者的相关培训工作。三是鼓励研发单位加强国际间的合作与交流，鼓励国产智能医疗设备对标国际领军企业，加大领域投入与研究强度，加快实现核心技术攻克与关键部件研发等目标。

（3）优化内部运行秩序，多措并举提升网络医疗服务质量

一是探索建立分类付费模式以解决数字医疗应用产生的费用分担问题，统一线上线下医疗服务的医保支付标准，构建以患者最终支付主要就医费用为前提、开发主体与实施机构合理分配利益的收益机制，同时预留一定浮动空间以及时应对极端问题、产品技术升级等涉及服务成本与服务对象变化的情况。二是提高患者线上线下、院内院外就诊服务的协同一致性，加快构建京内医疗数据平台建设，及时更新患者在实体医院的报告结果、就诊历史、用药情况等一系列就诊信息。三是推进互联网医生队伍的建设，提高医疗团队的专业素质与服务水平，引入绩效奖金、晋升机会、荣誉评选等适当的激

励机制，加强医学培训与教育、职业道德教育、医生评价机制等的构建。

（4）加强医疗健康服务平台宣传工作，重点提升用户问题反馈解决效率

一是加强“京通”等医疗健康服务平台宣传和推广工作，合理利用各类宣传渠道与媒体，加强对平台的宣传以提高公众对此类平台的认知度；开展公益性质的平台操作说明讲座，降低平台初步操作的难度。二是提升后台技术支持力度与运营服务质量，持续性地对平台进行优化与更新，常态化地进行用户反馈建议的收集工作；推进智能化服务的升级与使用，扩大人工智能、大数据等技术工具在平台的服务范围与影响范围，提升服务效率与用户体验。三是加强多部门协作与沟通，共同维护好平台用户的数据安全与隐私保护，把控个人信息与公共数据的泄露风险。

4.3.3 智能制造产业

（1）积极引导传统企业树立转型意识，出台政策助力企业实现平稳转型

一是积极引导传统生产类型企业认识到智能化转型的重要性与意义，有针对性地出台系列政策，如财政补贴、税收减免等，设立专项扶持资金以帮助中小企业完成基础设施改善、提高技术水平。二是建立智能制造专项公共服务平台，为传统生产企业提供技术咨询、人才管理、转型方案建议等多领域帮助，多环节降低实施智能化转型的风险与成本，助力企业平稳完成智能化改造。三是强化国际交流合作，利用中关村论坛等平台，构建智能制造产业国际合作交流平台，引进国外智能化升级经验、技术和产品，提升智能化水平；支持龙头企业参与“一带一路”沿线区域的国际产能合作，拓展全球市场。

（2）加快构建智能制造在职教育体系，鼓励关键领域国际联合交流合作

一是加快构建完善的在职教育体系，鼓励在职人员通过实践学习与在职培训等形式提升自身技能，鼓励企业屏弃对在职学习的偏见和歧视以及只认学历背景的单一用人标准，而是根据行业的实际需求和员工个人能力任用人才，从而缓解人才短缺问题，推动制造业向智能化方向稳健发展。二是深化各部门、各领域的创新合作机制，加强各企业、科研主体与国内外知名高校、科研机构及企业在先进制造、信息技术、自动化等智能制造等关键领域的协同创新与联合攻关，汇聚优质资源，激发人才创新潜能，为北京市智能制造产业的蓬勃发展以及国际科技创新中心的建设贡献智慧和力量。

（3）引进其他区域智造先进发展经验，加强京津冀科技合作与人才交流

一是鼓励举办专项投资推介会，吸引产业链的整体转移以及关联产业的协同转移，引进长三角和粤港澳等地区的先进经验和管理团队，积极探索跨区域园区合作机制。二是深化产业上下游、企业间以及企业与地方之间的合作，积极引进投资规模大、辐射范围广、带动作用强的重大工程项目，带动产业链上下游资源的聚集，增强产业链的聚合力和爆发力；加强对京津冀科技合作和人才交流的重视，推动科技成果实现及时、高效的应用和转化。三是主动对接粤港澳大湾区、长三角地区等的优质科创资源，共同建设科技创新服务平台和成果转化平台，加速推进科技成果实现本地孵化和应用。

（4）助力新技术迭代升级与规模落地，加强智能制造产业集聚顶层设计

一是倡导各产业、行业联盟携手开展应用场景构建的联合行动，加快助力企业新产品的转化应用，打造更为丰富多样的应用场景，推动新技术的不断迭代与升级及其在各领域、各行业的规模化使用。二是积极鼓励各生产制造类型平台企业以“揭榜挂帅”的方式深度参与智慧城市的构建，充分发挥其在技术、资源和市场方面的优势，大力推进智慧应用场景的落地实施。三是加强对智能制造产业的顶层设计，制定产业发展规划，明确产业发展方向和目标，提前统筹规划，引导产业向集聚化、规模化、高端化发展，加强智能制造产业链上下游企业之间的协同合作。

4.3.4 支持碳中和的数字能源产业

（1）聚焦低碳技术和数字技术，推进北京绿色技术创新中心建设

技术创新是低碳经济发展的核心动力，为此要发挥北京作为全国科技创新中心的优势。一是以绿色低碳为方向，超前开展前瞻性、战略性技术研究，协同攻关一批绿色低碳关键技术，依托重点区域、重大工程、重大活动，持续推进先进可再生能源、新型电力系统、氢能、新型储能等能源领域首台（套）重大技术装备示范应用。二是聚焦优势企业和技术，围绕智慧能源互联网、新能源汽车、氢能、碳捕集利用与封存、储能、智慧交通系统、建筑零碳技术以及大型活动的可持续性管理标准及体系建设等重点领域开展持续创新。三是结合北京全球数字经济标杆城市建设，加强5G、人工智能、工业互联网技术等在节能增效、推动经济低碳化方面的创新与应用。此外，还要充分发挥“三城一区”主平台作用，在智慧低碳能源供应等方面形成完备的技

术支撑能力，全面推进北京绿色技术创新中心建设。

（2）推动产业融合升级，完善三大链条与配套设施建设

应坚持重点突破，完善三大链条与配套设施建设。一是价值链，应推动数字化智能化技术在能源产业全链条和各环节的覆盖应用，保障能源安全生产供应，增强能源资源高效配置能力，提升能源产业的整体价值。二是产业链，应强化数字化智能化技术应用，推动能源行业原创性、引领性创新，提升跨行业协同发展水平，促进产业转型升级，助力能源行业的绿色低碳发展。三是生态链，应推动数据资源作为新型生产要素的充分流通和使用，释放能源数据要素价值潜力，带动能源网络各环节的互联互动互补，促进数字能源的健康可持续发展。

（3）做好低碳监管和政府立法，完善能源领域绿色发展体制机制

应加强顶层设计，强化引导约束，做好低碳监管和政府立法，不断完善能源法规标准体系。一是加快本市可再生能源利用、建筑绿色发展等地方立法工作，推动修订节约能源实施办法等地方法规。二是发挥北京作为首都的政策资源优势，吸引优质低碳企业来北京发展，形成行业聚力，同时不断优化企业和行业的发展环境。三是政府要加大对低碳经济的财政支持力度，通过设立专项资金、提供税收优惠，加大采购低碳产品和服务的力度等方式，优先采购节能环保产品、新能源汽车等低碳产品，引导市场需求和产业发展方向，引导更多资金流向低碳领域，从而推动相关产业的快速发展。

4.3.5 数字金融产业

（1）培育形成金融科技创新集群，加快发展数字金融服务

一是北京市要加大对数字金融科技创新的投入力度，设立专项资金支持数字金融科技创新项目，建立数字金融科技创新基金，提高创新项目的融资成功率；要丰富金融科技应用场景，培育一批金融科技领域的领军企业，形成金融科技创新集群。二是在加快发展数字金融服务方面，应持续开展数字人民币试点，推广跨境金融服务平台“出口信保保单融资”应用场景试点。三是推进科创金融领域的开放交流与合作，打造国际一流的跨境金融服务体系。

（2）加强金融科技人才引进培养，优化数字金融人才需求

一是北京市要从培育新质生产力的角度，加强对数字金融、金融科技等

方面的人才培养。新质生产力的基本内涵之一就是打造新型劳动者队伍。因此，推进数字金融领域新质生产力形成的思路之一就是加强高素质数字金融人才培养。为此，在技术赋能业务方面，需要大量业务人员能基于各种业务场景使数字技术与业务融合。二是优化数字金融人才需求目录和引进模式，建立健全以创新水平、质量、效益、贡献为导向的数字金融人才评价体系，从而切实满足人岗相适、人事相宜、人尽其才的发展要求。

（3）推动金融数据资源整合共享，推行统一数据交易标准

一是针对数字金融的业务需求，细化全国统一的数据标准及允许的金融数据交易标的类型。对此，应根据数据市场交易体系建设的实际需要，采用必要的先进的技术和工具，针对金融数据产品和数据市场交易的全过程，推动金融数据市场交易体系建设，并加以有效管控。二是在现有一些地方数据交易所、数据交易中心牵头制定地方统一标准的基础上，由中央有关部门组织，并联合国家级智库、高校、行业头部企业等多个部门制定、推行全国统一的金融数据产品和交易标准。

（4）提升数字金融平台信息安全，加强系统检测防控能力

一是北京市应该提升和化解面对金融风险的能力，组建统一的金融风险监控平台，加大金融应用软件程序与官方网站的实名制管理力度，提高对网上银行、手机银行、直销银行等业务系统安全的监测防控能力。二是要继续建设国家级新型信息基础设施管理平台，利用大数据、AI 等数字技术手段智能分析其运行状况，从源头上防范金融与技术深度融合的潜在风险，切实保障金融消费者合法权益，维护金融市场的竞争性秩序。

4.3.6 数据支撑的研发和知识生产产业

（1）完善政府数据监管政策相关体系，提高数据可用能力

一是建立完善的数据安全保护机制，包括数据采集、存储、传输和处理等各个环节的安全标准和技术要求，保障数据的安全性、完整性和可用性。为此，要推动建立行业数据标准和规范，制定数据共享和交换的标准化要求，提高数据的互操作性和可用性。二是建立监督与问责机制，加强对数据监管政策执行情况的监督和评估，及时发现和纠正数据监管中的问题和漏洞，保障数据监管政策的有效实施。

（2）加大数据支撑人才培养力度，促进产学研用转化

一是建立多层次、多类型的数据支撑人才培养体系，以吸引和培养更多高水平的数据科学家、工程师和分析师等人才；不仅要加大对高校的投入，优化课程设置，而且要加强高校、科研机构和企业之间的产学研合作，建立产学研合作平台，促进科研成果的转化和应用。二是加大对优秀人才的引进力度，通过提供良好的薪酬待遇、优厚的福利待遇和良好的职业发展空间，以吸引更多国内外优秀人才来京从事数据支撑的研发和知识生产等工作。

（3）加大数据支撑领域的科技创新投入，推动科研成果的应用转化

一是要完善知识产权保护机制，加强知识产权保护方面的法律制度建设，加大对知识产权的维护和保护力度，为企业的核心技术创新提供更好的保障；加大创新投入力度，增加对数据支撑领域核心技术创新的资金投入，建立长期、稳定的资金支持机制。二是加强产学研合作，建立数字经济产业技术创新联盟，促进科研机构、高校和企业之间的深度合作，推动科技创新成果的转化和应用。

（4）推动数据支撑产业生态系统发展，加强合作机制建设

一是加强创新资源整合和产业链条建设，推动数据支撑产业健康发展；拓展国际交流与合作，加强与国际先进水平接轨的合作项目和平台建设，提高数据支撑产业的国际竞争力和影响力。二是加强合作机制建设，建立数字经济产业技术创新联盟，促进科研机构、高校和企业之间的深度合作，优化创新资源配置；加强产学研结合，建立产学研合作平台，促进科研成果的转化和应用，推动创新技术在产业中的广泛应用，加快形成数据支撑产业生态系统。

5 数字技术：全球数字技术创新策源高地

孙忠娟*

5.1 北京市数字产业整体情况

5.1.1 北京市数字经济产业的整体情况

数字经济是继农业经济、工业经济之后的主要经济形态，是指以数据资源为关键要素，以现代信息网络为主要载体，以信息通信技术融合应用、全要素数字化转型为重要推动力，促进公平与效率更加统一的新经济形态，它代表着现代经济体系发展的基本取向。当前，新一轮科技革命和产业变革席卷全球，数据价值化加速推进，数字技术与实体经济集成融合，产业数字化应用潜能迸发释放，新模式新业态全面变革，国家治理能力现代化水平显著提升。中国信息通信研究院《中国数字经济发展白皮书（2020 年）》首提数字经济“四化”框架，即数字产业化、产业数字化、数字化治理以及数据价值化，如图 5.1 所示。

党的二十大报告强调，加快发展数字经济，促进数字经济和实体经济深度融合，打造具有国际竞争力的数字经济产业集群。作为“五子”联动中的“一子”，北京在数字经济发展上超前谋划、先行先试、高标准建设，是全球

---

* 孙忠娟，首都经济贸易大学工商管理学院教授、博士生导师；首都经济贸易大学工商管理学院陈瑾宇博士、程园博士、李花倩博士、冯佳林博士参与了本章内容的研究工作。

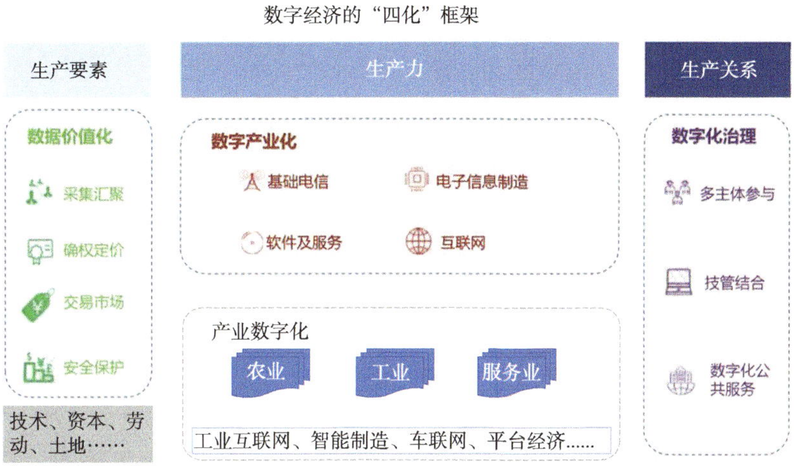

图 5.1　数字经济“四化”框架

数字经济资源禀赋最充裕、发展条件最优越的城市之一。如图 5.2 所示，北京数字经济增加值从 2015 年的 8 719 亿元提高至 2023 年的 18 766.7 万亿元，占 GDP 的比重由 35.2%提高到 42.9%，年均增速达 10.06%。可见，数字经济成为拉动北京市经济增长的主要引擎之一。

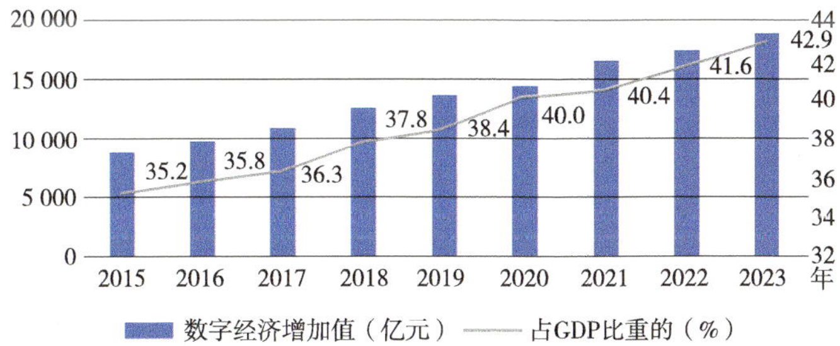

图 5.2　2015—2023 年北京数字经济增加值及其占比

5.1.2　北京市数字经济发展现状

(1) 数字经济规模质量实现“双提升”

北京市统计局统计数据显示：

从总量上看，数字经济规模持续提升。2023 年度，北京全市实现数字经济增加值 18 766.7 万亿元，占 GDP 比重达 42.9%，同比上年提高 1.3 个百分点。其中，数字经济核心产业增加值 11 061.5 亿元，增长 10.8%，占地区生产总值的比重为 25.3%，提高 1.3 个百分点。

从结构上看，数字经济产业结构持续优化。北京市构建了“基础研究+技术攻关+成果转化”的全链条创新体系。一方面，北京作为优质高校聚集地，拥有较强的科研实力。北京的科技创新能力全球综合排名第一，SCI、CPCI 论文总数排名第一，充分印证了北京作为创新策源地的独特优势和巨大潜力。另一方面，企业创新主体地位稳固。2021—2023 年，企业在产学研合作中的占比分别为 67.69%、67.62%、72.33%，企业在产学研合作中始终占据主导地位，并且影响力不断强化。

从领域上看，数字经济呈现出专业化、精细化的发展趋势。从 2023 年北京市数字技术专利地图聚类的关键词看，物联网、半导体、无人机、区块链等细分技术领域成为关注热点。半导体与无人机一直出现在专利地图中，说明北京市在这两个细分领域具有一定影响力。同时，北京在生成式人工智能、改善心理健康的元宇宙等领域的影响力不容忽视。例如，北京在生成式人工智能领域的论文产出连续多年保持全球第一。

（2）新型数字基础设施底座不断夯实

北京市 2023 年国民经济和社会发展统计公报数据显示：

全年完成电信业务总量 636.8 亿元，按可比价格计算，增长 15.2%。年末移动电话基站数 32.9 万个，其中，4G 基站 16.3 万个，5G 基站 10.7 万个，5G 基站比上年增加 3.1 万个。

年末移动电话用户为 4 021.1 万户，其中，5G 用户数 1 986.5 万户，占移动电话用户的 49.4%；移动电话普及率为 184 户/百人。

年末固定互联网宽带接入用户数达到 933.4 万户，增长 6.4%，其中，千兆用户数达到 228.7 万户；移动互联网接入流量 66.1 亿 GB，增长 13.0%。

数字基础设施持续建设，2023 年北京市数字经济核心产业固定资产投资额同比增长 14.4%。

（3）数据要素在多个领域实现“首”破

北京率先建成支持“可用不可见”交易模式的国际大数据交易所；率先开展了数据资产登记评估入表试点；率先实现了数据跨境交易，积极按照国家要求，在制度建设、技术路径、发展模式等方面先行先试，贯通数据汇聚-开放-登记-交易全链条。

加大公共数据和社会数据要素开放力度，将公共数据分为四级，截至2022年7月开放公共数据集达到1.4万个，开放数据总量达71.9亿条，全市无条件开放13.48亿条数据，有条件开放58.38亿条数据。

2022年，北京数据要素市场规模达350亿元，占全国比重约39%。北京国际大数据交易所在全国率先建立“数字经济中介产业体系”，逐步完善基于自主知识产权的交易平台，上架数据产品1 364个，参与主体329家，交易调用7.73亿笔。

（4）未来标杆产业先行培育持续推动

2023年，北京市信息传输、软件和信息技术服务业实现增加值8 514.4亿元，增长13.5%。

2023年，全年实现高技术产业增加值11 875.4亿元，按现价计算，增长7.1%，占地区生产总值的比重为27.1%，提高0.4个百分点。全年新设科技型企业12.3万家，增长15.9%，占全市新设企业的41.4%。

人工智能产业高地加快建设，全国首个人工智能数据训练基地正式启用，发布100个人工智能大模型高质量训练数据集，数据总量超150 PB。备案上线大模型51款，占全国近一半。大规模智能算力集群加快建设，形成20 000 P算力供给规模，2024年一季度新增公共智能算力6 750 P。

（5）数字经济标杆工程建设添能蓄势

2022年9月，完成海淀区百万平方米试点建设，打造了城市、园区、商圈3类示范场景。

2024年，北京市高级别自动驾驶示范区步入3.0建设阶段，测试范围拓展至覆盖通州区、顺义区共600平方公里。2024年3月初，北京市交通委借助高级别自动驾驶示范区3.0扩区机遇，试点开通城市副中心三大文化建筑周边自动驾驶接驳服务，目前已累计运送乘客超5 000人次。

截至2023年12月，北京共建成62家互联网医院，242家医院可开展互联网诊疗服务。

数字社区试点建设有序推进，2022年，回天大脑2.0建设实施方案发布，累计建成基层治理应用场景十余个、指挥调度场景12个。

2023年北京出台通用人工智能、人形机器人等30余项细分产业支持政策，新设4支政府高精尖产业基金，集成电路全产业链发展取得重大进展。

(6) 多项数字技术创新成果迭代涌现

2019—2023 年，北京市数字技术专利授权量不断提升。北京市数字技术专利授权量从 2019 年的 36 679 件增加至 2023 年的 79 460 件，年均增速为 29.16%。

百比特超导量子芯片、区块链专用加速芯片，以及 RISC-V、GPU、AI 等高端芯片技术不断突破。

统信 UOS 操作系统桌面端市场占有率超七成。

OceanBase、GoldenDB 实现金融核心系统数据库国产化升级。

研制国内首个 6G 新型空口基带试验平台，上线首个超导量子计算云平台。

“悟道 3.0”发布国际首创支持 9 种语言的多模态大模型。

构建了国内唯一自主可控、开源开放的软硬件一体化区块链技术体系长安链，成功研发海量存储引擎——“泓”（Huge），该引擎可支持 PB 级数据存储，是目前全球支持量级最大的区块链开源存储引擎。

(7) 数字经济全产业链开放探索突破

数据开放方面，依托公共数据开放平台无条件开放 13.48 亿条数据，开放车路协同自动驾驶数据集，创新公共数据运营，深化公共数据开放、数据交易流通，推动全国首个公共数据授权运营模式在京落地。

数字贸易方面，积极发展跨境电子商务，推动数字贸易港在跨境数据流动领域的国际合作，加快建设北京国际大数据交易所，制定数据交易标准合同指引，构建数据资产评估、交易撮合、登记结算、争议仲裁等市场运营体系。

数据跨境交易方面，建设数据跨境服务中心，北京国际大数据交易所研发建设的北京数据托管服务平台正式投入使用，成为国内首个可支持企业数据跨境流通场景的数据托管服务平台。

(8) “一区一品”特色发展格局引导构建

目前，16 区和北京经济技术开发区均已印发实施数字经济三年行动计划，全市基本形成“1+2+5+*N*”的数字经济区域结构。其中，“1”是指海淀区数字经济规模领跑全市。“2”是指朝阳区、经开区两大新兴引擎区，朝阳区着力发展数据交易服务产业，推进数字贸易发展；经开区积极推进智能网联汽车产业发展，并已形成信创、集成电路产业集群。“5”是指东城区、西城区、石景山区、丰台区、昌平区积极构建先行示范区，重点聚焦数字文化、数字金融、虚拟现实、数字资产和智能智造等领域。“*N*”是指顺义区、大兴区、房山区、通州区、怀柔区、平谷区、延庆区、门头沟区、密云区等各区加快塑造特色优势品牌，聚力发展智能网联、数字贸易、数字医疗、数字文旅等新兴特色产业。

5.1.3 北京市数字经济标杆企业发展现状

数字经济标杆企业是指在数字经济发展进程中取得显著成效，具有先进性、示范性和行业代表性的企业，是首都新发展阶段推动经济高质量发展的主力军，是北京建设全球数字经济标杆城市的有生力量。北京市委、市政府高度重视数字经济标杆企业的作用，在《北京市关于加快建设全球数字经济标杆城市的实施方案》中对数字经济标杆企业发展做出了明确部署，将培育壮大数字化时代的新型市场力量作为重要目标，推动数字技术创新链和产业链对接融合，统筹支持技术创新型、数字赋能型、平台服务型和场景应用型等不同类型的标杆企业发展壮大，发挥好四大类重点企业的示范引领和辐射带动功能。

以下将北京企业联合会与北京市企业家协会于 2023 年 11 月发布的“2023 北京数字经济企业百强名单”作为北京市数字经济标杆企业样本展开分析，利用企查查与天眼查对企业基本信息、工商数据与专利数据进行匹配。根据企业经营范围对应《数字经济及其核心产业统计分类（2021）》中的数字经济核心产业中类进行匹配分类，对标杆企业所属区县分布、生命周期、业务领域、数字创新能力、创新发展潜力等展开简要分析，总结北京市数字经济标杆企业的发展特点。

（1）标杆企业发展情况

首先，从产业总体现状看，北京市数字经济各产业涉及的标杆企业数量分布情况如图 5.3 所示（部分企业经营范围有所交叉），主要分布于软件、数字媒体、信息技术服务、智能制造等行业领域。其中，软件开发企业数量最多，共 47 家，电信、广播电视和卫星传输服务企业 46 家，互联网相关服务企业 45 家。以上数据说明软件行业在北京市数字经济发展中占据重要地位，政府可以鼓励软件开发企业加大研发投入，支持技术创新和产品升级，同时加强人才培养和引进，提升软件开发行业的核心竞争力。除此之外，北京在信息通信技术领域有着较为完善的基础设施和服务体系，能够支撑数字经济的发展和创新。同时，互联网相关服务企业的存在也凸显了北京市作为国家的科技和创新中心，在数字内容、电子商务等领域具备着较强的创新能力和市场影响力。智能制造企业数量虽未达到软件开发企业的水平，但其存在反映了北京市数字经济产业在智能制造、工业互联网等领域的发展势头，符合国家对制造业数字化转型的战略部署。

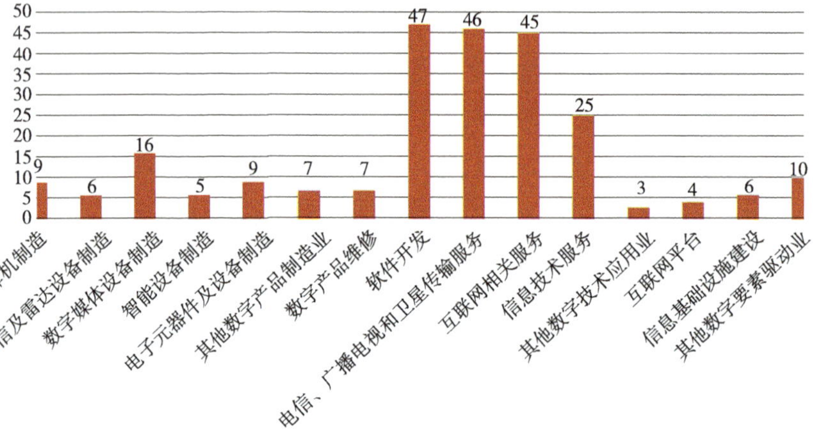

图 5.3 数字经济标杆企业产业分布情况（家）

其次，从地区分布和发展周期看，北京市数字经济标杆企业主要集中在海淀区和朝阳区（如图 5.4 所示），具体为海淀区有 52 家，朝阳区有 19 家，大兴区有 6 家，东城区有 5 家，顺义区、门头沟区、昌平区各有 4 家，丰台区有 2 家，房山区、石景山区、西城区、密云区各有 1 家。此外，从发展周期看，成立超过 10 年的企业占比 75%。以上数据表明，一是地区集中度高。海淀区和朝阳区是北京市的科技创新和高新技术产业发展的核心区域，这可能源于其拥有较为完善的科研机构和高校资源，吸引大量数字经济产业的标杆企业集聚。二是成熟企业占比高。大部分标杆企业已经成立超过 10 年，说明这些企业在市场中具备一定的稳定性和竞争力，这也意味着这些企业在技术积累、市场拓展和品牌建设等方面具有一定的优势，有能力在市场竞争中持续保持领先地位。三是其他区域数字经济发展相对较弱。这反映了北京市数字经济发展在一定程度上的地区不均衡性，需要加强对其他区域的政策支持和产业引导，促进数字经济产业的均衡发展。

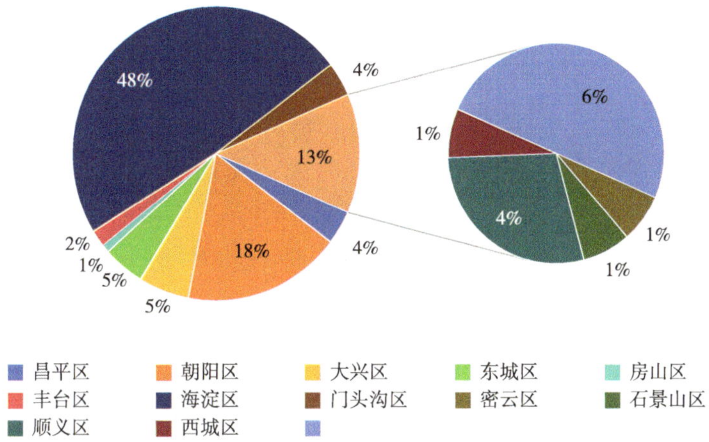

图 5.4　数字经济标杆企业所属区县分布

最后，从标杆企业数字创新能力看，在 100 家数字经济标杆企业中，累计获得专利超过 500 项的企业占比 14%，入选北京市高精尖百强企业的比例为 30%，入选北京市百强专精特新企业的比例为 5%。北京市数字经济标杆企业整体呈现出一定的数字创新能力，但仍有改进的空间。一是专利数量虽然重要，但更关键的是专利的质量和实质性创新，以及专利的商业化应用和市场认可程度。因此，数字经济企业需要更加注重技术的实际应用和商业化转化，以提高专利的有效性和产业影响力。二是较高的高精尖百强比例展示了这些企业在技术水平和市场地位方面具备较强实力，这对推动数字经济产业的发展起着重要作用。政府和企业应该加强合作，为这些企业提供更好的政策支持和市场环境，促进其进一步发展壮大。三是对于入选百强专精特新企业名单的标杆企业，政府可以通过加强政策扶持和创新引导为这些企业提供更多的发展机会和资源支持，推动其成长为产业的新锐力量。

（2）标杆企业发展特点

1）致力于满足用户个性化需求，技术创新表现突出

满足用户个性化需求和持续的技术创新是数字经济企业保持竞争优势的关键。个性化服务能够提高用户体验，提高用户忠诚度和用户留存率，从而促进企业的发展。同时，技术创新不仅是满足个性化需求的基础，也是企业在市场上取得领先地位的重要驱动力。通过不断创新，企业可以推出更具吸引力和竞争力的产品和服务，提高市场占有率，实现可持续的业务增长。例

如，美团以其强大的数据分析能力和智能算法为基础，为用户提供高度个性化的服务体验。截至2023年底，美团平台注册用户数已超过5亿户，日活跃用户超过2亿户，用户下单量累计超过360亿单，这些数据直观地展示了其在用户规模和活跃度方面的突出表现。字节跳动以其在人工智能、大数据和算法等领域的领先技术为支撑，打造了一系列受用户欢迎的移动应用产品，例如，抖音等，已成为全球最受欢迎的短视频平台之一。这些数据清晰地凸显了字节跳动在用户数量和用户参与度方面的强大影响力，进一步印证了其在满足用户个性化需求方面的成功实践。

2）注重人才培养与引进，技术创新不断突破

在数字经济时代，人才是最宝贵的资产之一。企业通过注重人才培养和引进，可以建立起高效的创新团队，不断推动技术创新和产品升级。优秀的人才团队能够为企业带来持续的竞争优势，促使企业保持领先地位。例如，网易是数字经济领域中注重人才培养与引进的典范企业之一。网易不仅在研发投入上持续增加，而且致力于吸引和培养一流的科技人才。网易拥有超过2万名研发人员，其中包括大量拥有博士学位的高级人才。网易在技术创新方面取得了一系列突破性进展。例如，在游戏领域，网易推出了一系列备受欢迎的新品，包括《阴阳师》《梦幻西游》等。同时，在在线教育、音乐娱乐等领域，网易也取得了显著成就。

3）强调跨界合作网络，形成多元化业务布局

跨界合作和多元化业务布局有助于企业拓展业务范围，增加收入来源，降低市场风险，提高企业的竞争力和抗风险能力。通过与不同行业的合作伙伴展开合作，企业可以分享资源、优势互补，实现资源的最大化利用，推动数字经济产业的整体发展。例如，京东和金山云等企业强调跨界合作网络，形成多元化业务布局。以京东为例，该公司已与全球近200个国家和地区的超过20万家品牌商家建立了合作关系，全球零售交易额超过1.5万亿元人民币。这表明京东在跨界合作和多元化业务布局方面的成功经验和优势地位。金山云在云计算领域也取得了显著成就，其云服务覆盖全球200多个国家和地区，服务客户超过200万家。这些数据反映了金山云在跨界合作和多元化业务布局方面的成功实践。

4）具有国际化视野，拓展数字科技影响力

国际化视野和全球化布局是数字经济企业实现长期可持续发展的重要战

略。拓展国际市场可以为企业提供更广阔的发展空间和更多的市场机会，降低企业在单一市场或单一地区的依赖风险，提高企业的全球化竞争力。同时，国际化布局也有助于企业树立国际品牌形象，提高企业的国际声誉和影响力，在全球范围内拓展数字科技的影响力，实现数字经济产业的全球化发展目标。例如，小米作为一家具有国际化视野的科技公司，通过拓展数字科技影响力，不断提升产品和服务的国际化水平，拓展其在全球范围内的业务版图，实现了数字科技的国际化发展。截至 2023 年底，小米在全球范围内拥有超过 3 000 家线下门店，全球用户数超过 2 亿户，全球市场份额在智能手机领域位居前列。小米在全球的发展战略和国际市场布局中表现出色，充分展现了其国际化视野和全球化战略的成功实践。

5.2 北京市数字产业创新布局

5.2.1 数字技术专利低端重复

从数字技术专利的数量看，在图 5.5 中，2019—2023 年，北京市数字技术专利授权量呈稳步增长态势。北京市数字技术专利授权量从 36 679 项增加到 79 460 项，增加了 42 781 项，增长 116.64%。其中，2020—2021 年增速最快，达到 29.41%；接下来是 2022—2023 年度，为 27.16%。由此可见，新冠疫情虽然导致工厂停产、实体经济发展受制，但也在一定程度上对北京市数字技术发展起到了倒逼作用。线上办公、大数据监管等需求促进了北京市数字技术专利授权量的提升。

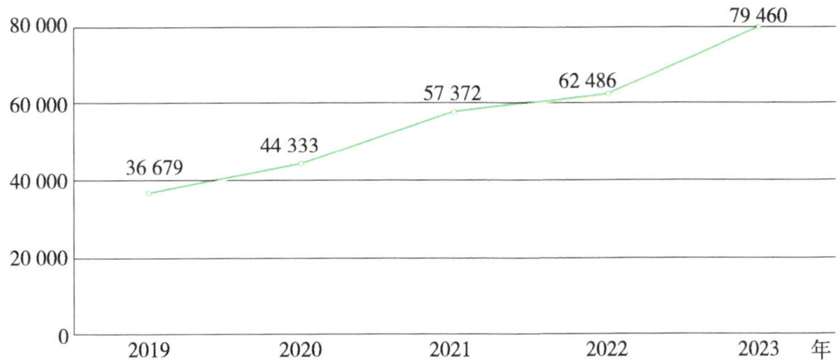

图 5.5　2019—2023 年北京市数字技术专利授权量情况（项）

从数字技术专利的价值看，为评估北京市数字技术专利的价值度，本报告基于中国科学院文献情报中心提出的专利价值评价指标体系，从技术价值、市场价值和权利价值三个方面对专利进行综合评价。指标体系如表 5.1 所示。

表 5.1 北京市数字技术专利价值评价指标体系

一级指标	二级指标	计算方法
技术价值	技术生命周期	引证专利技术年龄中位数
	技术应用范围	IPC 数量
	技术关联性	引用专利数量
	科学关联性	引用科学论文数量
	权利要求数量	专利授权公开文件
	同族专利数量	专利族数量
市场价值	市场需求量	收益法模型计算
	专利产品市场占有率	收益法模型计算
	专利产品市场竞争程度	收益法模型计算
	剩余经济寿命	收益法模型计算
	专利技术可替代程度	收益法模型计算
权利价值	专利剩余有效期	专利信息数据库
	专利许可实施	专利信息数据库
	专利侵权诉讼	专利信息数据库
	专利无效诉讼	专利信息数据库

基于静态视角，如图 5.6、图 5.7、图 5.8 所示，2023 年北京市数字技术专利价值度集中在 40~49 分，整体右偏分布，90 分以上的高价值数字技术专利极少。表明北京市数字技术专利价值度低，附加值低，存在低端锁定风险；基于动态视角，2021—2023 年价值度高于 60 分的专利数量分别为 12 067 项、10 919 项和 10 058 项，而高于 90 分的高质量专利数量分别为 288 项、158 项和 146 项，这表明北京数字技术专利价值度呈现降低的趋势。

综合北京市数字技术专利授权量和北京市数字技术专利价值度的演化情况看，北京市数字技术专利申请量不断提升，但专利价值度却在下降。表明北京市数字技术研发在进行低端重复，对核心技术的研发存在严重不足。R&D 更多聚焦于低价值领域，对北京市数字经济发展的赋能作用极为有限。

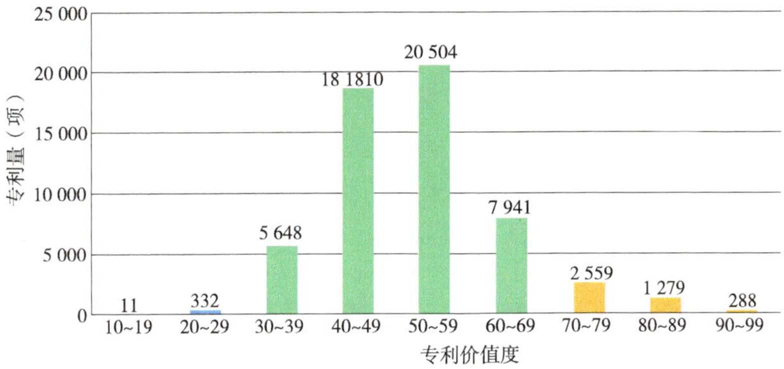

图 5.6　2021 年北京市数字技术专利价值度演化情况

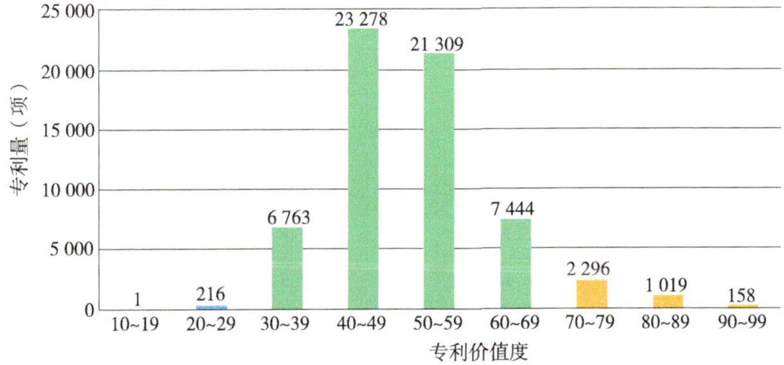

图 5.7　2022 年北京市数字技术专利价值度演化情况

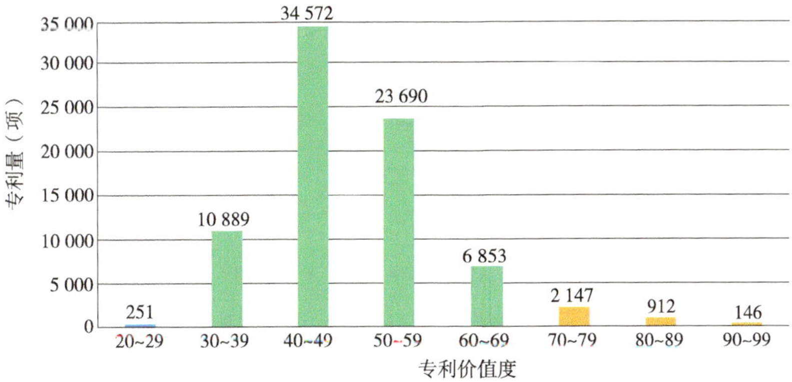

图 5.8　2023 年北京市数字技术专利价值度演化情况

5.2.2 数字技术专利区域分布不均

基于静态视角，从表5.2可知，2023年北京市数字技术专利区域分布严重不均衡。海淀区、朝阳区、西城区等传统“城六区”发展较好，环河北地区的区域发展严重不足。海淀区数字技术专利授权量为10 118项，处于绝对领先地位。朝阳区获得8 066项，属于第二梯队。西城区、丰台区则分别为3 277项和3 251项，处于数字技术专利区域分布的第三梯队。而顺义区的表现不佳，2023年没有获得一项数字技术专利授权。

表5.2 2021—2023年北京市数字技术专利授权量区县分布 项

区县	2021年	2022年	2023年
海淀区	32 102	34 350	10 118
朝阳区	9 133	8 781	8 066
西城区	4 643	5 294	3 277
丰台区	2 050	2 467	3 251
大兴区	1 585	2 291	2 795
昌平区	1 895	2 377	2 609
东城区	1 925	2 139	2 460
石景山区	1 473	1 798	1 944
通州区	897	1 086	1 014
怀柔区	289	401	569
房山区	415	415	442
平谷区	48	93	274
门头沟区	170	190	246
密云区	84	62	163
延庆区	46	66	99
顺义区	617	669	0

基于动态视角，从2021—2023年数字技术专利区县分布演化情况看，海淀区、朝阳区、西城区等传统优势区县影响力呈现下降趋势，丰台区、大兴区、昌平区的竞争力则在不断提升。表明北京市充分贯彻新发展理念，努力协调各区数字技术发展，数字技术专利区域分布虽然仍然不均衡，但情况正

不断得到改善。但是，密云区、延庆区等经济相对落后区县的数字技术发展仍然亟待提升，环河北地区的数字技术发展总体而言仍然相对落后；综合北京市数字技术专利区域分布的静态形势与动态趋势看，数字技术水平与区域经济发展存在高度一致性与反向因果性，即经济发达地区的数字技术水平相对较高，而数字技术水平反过来也能够进一步赋能区域经济发展。

5.2.3 数字技术产业链集中于下游

对于产业链分布，基于静态视角，从图 5.9 中可以看出，2023 年北京市数字技术产业链集中在数字技术应用业，尤其以软件开发业为主，专利授权数达到 23 815 项。其次为其他数字要素驱动业、电子元器件及设备制造业。而数字相关服务业发展存在不足，互联网平台类专利仅有 64 项专利。由于数字技术产业链依据场景可以分为数字设备制造的上游、大数据平台及中台的中游、多行业多端应用的下游，可见，北京市数字技术主要分布于产业链下游；基于动态视角，如图 5.10 所示，从 2021—2023 年北京市数字技术产业链分布演化情况看，数字技术应用业占据主导地位，并不断提升影响力，数字相关服务业发展则持续落后。总体而言，北京市数字技术产业集中于下游，并且在数字技术产业链下游的影响力不断提升。

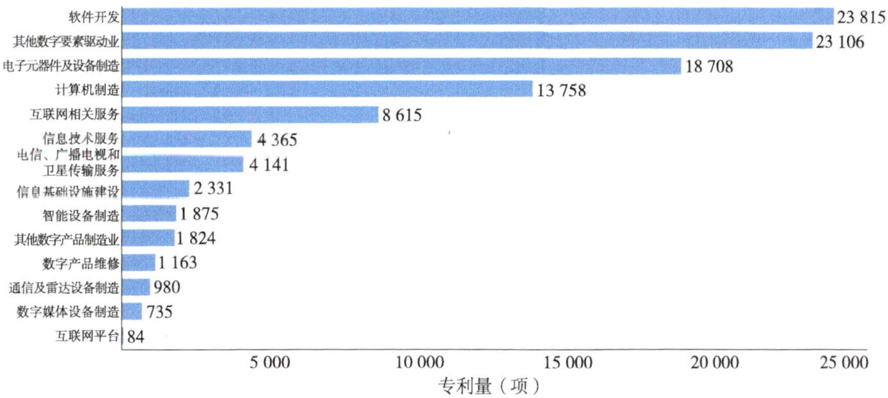

图 5.9 2023 年北京市数字技术产业链分布

对于技术关键词，基于静态视角，从 2023 年北京市数字技术专利地图聚类的关键词看，物联网、半导体、无人机、区块链等细分技术领域成为关注

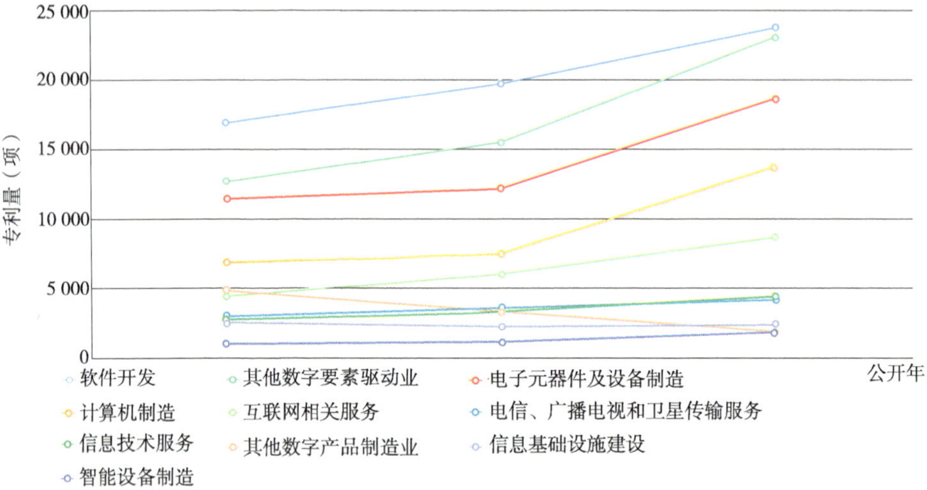

图 5.10　2021—2023 年北京市数字技术产业链分布演化

热点；基于动态视角，综合图 5.11、图 5.12 和图 5.13，从 2021—2023 年专利地图聚类的关键词演化趋势看，细分技术领域在不断增多，数字技术逐步呈现出专业化、精细化的发展趋势。半导体与无人机一直出现在专利地图中，说明北京市在这两个细分领域具有一定影响力。

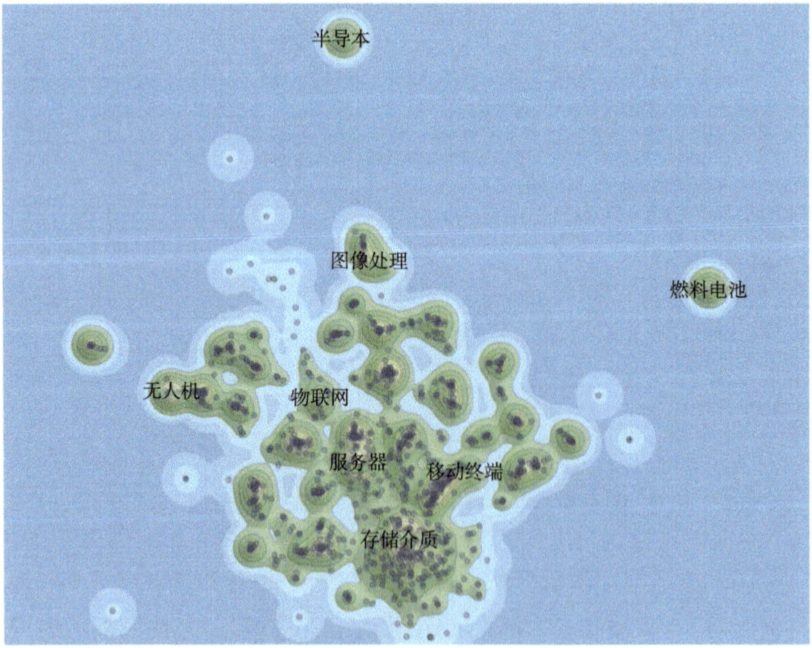

图 5.11　2021 年北京市数字技术专利地图

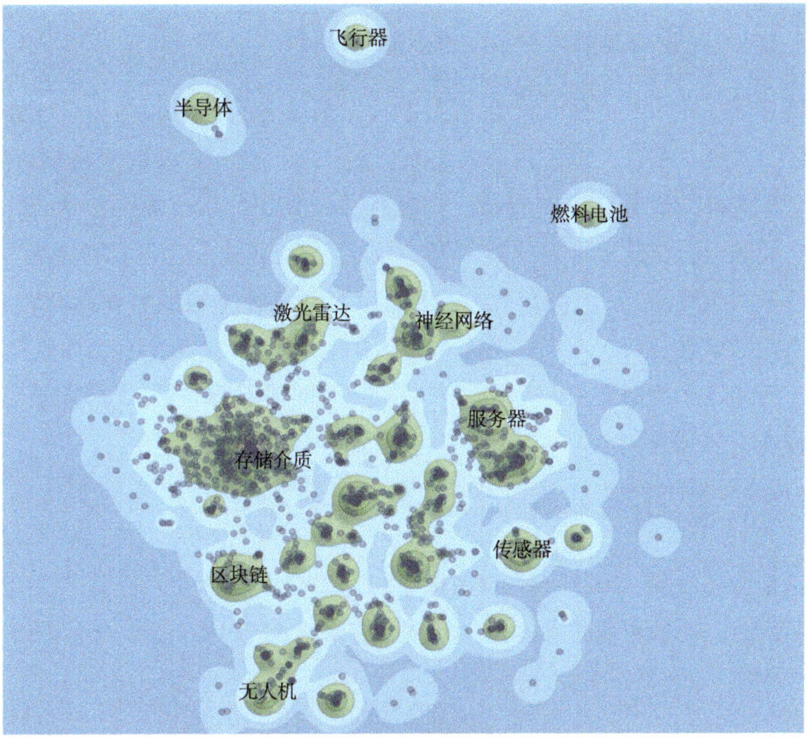

图 5.12　2022 年北京市数字技术专利地图

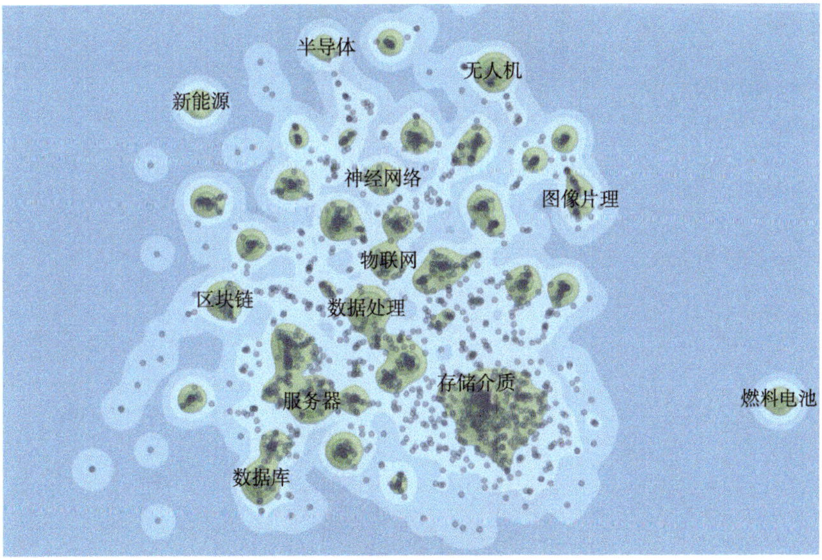

图 5.13　2023 年北京市数字技术专利地图

5.2.4 数字技术区域合作存在同配性问题

基于静态视角，2023 年北京市数字技术研发的合作对象主要位于东部沿海地区，包括广东、上海、江苏、山东、浙江等，合作省份的经济相对发达。合作对象选择与地区经济发展情况高度相关，表明北京市数字技术合作研发存在同配倾向，长此以往将导致“马太效应”，造成强者越强、弱者越弱的问题；基于动态视角，从 2021—2023 年北京市数字技术区域合作演化趋势看，北京市逐渐增强与广东、浙江等东部地区的合作，减少与陕西、湖南、湖北、河南、河北等中西部省份的合作。表明同配倾向在不断增强，“马太效应”在一定程度上继续强化。

5.2.5 数字技术产学研合作主体地位不均

基于静态视角，2023 年北京市数字技术产学研合作中，企业占主导，科研院所次之，高校再次之；基于动态视角，综合图 5.14、图 5.15 和图 5.16，

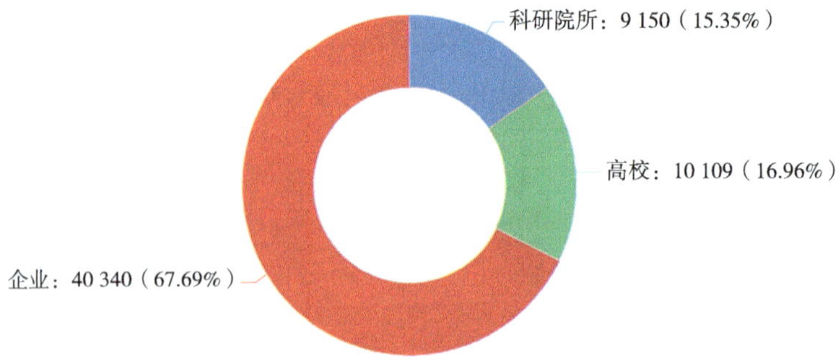

图 5.14 2021 年产学研合作分布

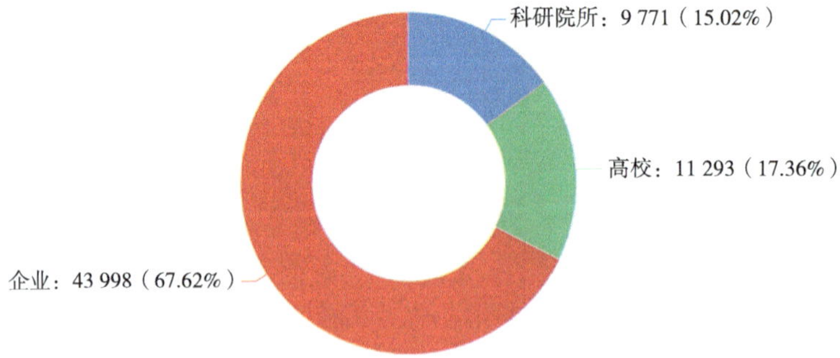

图 5.15 2022 年产学研合作分布

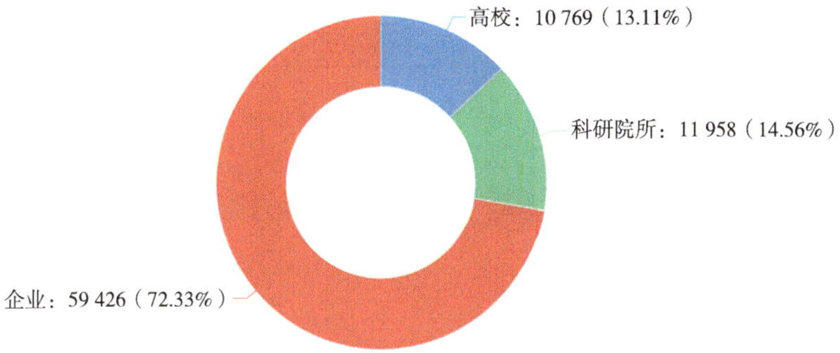

图 5.16　2023 年产学研合作分布

从 2021—2023 年北京市数字技术产学研合作演化趋势看，企业在产学研合作中始终占据主导地位，并且影响力不断强化，高校地位逐渐提升，科研机构地位有所下降。

5.2.6　中国重点区域数字技术发展对比分析

综合图 5.17、图 5.18 与图 5.19 可以看出，三个地区的数字技术专利授权量均在稳步增长。长三角地区专利授权总量最多，大湾区增速最快。

根据图 5.20、图 5.21 与图 5.22，三个地区的数字技术专利价值多数都集中在 40~49 区间，表明我国重点区域的数字技术专利价值水平普遍较低；大湾区的高价值专利数最多，长三角地区的低价值专利数最多；相比较而言，大湾区数字技术在中高水平段的数量最多。

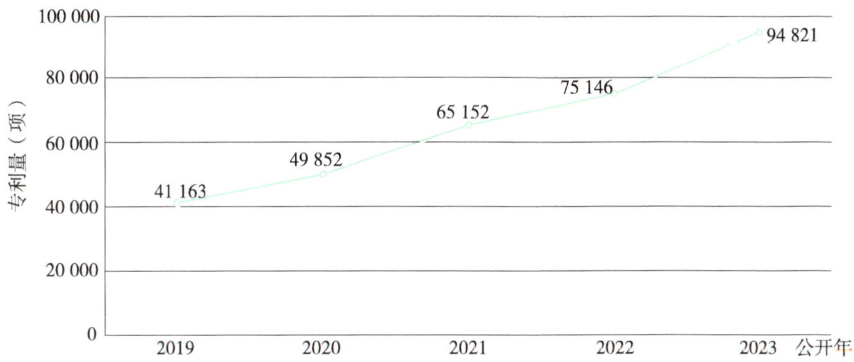

图 5.17　2019—2023 年京津冀数字技术专利授权情况

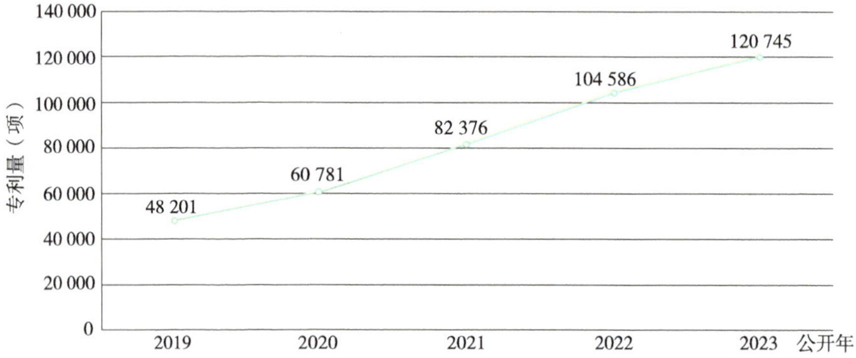

图 5. 18　2019—2023 年长三角数字技术专利授权情况

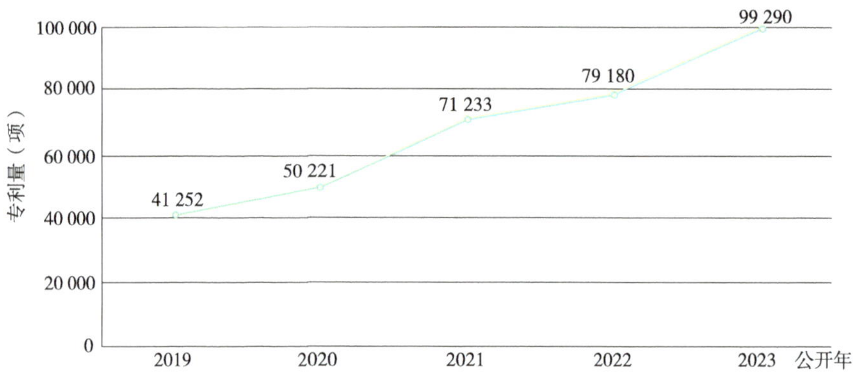

图 5. 19　2019—2023 年大湾区数字技术专利授权情况

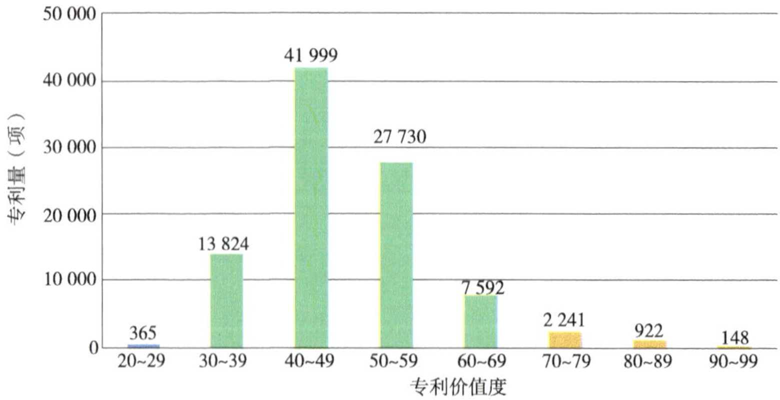

图 5. 20　2023 年京津冀数字技术专利价值度

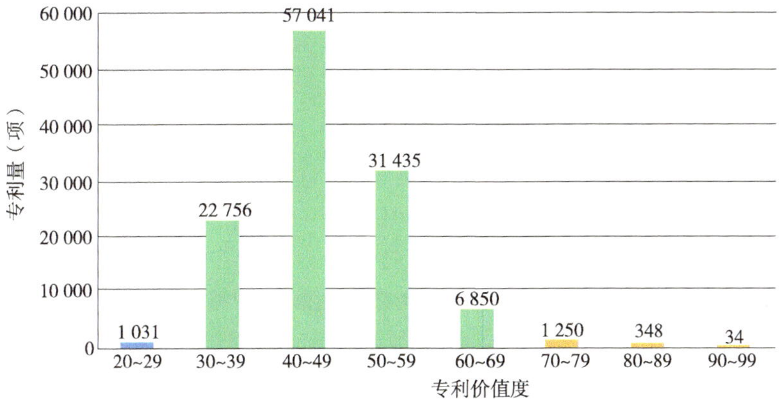

图 5.21　2023 年长三角数字技术专利价值度

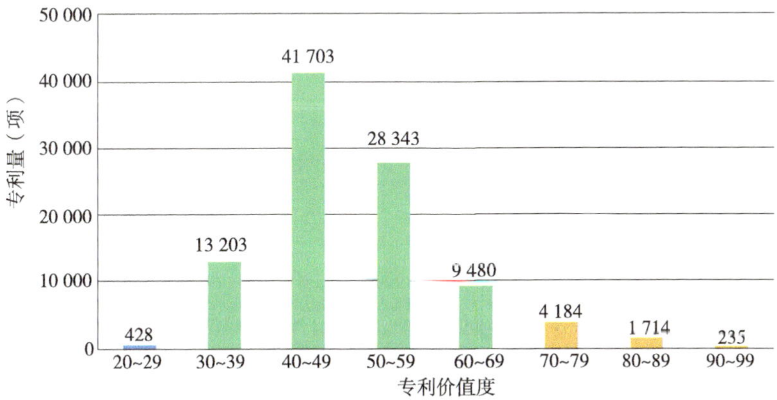

图 5.22　2023 年大湾区数字技术专利价值度

根据图 5.23、图 5.24 与图 5.25，大湾区与京津冀地区以数字技术应用业为主，长三角地区则集中在数字产品制造业。三个地区的数字产品服务业均有待提升，京津冀地区的数字产品服务业在三个地区中相对最高。

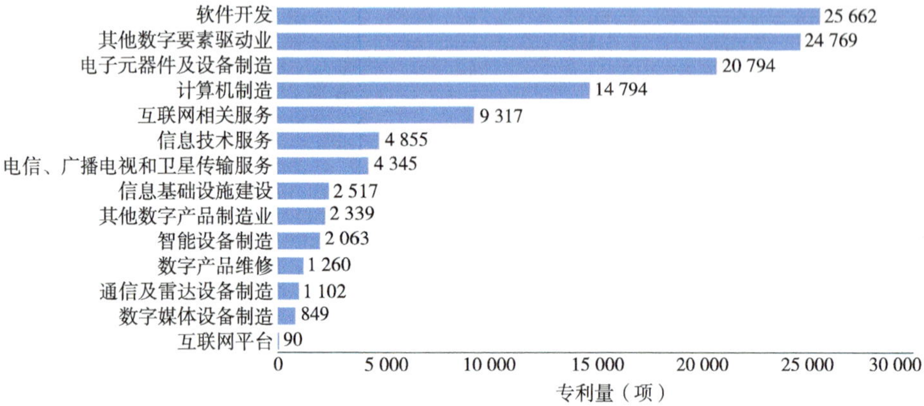

图 5. 23　2023 年京津冀数字技术产业链分布

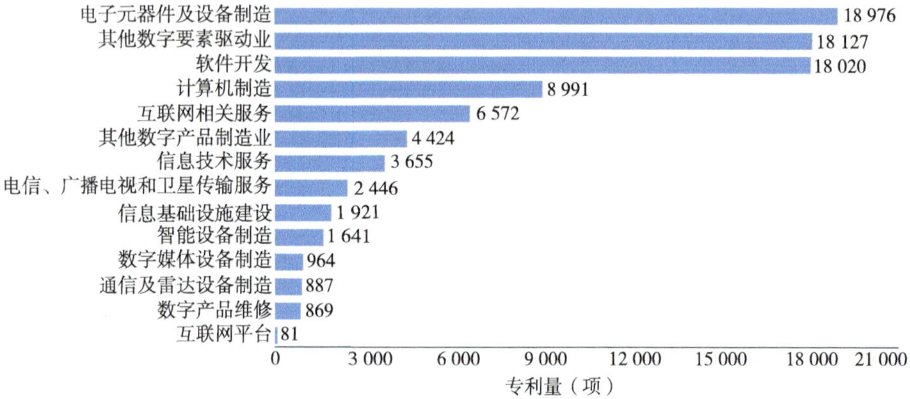

图 5. 24　2023 年长三角数字技术产业链分布

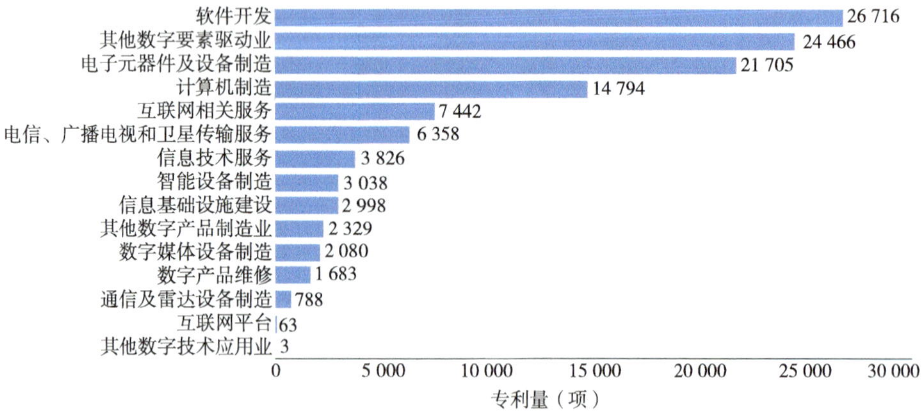

图 5. 25　2023 年大湾区数字技术产业链分布

5.3 北京市的全球数字创新能力

5.3.1 全球数字技术创新城市的排名情况

从表5.3可以看出，北京市的科技创新能力全球综合排名第一，SCI、CPCI论文总数排名第一，充分印证了北京市作为创新策源地的独特优势和巨大潜力。这得益于首都的人才高地效应，北京市聚集了全国乃至全球最优秀的科技人才资源，高校、科研院所云集，在人工智能、大数据、区块链等前沿数字技术领域均有雄厚的人才储备和科研实力，是北京市数字创新遥遥领先的根本保证。

表5.3 全球数字技术创新城市排名

城市	国家/地区	科技创新能力综合排名	创新成果排名		创新成效排名		创新主体排名	
			SCI、CPCI论文总数（篇）	排名	2023年SCI、CPCI论文同比增速	排名	全球AI百强孵化率（%）	排名
北京	中国	1	141 503	1	-0.185	6	1	18
上海	中国	2	70 469	2	-0.177	5	2	13
伦敦	英国	3	48 070	3	-0.207	7	5	10
纽约	美国	4	39 466	4	-0.139	2	21	1
波士顿	美国	5	38 105	5	-0.157	4	16	3
东京	日本	6	36 782	6	-0.172	9	0	—
杭州	中国	7	30 696	7	-0.165	1	0	—
深圳	中国	8	28 377	8	-0.213	3	2	13
剑桥	美国	9	17 652	9	-0.218	10	12	8
新加坡市	新加坡	10	17 238	11	-0.213	10	0	—

资料来源：科技创新能力排名来源于《2023国际大都市科技创新能力评价》，上海科学技术情报研究所；创新成果排名基于2023年全球SCI、CPCI论文数量；创新成效排名基于全球SCI、CPCI论文数量，作者计算2023年同比增量得出；创新主体排名根据CBinsight发布的2022年全球AI100榜单，计算各个城市的孵化率得出。

此外，虽然北京市在全球数字创新版图中优势明显，但仍面临创新效率有待提升、创新主体培育亟待加强等问题和挑战。2023 年，北京市创新成效在十大城市中排名第六，同比下降 18%，说明北京市在数字技术基础研究领域的产出效率和学术影响力还有待进一步提高。在创新主体方面，北京市培育的全球 AI 独角兽企业数量落后于纽约、波士顿等城市，孵化率为 1%，表明在巩固基础研究优势的同时，北京市要进一步健全政产学研深度融合的创新体系，加快科技成果转化应用，打通基础研究、技术开发、产业化的全链条；要全方位优化创新创业环境，完善政策扶持和服务体系，加大科技金融支持力度，助力更多数字经济“独角兽”和“隐形冠军”企业做大做强，真正成为引领产业变革、塑造发展新动能的中坚力量。

5.3.2　北京在全球数字技术创新领域的发展情况

世界经济论坛发布的《2023 年十大新兴技术》报告（TOP10 Emerging Technologies of 2023）揭示了在未来 3 到 5 年内将对全球产生造成深远影响的十大新兴技术①，统计与数字技术相关的六个维度进行搜索、计算和分析，包括：柔性电池（flexible batteries）、生成式人工智能（gener ativeartificialintelligence）、改善心理健康的元宇宙（metaverse for mentalhealth）、可穿戴植物传感器（wearable plant sensors）、可持续计算（sustainable computing）、人工智能辅助医疗（AI-facilitated healthcare）。

表 5.4 系统梳理了北京市在六大数字新兴技术领域的学术论文产出情况。可以看出，北京市在多个技术方向上表现抢眼，SCI、CPCI 论文发表数量领跑全球，充分体现了北京市在数字技术基础研究领域的雄厚实力。北京市作为高等教育和科研资源高度集聚的创新策源地，在数字技术领域积累了深厚的学术底蕴。以清华大学、北京大学为代表的高校持续加大学科交叉融合，构建了“基础研究+技术攻关+成果转化”的全链条创新体系，涌现出一大批具有国际影响力的标志性成果。

---

① 分别是：柔性电池（flexible batteries）、生成式人工智能（generative artificial intelligence）、可持续航空燃料（sustainable aviation fuel）、工程噬菌体（designer phages）、改善心理健康的元宇宙（metaverse for mental health）、可穿戴植物传感器（wearable plant sensors）、空间组学（spatial omics）、柔性神经电子学（flexible neural electronics）、可持续计算（sustainable computing）、人工智能辅助医疗（AI-facilitated healthcare）。

表 5.4　2023 年与数字技术相关的六大新兴技术论文发表情况

城市	国家/地区	柔性电池排名		生成式人工智能排名		改善心理健康的元宇宙排名		可穿戴植物传感器排名		可持续计算排名		人工智能辅助医疗排名	
		（SCI、CPCI 论文总数，篇）	排名	（SCI、CPCI 论文总数，篇）	排名	（SCI、CPCI 论文总数，篇）	排名	（SCI、CPCI 论文总数，篇）	排名	（SCI、CPCI 论文总数，篇）	排名	（SCI、CPCI 论文总数，篇）	排名
北京	中国	164	1	43	1	63	1	1	5	47	1	32	5
上海	中国	97	2	20	4	22	4	3	2	14	2	18	6
深圳	中国	77	3	14	7	24	3	1	5	9	4	17	7
杭州	中国	60	4	12	8	12	6	8	1	11	3	9	9
新加坡市	新加坡	32	5	19	5	37	2	3	2	9	4	34	3
伦敦	英国	14	6	25	3	18	5	0	8	9	4	65	1
东京	日本	11	7	6	10	8	8	0	8	6	7	9	9
纽约	美国	6	8	28	2	9	7	2	4	2	10	34	3
剑桥	美国	5	9	11	9	4	9	1	5	4	9	17	7
波士顿	美国	2	10	16	6	4	9	0	8	5	8	43	2

资料来源：作者整理。各数字技术领域排名基于 2023 年全球 SCI、CPCI 论文数量。

同时，北京市在部分数字技术研究领域仍存在短板。以可穿戴植物传感器为例，近年来，北京市的论文产出量呈现下滑态势，2023 年在十大城市中排名第五，表明北京市在数字技术与农业深度融合等交叉学科领域还需进一步发力。对标国际一流创新城市，北京市在论文质量、高被引论文占比等方面还有提升空间，学术影响力有待进一步加强。

建设具有全球影响力的科技创新中心，是北京市的历史使命。北京市将立足新发展阶段，贯彻新发展理念，锚定“两个确保”战略目标，加快实现高水平科技自立自强，在数字技术创新这一未来发展制高点抢占先机，为建设网络强国、数字中国、智慧社会提供强大的创新动能和战略支撑，以数字之力助推国家发展和民生改善。

（1）柔性电池

柔性电池由轻质材料制成，可以扭曲、弯曲、拉伸，具有广泛的用途，包括可穿戴医疗设备和生物医学传感器、柔性显示器和智能手表。由这些电池供电的与健康相关的应用程序可以将数据无线传输给医疗保健提供者，从而促进远程患者监控。

从图 5.26 可以看出，北京市在柔性电池领域的学术论文产出全球领先，这与北京市雄厚的科研实力和政策引导密不可分。一方面，北京市高度重视前沿技术基础研究，加快构建具有全球影响力、主动策源能力的创新策源地。以中国科学院物理所为例，针对柔性电池能量密度低、循环寿命短等行业难题，开展了系统深入的基础研究。通过材料体系创新、界面优化、器件结构设计等，取得了一系列重要突破，并在国际顶级期刊发表多篇高水平论文，为我国在柔性电池领域抢占技术制高点奠定了坚实基础。另一方面，北京市积极推动柔性电池产学研协同创新，加速科技成果向现实生产力转化。在政策引导下，北京市有力发挥中关村等创新集群的技术优势和产业化基础，推动柔性电池与消费电子、智能制造、医疗健康等领域深度融合，展现了北京市在柔性电池领域实现产业链贯通、价值链提升的创新实力。

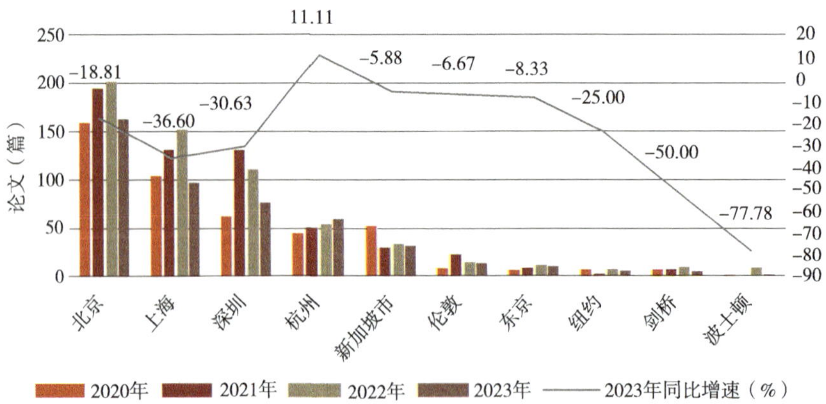

图 5.26　柔性电池领域全球 SCI、CPCI 论文发表情况

尽管北京市在柔性电池领域优势明显，但从论文增速看，仍面临创新后劲不足的隐忧。2023 年，北京市柔性电池论文数同比下降 18.81%，在十大城市中排名第五，说明北京市在巩固已有研发优势的同时，要进一步加大政策扶持力度，加快构建协同高效的区域创新体系；面向全球科技前沿，超前布局新材料、新工艺、新装备等研发攻关，掌握更多“从0到1”的原创核心技术；完善政产学研用深度融合的协同创新机制，搭建开放共享的创新平台，促进科技、资本、人才等创新要素高效流动，打通基础研究、技术开发、成果转化、产业发展的全链条；加强知识产权保护，营造良好创新生态，激发企业参与柔性电池技术创新的内生动力。

（2）生成式人工智能

生成式人工智能是一种功能强大的人工智能，可以通过复杂算法创造新的、原创的内容，如图像、视频、音乐等。OpenAI 的 ChatGPT 和 Google 的 Bard 等人工智能语言模型已经改变了教育和工作方式，提高了生产力并培养了创造力。

从图 5.27 可以看出，北京市在生成式人工智能领域的论文产出连续多年保持全球第一，与北京市雄厚的学术积淀密不可分。以清华大学为例，其自然语言处理实验室开发的 CPM-BEE 大语言模型，在文字填空、文本生成、问答等任务上表现出色，体现了突出的原创性和引领性。

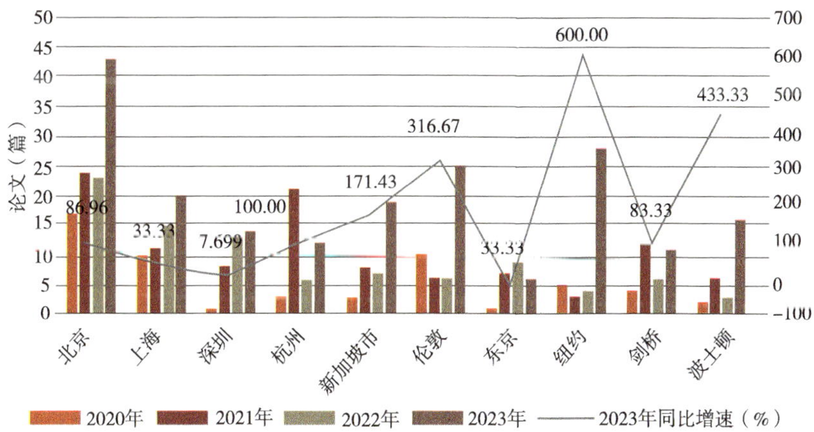

图 5.27　生成式人工智能领域全球 SCI、CPCI 论文发表情况

此外，北京市在生成式 AI 领域仍面临不少挑战。从论文增速来看，2023 年北京市同比增长 86.96%，在十大城市排名第六，说明在激烈的全球技术竞争中，北京市的创新优势还不够稳固。当前生成式 AI 在伦理安全、知识产权等方面仍存在诸多不确定性，对科技监管提出了更高要求。今后，北京市应在前瞻布局前沿技术的同时，加快健全法律法规和伦理规范，探索更加包容审慎的监管政策，促进生成式 AI 在可控范围内加速迭代升级。发挥北京市在科教文领域的独特优势，强化前沿理论研究，突破基础算法瓶颈，从源头把握技术创新主动权。搭建协同攻关平台，打通技术、场景、数据、应用全链条，加速创新成果产业化、市场化进程。

（3）改善心理健康状况的元宇宙

为了应对日益严重的心理健康危机问题，产品开发人员开始构建共享虚拟空间来改善心理健康状况。视频游戏已经被用来治疗抑郁症和焦虑症，虚拟现实冥想正在兴起。结合下一代可穿戴设备，让用户能够感受到触摸并对其情绪状态做出反应，未来的虚拟世界正在不断成熟中，可以以此改善心理健康状况。

从图 5.28 可以看出，2020—2023 年，北京市在改善心理健康状况的元宇宙领域论文发表呈现出爆发式增长，稳居全球城市榜首，这得益于北京市在医疗健康领域的政策引导和产业布局。2021 年，北京市出台《“十四五”时期健康北京建设规划》，提出发展智慧医疗，推进医疗健康与信息技术融合创新。在政策利好的背景下，阿里健康、平安好医生、微医等互联网医疗企业纷纷布局元宇宙场景应用。以微医为例，其推出的元宇宙医院充分利用 VR、AR 等交互技术，为患者提供身临其境的就医体验，并嵌入心理健康服务模块，患者可以与 AI 虚拟助手匿名互动，缓解焦虑情绪，有效拓展了心理健康服务的广度和深度。

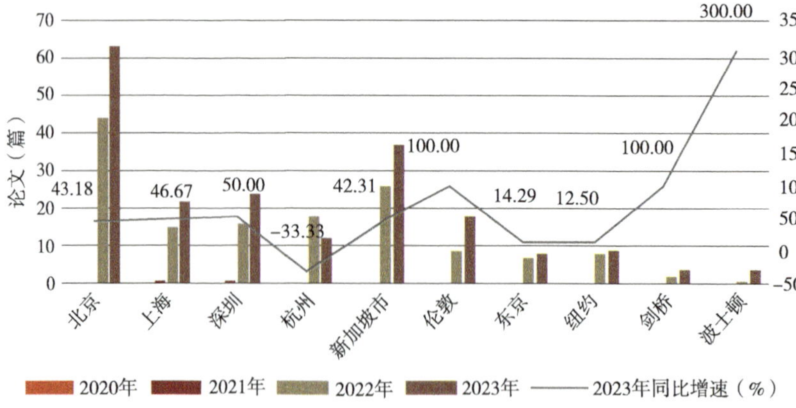

图 5.28　改善心理健康状况的元宇宙领域全球 SCI、CPCI 论文发表情况

不过需要看到，利用元宇宙改善心理健康在技术、场景、伦理等层面还有很大完善空间。从 2023 年论文增速看，北京市同比增长 43.18%，处于第六位，一定程度上反映了相关研究有所放缓。对此，北京市要进一步强化前瞻引领，探索虚实融合治疗体系，深化虚拟医院、虚拟助手等场景应用，优化元宇宙环境下的治疗评估体系；加强伦理规范和行业自律，明确界定元宇宙心理治疗服务的边界，加强对用户隐私、数据安全的保护，营造可信可靠的虚拟治疗空间；加大多学科交叉融合，发挥医工结合优势，突破沉浸感、真实感等关键技术，提升虚拟治疗效果。

（4）可穿戴植物传感器

可穿戴植物传感器通过使用配备传感器的无人机和拖拉机获取更高分辨率的数据来改善作物监测。下一步是可穿戴植物传感器，可持续监测单个植物，测量温度、湿度和营养水平。这些传感器可用于优化产量、检测疾病并实现精确干预。

从图 5.29 可以看出，2020—2023 年北京市在可穿戴植物传感器领域整体呈现波动态势。2023 年全球排名第五，同比下降 50%，一定程度反映出北京市在该领域的创新后劲有所减弱。究其原因，主要是北京市在农业科技领域的基础研究积累相对薄弱，农业应用场景开发不足。建设农业科技创新先行区，是北京市落实乡村振兴战略、提升都市农业竞争力的重要抓手。未来，北京市要进一步完善农科创新政策体系，加大农业科研投入，在现代种业、智慧农业等领域布局一批重大科技项目，强化关键核心技术攻关，推动农业

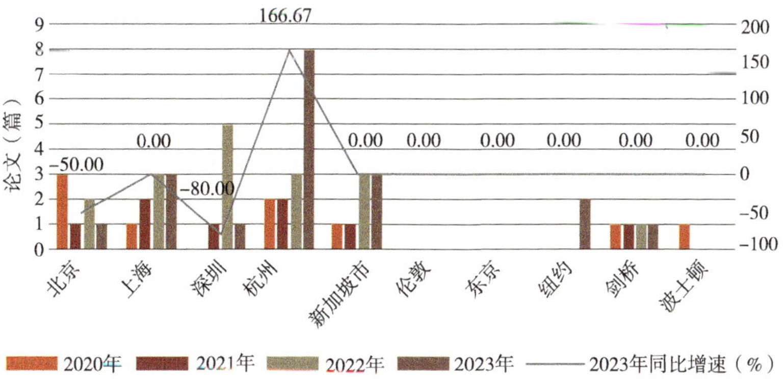

图 5.29　可穿戴植物传感器领域全球 SCI、CPCI 论文发表情况

基础研究、应用基础研究、产业技术创新融通发展。要发挥好创新联盟的作用，鼓励农业院校、科研机构、农业企业协同创新，加速推进可穿戴传感器与区块链、人工智能、5G 等前沿技术的交叉融合，打造具有国际影响力的现代农业产业集群。

（5）可持续计算

数据中心消耗的电力约占全球发电量的 1%。多种技术相互交叉，使零能耗数据中心的梦想成为现实，包括液体冷却系统、人工智能分析和模块化数据中心，这些中心可以与现有能源（例如，甲烷火炬）共处一地。

从图 5.30 可以看出，北京市在可持续计算领域的论文产出连续四年稳居全球城市之首，与北京市在节能环保等绿色技术领域的深厚积淀密不可分。近年来，在国家“双碳”战略引领下，北京市加快构建绿色低碳循环发展经济体系，将可持续计算作为实现绿色转型的重要抓手。2021 年，北京市发布《新型数据中心发展三年行动计划（2021—2023 年）》，推动新型数据中心建设布局优化、网络质量提升、算力赋能加速、产业链稳固增强、绿色低碳发展、安全保障提高，构建以新型数据中心为核心的智能算力生态体系，发挥对数字经济的赋能和驱动作用。

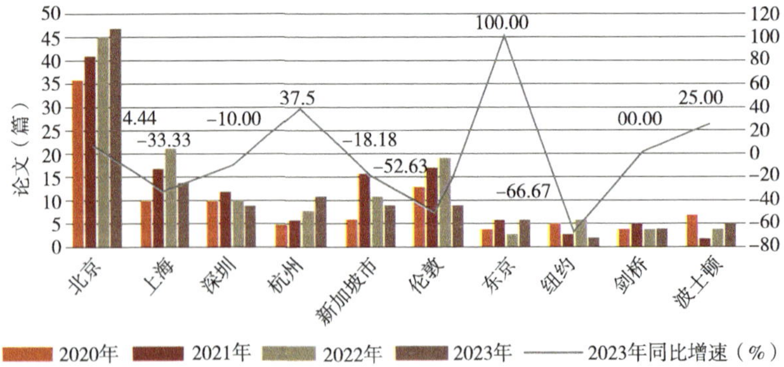

图 5.30　可持续计算领域全球 SCI、CPCI 论文发表情况

尽管北京市在可持续计算领域总体保持领先优势，但从论文增速看，2023 年同比增幅仅为 4.44%，在十个城市中排名第四。由此可见，可持续计算的技术突破仍存在不少挑战，亟待加快科技创新和成果转化。对此，北京市应进一步强化政策引导，在绿色数据中心规划、建设、运营全生命周期中完善标准体系。鼓励产学研用协同创新，支持高校院所、科技企业共建绿色计算开源开放平台，加快绿色数据中心关键设备国产化替代。促进“东数西算”，支持绿色数据中心向可再生能源富集地区布局，通过优化调度实现数据中心负荷与可再生能源发电的实时匹配。

（6）人工智能辅助医疗

从诊断到药物设计，人工智能被广泛描述为医疗保健改善的推动者，重点关注人工智能在支持整个医疗保健系统中的作用，从监测大流行病暴发到通过优化资源分配来减少医院等待时间。

从图5.31可以看出，尽管北京市在人工智能辅助医疗领域的论文总量上全球排名并不靠前，但近年来的增长态势十分亮眼。2023年，北京市在该领域论文数达到32篇，同比增长146.15%，增速跃居十城之首，这既得益于北京市在医疗健康领域的政策利好，更归功于政产学研各界协同发力，全面推进人工智能在医疗场景的创新应用。国务院办公厅发布的《关于促进“互联网+医疗健康”发展的实施意见》明确指出，支持利用人工智能等数字技术提升医疗服务能力。在政策的引导下，以北京大学第一医院等为代表的医疗机构积极开展人工智能辅助诊断、治疗的研究实践，推动人工智能从单一应用向智慧医疗全场景融合渗透转变。

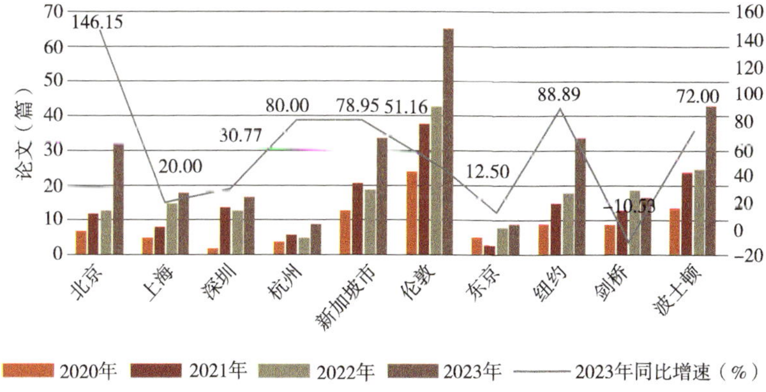

图5.31　人工智能辅助医疗领域全球SCI、CPCI论文发表情况

面向未来，推动人工智能与医疗健康深度融合仍需破解诸多挑战。北京市要进一步加大政策支持，推动医疗健康大数据汇聚共享，为人工智能应用创造有利条件；聚焦疾病预防、药物研发、辅助决策等关键环节，加大核心算法研发投入，攻克数据标准、算法泛化等技术瓶颈；加快人工智能医疗应用的伦理法律法规建设，建立健全行业监管体系，确保智慧医疗应用安全可控；鼓励龙头企业牵头，打通人工智能创新链、应用链、价值链，推动创新成果惠及基层，让智慧医疗的“红利”覆盖到千家万户。

综上所述，北京市在数字创新领域的全球领先地位，与近年来北京市政府的战略布局和政策支持密不可分。一方面，北京市作为首都和国际化大都市，高校、科研院所高度聚集，为数字技术创新提供了坚实的人才基础和科研支撑。北京市高校在人工智能、大数据等数字技术领域开展了大量前沿研究，涌现出一批引领全球的原创成果。另一方面，北京市政府高度重视数字经济发展，出台了一系列政策举措为数字创新营造良好环境。比如，北京市先后发布《“十四五”时期中关村国家自主创新示范区发展建设规划》《关于推动北京互联网 3.0 产业创新发展的工作方案（2023—2025 年）》等文件，在财政、金融、人才等方面给予数字创新企业大力扶持。在政策的激励下，以中关村为代表的数字经济创新集群加速崛起，为北京市乃至全国的数字化转型提供了强大动能。北京市数字创新的全球领先，正是北京市政府科学决策、精准施策、持续发力的结果。未来，北京市应持续深化数字经济顶层设计，完善配套政策体系，激发数字创新活力，推动数字技术与实体经济深度融合，加快建设全球数字经济标杆城市，为我国数字强国建设贡献北京力量。

6 数字金融：发展现状、风险监管及路径

何 枫*

6.1 北京市数字金融发展概况

2022 年 10 月，习近平总书记在党的二十大报告中强调，要加快发展数字经济，促进数字经济和实体经济深度融合。2023 年中央金融工作会议强调，要着力做好科技金融、绿色金融、普惠金融、养老金融和数字金融这五篇大文章，促进金融强国建设。其中，作为数字经济在金融领域的映射，数字金融已经成为服务实体经济和推动我国经济高质量发展的重要一环。

数字金融是指相应的金融机构在传统金融业态模式的基础上，通过运用互联网、大数据和其他数字技术手段为客户提供个性化和智能化的新型金融服务。近年来，我国在数字金融领域取得高速发展且成绩斐然，移动支付、数字货币和大科技借贷等领域均位于世界前列。北京市作为科技创新中心和国家金融管理中心，在数字金融发展方面具有得天独厚的条件和优势。近年来，北京市高度重视数字金融发展，北交所、中关村科技金融改革试验区等一系列数字金融基础设施相继落地，北京正在不断打造“金融+科技+数据”的新金融业态，成为新形势下助力我国数字金融发展的重要引擎。

---

* 何枫，首都经济贸易大学金融学院教授、博士生导师；首都经济贸易大学金融学院王韧博士、任幸子博士、陈隆轩博士、孙冉硕士参与了本章内容的研究工作。

6.1.1 北京市数字金融总体发展现状

（1）政策环境逐步优化

2018 年，中关村管委会等制定发布了《北京市促进金融科技发展规划（2018 年—2022 年）》，为北京市加快建设金融科技创新中心奠定了基础。随后，海淀区、西城区等区域相继出台关于支持北京金融科技与专业服务创新示范区建设方案和支持政策“金科十条”，大力支持金融科技应用示范，为北京市数字金融发展贡献力量。2020 年，北京市金融工作局等联合出台了《关于首都金融科技创新发展的指导意见》；同年 12 月，北京市金融工作座谈会上明确要推动数字货币建设，加快建设国际大数据交易所，发展数字金融产业集群。2021 年，北京市委市政府发布了《北京市“十四五”国际科技创新中心建设规划》，指出要高度重视金融科技创新，推动金融数字化，持续完善首都金融科技政策体系。2022 年，《北京市“十四五”时期金融业发展规划》《北京市数字经济促进条例》等政策相继出台，并表示要大力培育数字金融产业主体，支持金融机构数字化转型升级，支持大数据、云计算、人工智能、区块链等数字技术在金融业态中的深度应用，着力建设与首都功能定位相适应的现代数字金融体系，打造数字金融示范高地。随着多项政策的出台和创新型发展规划措施的不断落地（见表 6.1），北京市数字金融发展环境逐步优化。

表 6.1 北京市数字金融主要相关政策汇总

时间	发布单位	政策名称	主要内容
2018 年 10 月	北京市金融工作局、中关村管委会、西城区人民政府、海淀区人民政府	《关于首都金融科技创新发展的指导意见》	提出支持金融科技底层技术研发，加强金融科技基础设施建设和发展金融科技产业
2018 年 11 月	中关村管委会、北京市金融工作局和北京市科学技术委员会	《北京市促进金融科技发展规划（2018 年—2022 年）》	提出推动金融科技底层技术创新和应用，加快培育金融科技产业和拓展金融科技应用场景
2020 年 9 月	北京市朝阳区文化和旅游局	《打造数字经济示范区实施方案》	提出加快数字基础设施建设，推动数字产业集聚发展，加快数字化应用场景落地

续表

时间	发布单位	政策名称	主要内容
2021 年 1 月	北京市海淀区金融办	《“两区”金融领域建设工作方案》	提出推进金融科技深度融合创新，强化金融服务实体经济，聚焦科创金融、数字金融、跨境投融资便利化重点领域，努力培育金融发展新动能
2021 年 6 月	北京市丰台区人民政府	《北京市丰台区国民经济和社会发展第十四个五年规划和二〇三五年远景目标纲要》	提出构建数字金融生态圈，加强金融科技创新国际合作，将丽泽金融商务区全力打造成具有全球影响力的数字金融示范区
2021 年 9 月	北京市丰台区人民政府、北京市地方金融监督管理局	《丽泽数字金融示范区建设行动计划》	提出布局数字金融产业，全方位助力丰台数字金融产业创新发展，将丽泽建设成为具有创新活力的数字金融高地
2021 年 11 月	中共北京市委、北京市人民政府	《北京市“十四五”时期国际科技创新中心建设规划》	提出建成数字技术与经济融合创新平台，推动数字化赋能产业高质量发展，加快打造全球数字经济标杆城市
2022 年 1 月	北京市西城区人民政府	《北京市西城区建设全球数字经济标杆城市示范区实施方案》	提出建设安全感知的数据原生城区、打造原始创新的数字金融、弘扬多元融合的数字文化、培育创新引领的数字产业、激活提质升级的数字消费、营造精治善治的数字社会生态
2022 年 3 月	北京市通州区人民政府	《关于北京城市副中心推进数字经济标杆城市建设行动方案（2022—2024 年）的通知》	提出鼓励人工智能、区块链、大数据等技术在支付、征信、风险管理、反欺诈、反洗钱等领域的应用，加快副中心数字金融优质资源聚集，积极开展北京法定数字货币试验区建设
2022 年 8 月	北京市金融服务工作领导小组	《北京市“十四五”时期金融业发展规划》	提出大力培育数字进入产业主体，加强数字金融技术研发创新，拓展数字金融场景应用体验，完善数字金融监管体系，优化数字金融产业布局

续表

时间	发布单位	政策名称	主要内容
2022 年 9 月	北京市通州区金融服务办公室	《北京城市副中心数字人民币试点工作实施细则（2022 年版）》	提出落地“数币+供应链金融”创新应用场景，打造数字人民币展示应用新地标，构建“数币+智慧园区”生态圈
2022 年 11 月	北京市经济和信息化局会、北京市司法局等	《北京市数字经济促进条例》	提出推动数字金融体系建设，支持金融机构加快数字化转型，以数据融合应用推动普惠金融发展，促进数字技术在支付清算、征信评级等环节的深度应用，丰富数字人民币的应用试点场景和产业生态
2023 年 1 月	北京市海淀区人民政府	《中国（北京）自由贸易试验区科技创新片区海淀组团发展建设三年行动方案（2023—2025 年）》	提出释放新要素生产力，积极推动公共数据开放，深化数字贸易港建设，支持企业积极参与数字领域规则制定与经贸合作

（2）数字基础设施日益完善

北京市数字金融基础设施建设加快推进。

数字货币建设方面。数字货币应用场景和数字金融生态圈不断扩展升级，5G 等新一代信息技术为北京市数字金融发展提供新助力。截至目前，数字人民币在消费、出行和文旅以及政务等多领域场景实现应用，数字人民币试点逐渐扩大至北京全域。

数字化金融平台建设方面。2022 年，北京市完成数字化小微金融服务平台搭建，北京市发布的 26 个金融科技创新监管试点项目已经有多个项目完成测试，支付清算、基础征信、不良资产转让试点、国家数字金融技术检测中心和国家金融科技认证中心以及国家金融科技风险监控中心等一大批国家重大金融基础设施连续落地。

金融科技产业建设方面。中移金科、百融云创、中信资管、爱保科技等大量金融科技企业高能级企业在北京市加速聚集，北京·银行保险产业园、丽泽数字金融示范区、金融科技示范区和国家级金融产业示范区等一系列示范性数字产业园区陆续建成，北京市数字金融产业基建生态日益完善。

数据要素市场建设方面。北京市持续加强 Web3.0 等前沿技术趋势布局赋能数字金融，北京国际大数据交易所成立和上线交易进一步推动了数据要素释放，助力数字金融高质量发展。未来，北京市还将培育人工智能算力枢纽，加强数据中心总体谋划、统筹建设，不断增强数字经济基础设施服务能力，实现政府决策科学化、社会治理精准化、公共服务高效化，推动京津冀数字经济协同发展，为建成国际领先的智慧城市集群提供基础保障。

（3）数字金融水平不断提升

随着数字技术与金融服务的不断融合深化，我国数字金融发展水平也日渐提升。目前，国内研究主要选用北京大学数字金融研究中心研发编制的数字普惠金融指数衡量我国数字金融的发展情况。在此，笔者采用北大数字普惠金融指数的省级层面的最新数据分析北京市数字金融发展情况。

1）数字金融发展水平稳定增长

如图 6.1 所示，北京市数字金融发展水平保持持续稳步增长。在国家政策的大力支持和引导下，北京市数字金融水平在 2012—2022 10 余年间不断攀升，其中，2022 年北京数字金融综合指数得分为 452.83 分，态势总体向好。以数字人民币为例，在北京冬奥会数字人民币试点取得成功的基础上，北京市目前已经实现全域数字人民币试点，累计落地应用场景近 50 万个，累计业

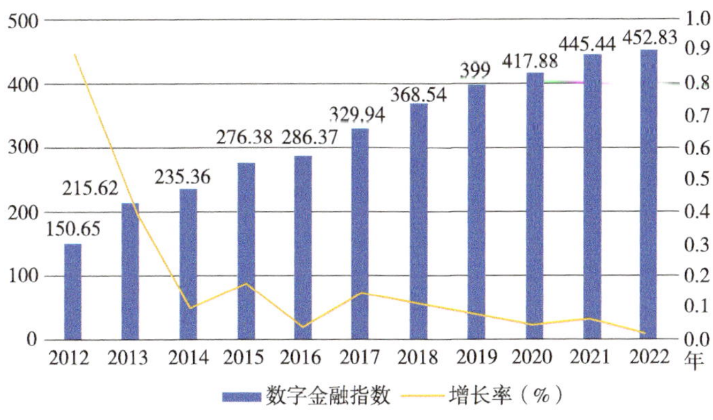

图 6.1　北京市 2012—2022 年数字金融指数变化情况

数据来源：北大数字普惠金融指数。

务交易金额实现600余亿元。此外，北京市在全国率先开展了资本市场金融科技创新试点，并发布了首批16个项目。从增长率来看，数字金融总指数的增长率总体呈下降趋势，其间存在小幅波动上升，但下降趋于稳定，说明当前北京市数字金融发展已经由高速增长阶段转变为稳定增长阶段，数字金融体系日趋完善。

2）数字金融覆盖范围持续扩大

在数字金融发展水平不断提升的基础上，近年来，北京市数字金融的覆盖广度持续提升。如图6.2所示，北京市数字金融覆盖广度十余年间实现了成倍的增长。其中，2021年和2022年北京市数字金融覆盖广度的得分已经分别达到432.93分和455.93分，相较于2012年分别增长了1.8倍和近2倍。覆盖广度彰显了数字金融的普惠和包容性，其得分的不断提高反映了北京市数字金融发展区域日渐扩大，越来越多的地区和客户可以享受到高效、低成本的数字金融服务。虽然数字金融覆盖广度的增长率总体呈下降趋势，但在2021和2022年，北京市数字金融覆盖广度保持近10%的增长速率。以移动支付业务为例，截至2022年底，已有超九成的市民选择使用移动支付服务。此外，根据北京银行相关数据，截至2022年末，北京银行手机银行用户规模达到1 366万户，同比增长21%。

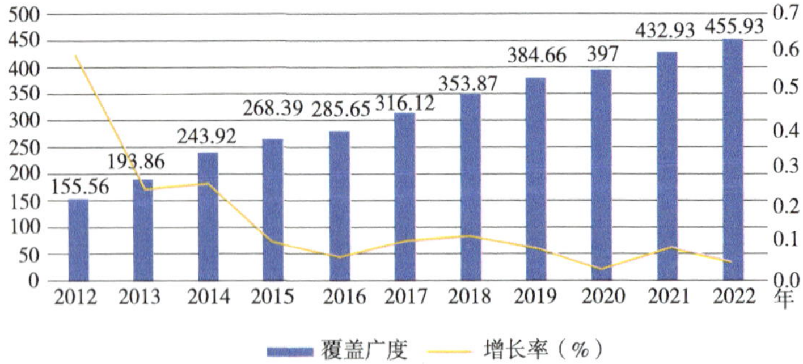

图6.2 北京市2012—2022年数字金融覆盖广度得分的变化情况

数据来源：北大数字普惠金融指数。

3）数字金融使用深度不断加强

近年来，北京市数字金融使用深度不断增强。人们对于数字金融业务的接受度日益增加，使用频率不断提高。如图6.3所示，2012—2022年，北京数字金融的使用深度指数在中间阶段出现了轻微波动，但总体呈上升趋势。截至2022年末，北京市数字金融使用程度得分为445.60分，相较于2021年增长近2倍。以北京银行为例，2022年北京银行手机银行月活跃用户数超530万户，同比增长29%，在城商行中位列第一，同时服务普惠小微企业突破近30万户，客群基础愈发坚实。

图 6.3　北京市 2012—2022 年数字金融使用深度得分的变化情况

数据来源：北大数字普惠金融指数。

4）金融数字化程度大幅提高

如图6.4所示，2022年北京市金融数字化程度的得分为455.77分，相较

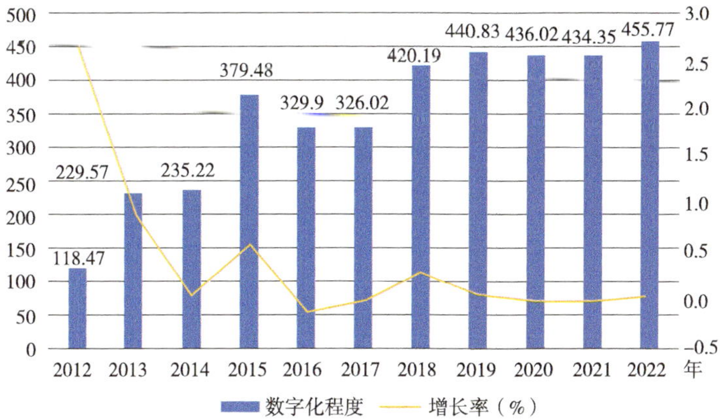

图 6.4　北京市 2012—2022 年数字化程度得分的变化情况

数据来源：北大数字普惠金融指数。

于2012年增长了近3倍，北京市金融数字化程度得到了大幅度的提高。以北京银行为例，北京银行不断强化数字化核心基础设施建设，建成数据底座以打通数据孤岛，并在实现数据底座、金融操作系统和风控平台统一的基础上，以“大零售-大运营-大科技”为核心，构建CPCT（customer 客户-product 产品-channel 渠道-team 队伍）一体化“大零售”经营管理模式，通过模块化思维和重塑客户旅程与提升数字化运营能力推动“大运营”价值转型，提升大科技支撑能力。

6.1.2 北京市区县数字金融发展现状

近年来北京市高度重视数字金融发展，数字金融发展水平不断提升。图6.5为北京市各区2022年数字金融相关指数的情况。总体而言，北京市各区数字金融发展水平均较高。其中，数字金融综合指数得分靠前的区主要是朝阳区、海淀区、丰台区、西城区、通州区和石景山区。这些区域立足自身区位和资源优势，积极推进北京市数字金融发展。

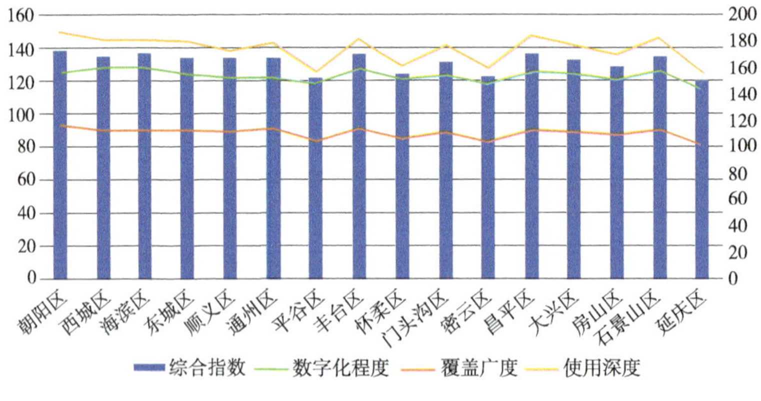

图6.5 北京市各区2022年数字金融的相关指数

数据来源：北大数字普惠金融指数。

（1）龙头带动，引领数字金融发展

海淀区、朝阳区和西城区分别凭借其丰富的教育科研、国际化资源和金融资源优势，引领北京市数字金融发展，已经成为全市数字金融发展建设的龙头。

海淀区凭借其优厚的教育科研等资源优势，持续激发数字金融活力，筑牢数字金融发展底座。作为清华大学、北京大学等众多高等院校以及中国科学院等多家重要科研院所的集聚地和中关村的发源地，海淀区是我国人才智力最密集和创新创业最具有活力的区域之一，是北京市乃至全国领先数字金融发展建设高地。2022年，海淀区的GDP仅次于上海浦东新区，而在海淀区的GDP增长中，数字金融相关产业占据重要地位，数字经济核心产业增加值占全区GDP的比重已经超出了50%。截至目前，海淀区已经拥有超一万家的国家高新技术企业，其中，人工智能重点企业超过1 000家，百度、滴滴、小米和美团等高成长的数字经济独角兽企业占比达全国的20%，海淀区已成为当之无愧的“独角兽的摇篮”。近年来，海淀区积极发挥科教强区和数字领军企业总部云集等自身优势，打造数字人民币试验区和金融科技监管沙盒试验区，在数字金融航道上持续发力。此外，五道口、北大、中关村和清华四个人工智能特色产业园相继启动建设，助力海淀区不断提升区域数字金融发展水平。

作为国际金融机构的主聚集区，朝阳区凭借其丰富的国际化资源和成熟的商务模式，通过以CBD国际金融为龙头，打造国际创投集聚区。同时，通过望京金融科技融合发展等，共同加强数字金融基础设施建设，推动数字金融高质量发展。自2020年朝阳区出台《打造数字经济示范区实施方案》以来，中关村朝阳园北区以聚集新型数字总部企业为导向，通过打造数字总部企业集群，吸引蓝色光标等数字金融头部企业纷纷落地朝阳。同时，聚焦跨境金融和数字经济等领域，朝阳区利用自由贸易试验区金融综合服务平台和国际创投聚集区优势，不断积极推动重点项目落地，北京市首家个人征信公司——朴道征信的成立和北京国际大数据交易所的顺利落地，实现了数据资产更深层次的开放，进一步夯实了朝阳区的数字金融基础设施建设。此外，朝阳区依托其时尚消费氛围浓厚的优势，积极打造北京市首个信息消费示范区，聚焦国贸、三里屯、蓝色港湾和朝外以及望京等核心国际化商圈，建设以5G应用为基础的新消费场景，推进消费领域数字转型。

作为首都功能核心区和“东方华尔街”，西城区利用其独特的区位优势和优越的发展生态环境，通过积极构建以金融、金融科技、资产管理、数字经济和现代服务业为主的“4+*N*”产业发展布局，推动金融同科技的深度融合，探索数字金融与实体经济融合的新方向。西城区是全国数据资源的重要汇集地，一行一局一会、北京证券交易所和近2 000家金融机构均聚集于此。自

2019年金科新区被国务院批复为国家级金融科技示范区以来，西城区一直聚焦发展数字金融和数据产业，强化创新支撑，鼓励金融机构探索开展数据资产证券化（ABS）等数字金融服务，以充分释放数据要素价值。西单·北京坊数字消费街区、德胜科技园等数字街区和园区的相继建设，也逐步吸引多家金融科技产业企业聚集和发展。截至2022年，全区数字经济核心产业企业超2 240家，其中，国家高新技术企业800余家。西城区累计引入155家重点金融科技企业和专业服务机构，聚集银行、保险、证券等相应金融科技业态，打造丰富的数据合作生态环境，为北京市数字金融高质量发展保驾护航。

（2）各扬所长，数字金融特色发展

以丰台区、通州区等为代表，这些区域也充分发挥自身的独特优势，发展金融科技等新兴产业，并积极探索本区数字金融的特色发展路径。

作为北京核心区与非首都功能的梯度承载区，丰台区自2021年在数字金融论坛上发布“丽泽数字金融示范区建设行动计划”以来，便一直紧抓金融与科技融合发展的新机遇，着力发展新兴金融等优势产业，打造数字金融发展新高地。数据显示，截至目前，丽泽金融商务区已入驻企业1 100余家，其中，金融企业477家，汇聚了银河证券、易付达、华为中国区总部和路孚特等大批新兴金融机构企业和高科技企业。同时，目前丰台区已落地数字人民币场景6 000余个，其中包括数字人民币保单和实现我国数字人民币首次场外理财等多个应用场景。此外，2022年服贸会期间丰台区数字人民币生态城市3D模型等以及中关村丰台园等大批数字金融成果的亮相，不断彰显丰台区数字金融的新形象，日渐筑起数字金融新高地。

作为北京城市副中心，通州区利用其独特的政策和区位优势，大力发展金融科技等新兴金融产业，不断招商引资推进金融业数字化创新。城市科技示范区、国际数字港项目等大批数字金融基础设施不断完善，通州区正不断畅通数字金融发展新赛道。运河商务区现已集聚200余家银行、保险和证券等金融企业，首家国有银行的科技子公司——农银科技也在通州区顺利注册，副中心首家5G智慧银行、百余项智慧场景接连落地，北京城市副中心金融科技生态圈正在大运河畔悄然形成。

石景山区依托北京银行保险产业园，聚焦银行、保险两大核心板块，先后培育和引进光大银行和华夏银行金融科技子公司以及数字金融独角兽企业——百融云创，吸引了40余家金融科技和龙头金融机构总部等高能级机构落户，全力培育数字金融生态。2022 年，石景山区同亚洲数据集团合作成立石景山区数字金融智库，联手打造数字金融创新中心，进一步集聚各类现代金融基础设施，国家金融信创生态实验室和国家金融科技测评中心等相继在此落地生根。数据显示，石景山区现代金融产业的收入已经超过 1 200 亿元，成为京西第一个超千亿元的产业集群。金融科技也持续向城市建设和民生领域延伸，石景山区在政务、餐饮消费和养老缴费等场景创新开拓数字人民币试点，全方位打造数字金融新沃土。

其他区也结合自身禀赋找准定位，积极推动本区数字金融发展。例如，昌平区围绕产业数字化打造科创金融开放合作生态圈，大兴区积极布局数据要素产业集群，门头沟区聚焦人工智能打造“京西智谷”，平谷区立足农业利用互联网技术实现农业产业链数字化，等等。

6.2 北京市数字金融主要业态分析

6.2.1 北京市传统金融机构数字化转型

（1）北京农商银行大兴支行“银农直联”建设

2023 年 10 月 17 日，北京市大兴区安定镇与北京农商银行大兴支行完成“三资管理平台和银农直联”改革工作，这一改革标志着“银农直联”项目在该地区的全面推进。该项目以北京市农业农村局三资平台系统为基础，增设金融服务功能，涵盖资产资源管理、合同管理、财务核算监管、银农直连、股权管理、重大经济事项审批、大数据平台和系统管埋等八大模块。此次改革旨在落实“让数据多跑路、让群众少跑腿”的目标，进一步促进村级阳光财务建设，为乡村振兴赋能。

“银农直联”平台通过北京农商银行提供的银企直联接口，实现了村集体资金账户与银行账户的实时联动，使村级财务记账、资金审核、资金支付等功能得以联通，实现了一体化网络办理。这一改革措施使得村集体资金的收支更加简便、透明。同时，“银农直联”平台采用“U 盾证书”加密技术，提高了数据保密安全性和传输的便捷性，从而有效保障了资金支付的安全性。“银农直联”平台进一步强化农村集体资金的使用、审批和支出监管，实现了村集体资金收支的简便化、透明化，推动了农村“三资”管理的线上化、流程化和规范化。

（2）中国人民银行“创信融”北京小微企业融资综合信用服务平台

2020 年 9 月，中国人民银行营业管理部推出“创信融”企业融资综合信用服务平台，结合大数据、专属产品、金融科技、配套政策与专项机制，形成五位一体的创新布局。截至 2023 年初，该平台已成功接入 17 家试点银行，占据北京地区小微信贷市场七成份额，有效缓解了小微企业融资难的问题。该平台精准服务 9 000 余家企业，其中，小微企业占比高达 99. 6%，首次获得贷款的企业更是占到 72. 8%，显著提升了初创企业的融资成功率。另外，该平台信用贷款率达到 100%，占北京地区新增小微企业信用贷款的 1/5，大幅降低了企业融资门槛。

“创信融”平台着重关注科技、文化类小微企业，并为这些企业提供金融支持，使其成长为创新发展的重要力量。同时，该平台大力支持高精尖产业类企业，助力其快速获得中长期信用贷款，有效缓解资金周转压力。截至 2023 年初，该平台获贷企业中科技文化类企业占三成以上。

通过参与“创信融”项目，试点商业银行成功推出线上贷款产品，实现普惠业务线上化转型，为小微企业提供量身定制的金融服务。平台运用区块链等技术，结合北京市大数据平台的“金融公共数据专区”，精准分析数据，将数据转化为信用，提高金融资源配置效率，使小微企业信贷产品申请成功率大幅提升，获贷时间大幅缩短。“创信融”平台以其创新的模式和高效的服务，为小微企业融资开辟了新的途径，有效促进了小微企业的健康发展。

（3）中国工商银行“快递小哥”数字金融合作协议

2023 年 9 月 20 日，中国工商银行与京东集团携手在北京签署了一项具有里程碑意义的合作协议——“快递小哥”数字金融合作协议，专门针对“快递小哥”这一数字经济新业态的典型代表，推出了一系列普惠数字金融服务。为了更好地服务于这一群体，中国工商银行与京东集团紧密合作，深入研究其职业特点和需求，依托开放银行的强大功能，强化平台生态合作，共同探索精准、高效、优质、多方面的数字金融服务。

在金融产品方面，双方创新推出了符合“快递小哥”需求的贷款、储蓄、理财等产品，帮助他们实现资金的有效管理与增值。中国工商银行通过京东平台的数据资源，为“快递小哥”提供便捷、灵活的贷款服务，满足其资金需求。同时，利用先进的支付技术，为“快递小哥”提供安全、高效的支付解决方案，简化交易流程，提升支付效率。此外，中国工商银行还为“快递小哥”提供全面的保险服务，为其工作和生活提供坚实保障。

在综合权益方面，双方为“快递小哥”提供丰富的优惠与福利，如购物折扣、健康保险等。工商银行通过自有移动端平台打造的“新市民”服务专区，充分结合“快递小哥”的特点，为其提供出行、餐饮、旅游等多方面的配套权益，满足其多元化需求。

此外，中国工商银行还在京东办公系统“京 Me”开通物流一线员工服务专区，提供普惠贷款、专属保险、专属权益、云网点等服务。同时，通过遍布全国的 1.5 万余家“工行驿站”，为“快递小哥”提供休息、饮水、手机充电、无线上网、雨伞雨具、点验钞等各项惠民便民服务，实现服务渠道的创新与拓展。

（4）北京银行推出数字人民币智能合约应用平台

2023 年，北京银行依托中国人民银行数字货币研究所的智能合约生态服务平台，立足服务首都经济、服务市民百姓的战略定位，加速推进“数币银行”业务，成为首家受理数字人民币的城商行。同年 10 月，该行与建设银行及多点 DMALL 合作，创新推出“数字人民币美通卡”，这是商超领域首款针对数字人民币预付资金管理的产品。

“数字人民币美通卡”深度集成了智能合约技术，明确了预付资金归属消费者，实现了资金的明晰与合规。通过精准管理与控制用户资金，严格核对每笔消费，有效提升了资金安全性，降低了风险。此外，该产品提供丰富的卡管理服务，如实时查询余额及权益、一键获取交易记录、无忧退卡等，极大提升了消费者体验。

美通卡支持在北京地区的多点 App 及物美线下机具上使用，为消费者提供便捷高效的支付体验。此举不仅推动了数字人民币的普及和应用场景拓展，也为数字经济发展注入了新动力。北京银行通过不断创新数字人民币应用场景，深化生态建设，为首都提供了更加优质、高效的金融服务。

（5）中信银行“天元司库”管理系统建设

2023 年 2 月 24 日，中信银行在北京中信大厦发布“天元司库”服务体系，标志着业内首个由银行自主研发的司库管理系统正式亮相。该系统以“天元司库”管理系统为核心，辅以咨询顾问和金融产品，形成了一套综合服务体系。该系统不仅符合国资委对司库建设的严格要求，还充分利用金融科技优势，为客户提供个性化服务。

“天元司库”系统围绕企业司库的“六大统筹”需求，整合了中信银行的本外币一体化资金池、资产池、SWIFT AMH、信 e 融、团金宝、外汇交易通等核心产品，通过“一户一策”的方式，精准解决企业痛点问题。同时，该系统对标数智化司库标准，实现了全流程服务、全次级穿透、全要素统筹和全周期管理，涵盖决策中心、融资中心、公共中心、外汇中心、结算中心、资金中心、投资中心、预算中心、供应链中心、票证中心、跨境中心、账户中心 12 个核算中心，功能强大且全面。

此外，“天元司库”系统设计了丰富的模块和功能点，内置了适用于央企、国企的决策流程和统筹路径，同时打通了业务和财务系统的横向联系，实现了对分子公司多维财务数据的纵向集中管理。在数据治理方面，该系统也展现出卓越的能力，为企业的财务管理提供了有力支持。

6.2.2 北京市互联网金融平台的创新实践

（1）第三方支付平台

2011—2012 年，央行分别发放了 101 张和 96 张第三方支付牌照，随后逐步收紧。自 2015 年开始，新发牌照降到个位数，同时注销了 2 张牌照。截至 2023 年 2 月底，失效牌照合计 98 张，存量牌照还剩 193 张。具体来看，存量牌照中，业务类型为互联网支付类 105 张，业务覆盖北京市的有 89 张；业务类型为移动电话支付类 46 张，业务覆盖北京市的有 39 张；业务类型为固定电话支付类 5 张，业务覆盖北京市的有 5 张；业务类型为数字电视支付类 3 张，业务覆盖北京市的有 2 张；业务类型为银行卡收单类 59 张，业务覆盖北京市的有 28 张；业务类型为预付卡发行与受理类 102 张，业务覆盖北京市的有 25 张。

（2）互联网金融平台助力资本市场

自 2021 年 3 月以来，为推动证券期货行业金融科技的稳健发展，促进资本市场数字化转型，完善资本市场金融科技监管机制，中国证监会在北京地区率先启动了资本市场金融科技创新试点工作。北京股权交易中心、中国证券业协会、中证机构间报价系统股份有限公司以及鹏扬基金管理有限公司等单位积极开展试点工作，创建了一系列互联网金融平台，为资本市场的发展提供了有力支持。

1）基于区块链的私募基金份额转让平台

中国证监会于 2020 年 12 月 10 日正式批复同意在北京股权交易中心开展股权投资和创业投资份额转让试点。这一举措为私募股权基金投资者提供了合规的份额交易、质押和配套服务，有助于优化首都 S 基金行业生态，拓宽私募股权基金的退出渠道，从而有效缓解私募股权基金行业的难题。

北京股权交易中心有限公司在积极开展试点工作的同时，利用区块链技术不可篡改等特点，创建了一个基于区块链的私募基金份额转让平台。该平台采用区块链作为底层核心技术，确保系统具备防篡改和可追溯的特性。同时，该平台采用可信执行环境（TEE），通过处理器上的安全区域提供与常规操作系统隔离的计算环境，保障加载到 TEE 中的代码和数据的机密性和完整性。截至 2022 年 9 月，该平台完成 28 单份额转让，交易资金规模为 39.40 亿元；完成交易的基金类型实现了公司型、合伙型和契约型的全覆盖；从交易方式看，有单独的份额转让，也有打包资产交易；而基金份额的持有者类型中，财政、央企、地方国企、商业银行及民营机构等都包含在内。除了基金份额转让之外，该平台还有份额出质业务，旨在帮助份额的持有者解决短期流动性问题。目前已经完成 18 笔份额的质押，资金规模超过 24 亿元。

2）基于区块链和隐私保护技术的行业风险数据共享平台

中国证券业协会牵头创建了一个基于区块链和隐私保护技术的行业风险数据共享平台，该平台基于区块链技术和隐私保护技术，以促进证券行业数据的共享与合作，同时满足数据隐私保护的法律要求，解决数据孤岛问题。此外，主要在征信与授信评估、反欺诈服务、监控预警及风险控制等场景发挥关键作用，即允许证券公司在处理融资融券和股票质押业务前了解投资者的违约历史，及时调整授信条件以降低风险；实时监控和识别异常交易，减少欺诈行为造成的损失；利用共享数据持续进行信用预警和贷后监控，及时发现与应对金融风险；通过大数据技术综合分析多源数据，提高内部管理和风险防控能力。

3）基于区块链的证券业务电子签约与存证服务平台

中证机构间报价系统股份有限公司牵头创建了一个基于区块链的证券业务电子签约与存证服务平台。作为接入证监会中央监管链的首个应用场景，该平台成功实现了签约业务监管数据通过“场外联盟链”与证监会监管链的实时跨链同步，截至 2022 年底已实现 4.3 万余条核心业务数据实时跨链同步，相关数据涉及 126 家证券基金行业机构的 3 000 多只资产管理类金融产品。

该平台主要服务于以下三大场景：首先，在金融产品如债券和衍生品的电子签约领域，为证券市场投资者及金融产品服务机构提供电子合同的签署、管理和全流程服务，包括增值服务如适当性双录和回访，以解决合同管理效率低下和成本问题。其次，在债券业务的电子化函证方面，通过上传和比对交易信息的哈希值来校验信息的一致性，及时识别并处理异常，解决因业务不规范导致的风险问题。最后，在电子存证场景中，为适当性和合约管理设计专门的证据链固化方案，确保业务节点的取证和存证，以解决业务纠纷中的取证难题和证据效力问题，形成完整可信的证据链。

4）基于大数据的智能投资与风险管理平台

作为中国首家“私转公”基金管理公司，鹏扬基金管理有限公司创建了一个基于大数据的智能投资与风险管理平台，该平台利用目前先进的大数据及智能化技术，为基金公司在资产配置、投资组合管理、风险合规管理、绩效归因等方面进行赋能，助力公司提高投资组合管理及组合分析的效率、提升风险控制合规性计算的即时性与精准度，为投资人员、风险管理人员及公司的管理团队提供有效的归因分析及绩效评估方案。

该平台解决了基金行业在投资及风险管理过程中均会遇到的一些问题及痛点：首先，该平台可以帮助投资经理实现高效的多账户管理，通过提供个性化的资产配置方案和简化投资指令录入、核算头寸等烦琐流程，减轻投资经理从事事务性工作的负担。其次，该平台通过提高风险控制合规性计算的速度和系统化风险控制的覆盖范围，优化了风险控制合规性计算的效率和准确性，加强了事前及事后合规管理。最后，针对现有归因模型在国内应用的局限性，该平台提供了更加符合国内投资流程和市场实际情况的绩效归因分析模型，增强了分析的针对性和指导性，能帮助投资人员深入理解组合业绩。

（3）互联网金融平台助力普惠金融

1）小微企业金融综合服务平台

北京金控集团建立了全国首家小微企业金融综合服务平台，致力于通过金融科技手段提高小微企业融资效率，为小微企业提供涵盖全生命周期的金融服务。该平台突破了以往功能单一的模式，提供了涵盖“征信、投资、信贷、担保、保荐、处置、服务”的全方位功能。截至 2021 年 12 月底，在该平台注册的企业超过 10 万家，合作机构超过 350 家，新增注册企业 6.8 万余家，新增放款 156 亿余元。同时，为了进一步优化金融服务，小微企业金融综合服务平台也在不断迭代升级，上线了“智慧融资一体化系统”以支持小微企业获取定制化的金融服务方案。该系统集成了首贷、续贷、确权融资和知识产权质押融资等四大融资服务，并支持在线提交申请，实现了一站式办理多种融资申请的目标；同时，该系统通过提供一键融资申请功能和多家金融机构的服务和产品，帮助企业快速获取定制化融资方案，解决了融资经验不足和金融产品不熟悉的问题；此外，该系统利用智慧政策模型实现企业需求与政策的智能配对，帮助企业最大化地利用政策资源，从而解决了政策执行中“最后一公里”的难题。

2）预付资金监管平台

北京小微企业金融综合服务有限公司开发建设北京市预付资金监管平台，以针对长期以来消费者反映诉求比较集中的商户“跑路”“退费难”等问题。截至 2022 年 5 月，该平台已累计接入 23 家银行的监管数据，实现对 1 700 多家商户进行预付资金的监测，监管资金余额近 73 亿元。该平台通过银行存管模式对消费者预付资金进行全量监管，根据各行业主管部门关于预付资金的管理规则进行拨付，有效保障了消费者资金安全。该平台与各存管银行实现标准化数据接入，为各行业主管部门、各区开放查询端口，并依托“冒烟指数”监测预警系统，为各部门提供存管信息查询、数据统计分析、风险监测预警等功能，可实现市级-区级-行业-商户的四级穿透，支持角色分类登录和权限设置，为行业监管助力。

3）乡村振兴金融服务站

北京小微企业金融综合服务有限公司建立了北京乡村振兴金融服务站，以打造鲜活农产品供应链融资平台，引导各类金融资源进入“三农”领域，支持保障首都人民的“菜篮子”。首先，为促进乡村振兴，在市金融监管局的指导下，由北京小微企业金融综合服务有限公司、北京农业融资担保有限公司、银行机构及京深海鲜市场等合作创建了一个“政、银、担、园”数字普惠金融平台。这个线上线下一体化平台旨在解决京深海鲜产业园内小微商户面临的融资难题，通过金融科技提供全面的金融解决方案。其次，基于行业和市场特点，建立了一个场景化和生态化的供应链金融服务体系，采用直接融资降低成本，实施“一企一策”原则，通过仓单质押等方式满足差异化融资需求，并设立金融服务站指导借款人，以及协助金融机构监督贷款，保证资金的真实使用。最后，将市场商户纳入金融顾问服务，提供金融知识宣传和定期“金融体检”，充当商户的贴身金融管家，支持商户的成长和壮大。

6.3 北京市数字金融核心技术与路径

6.3.1 人工智能与智慧金融

人工智能作为发展数字金融的重要驱动技术，一直是我国发展的重点。近年来，人工智能在自然语言处理、图像处理、语音处理、自动机器学习、数据匿名化、差分隐私、联邦学习等方面都取得了一定的成绩，并持续地运用到金融领域，如智能金融服务、智能风控、智能运营、智能营销等。

案例：基于人工智能的单账户配资异常交易监测系统。

该项目由信达证券股份有限公司和天云融创数据科技（北京）有限公司联合申报并在北京地区率先启动试点工作，以前“采用一户一借方式，由配资公司掌握账户并出借给配资者进行交易”的单账户配资模式开始出现在二级交易市场，这种新配资方式使得各方监管更加困难，该项目旨在通过引入人工智能、联邦学习来缓解监管压力。该项目以风险数据平台的基础建设为主，验证通过行业云 SaaS 服务方式，实现行业数据的价值共享。实施过程中，通过券商端私有化部署的特征工程模块，将客户脱敏后的数据转换为特征文件，以充分保证个人隐私不泄露；数据经 FDEP 安全数据通道传输后，到行业云服务机构进行后续模型构建和预测等工作。该项目既能高效避免正常交易账户被错误识别为配资账户，以及避免配资账户被错误识别为正常交易账户，还兼备自发学习能力，能基于最新发现查处的异常交易账户，及时调整、修正异常交易账户区别于普通账户的识别方式，从而对最新的异常交易账户也具备有效的查处能力，更依托行业云 SaaS 服务，为全行业提供监测服务。

6.3.2 区块链技术与金融

北京市经信局印发的《北京市关于加快打造信息技术应用创新产业高地的若干政策措施》，旨在响应北京市“十四五”时期高精尖产业发展规划的要求，推动信息技术应用创新产业快速发展。区块链是一种可靠分布式数据共享技术，能在不可靠的网络环境下保证节点间数据的准确性、一致性和完整性，且区块链可通过节点共识机制，以及账本分布式存储，保证数据不可被篡改，并提供全量交易数据可追溯。有利于推动金融数据体系的建立，金融业务流程自动化，新型金融生态体系的建立。

案例：京北方基于区块链的供应链金融服务平台。

京北方基于区块链的供应链金融服务平台，是融合区块链技术、金融科技、智能供应链等技术的创新应用平台。该平台应用服务包括融资管理、应收账款管理、货物货权管理、资产流转管理、资金管理、供应链票据、保兑仓等创新业务管理。技术支撑层融合区块链、大数据、人工智能等新兴信息科技手段，搭建金融机构、产业链核心企业、链属企业、第三方等多方联盟信任体系和价值网络，在链属圈上下游企业传递核心企业信用，降低产业链资金结算成本、融资成本，增强资金和资产流动性，促进整个供应链金融生态良性发展。

6.3.3 数据库与金融

近年来，国产数据库的可用性、性能、安全性以及迁移运维方面都取得了显著的进步，已经逐步应用到金融机构核心系统中。相比传统的线下数据库，云数据库在金融业的应用可发挥快速弹性扩展、灵活高可用部署、高效智能运维的独特优势。另外，通过异构计算创新框架充分发挥多种算力优势，如支持在 X86、ARM、GPU、NPU 多样性算力下运行，提升了金融服务能力与用户体验，进而支持业务快速增长。

案例：国家开发银行和北京银行采用 CirroData 等国产数据库技术。

北京金融机构采用国产数据库技术是为了实现数据资源的高效整合与利用，以及支持复杂业务场景下的数据分析和决策支持。CirroData 是由北京东方国信科技股份有限公司自主研发的一款分布式数据库产品，具有优秀的海量数据处理能力、高并发访问性能以及灵活的扩展性。在金融领域中，CirroData 已被成功应用于国家开发银行和北京银行的分析系统领域，不仅有效替代了国外同类数据库产品，而且实现了与国内主流软硬件的适配和兼容，符合国家对于自主可控信息技术的战略要求。通过采用 CirroData，国家开发银行建立了全行级的大数据平台，支撑全行的数据应用，并应用于数据整合，数据查询提升处理。北京银行建立了安全可靠、自主可控的大数据平台和湖仓一体架构，这对于提升金融服务质量、防范金融风险、推进数字化转型以及实现普惠金融等方面具有重要的意义。

6.3.4 云计算与金融

云计算是在当前信息化时代背景下，针对业务快速演进、数字化需求激增、IT 系统规模急速扩张等孕育而生的 IT 资源管理和服务交付机制。它巧妙融合了虚拟化、分布式计算、高效网络架构以及智能调度等多项关键技术，旨在实现各种计算资源（包括 CPU、内存、存储等）、网络资源、应用程序服务及数据资源的高度共享与灵活调配。用户无需亲自维护复杂的物理设备，仅凭网络就能快捷地获取所需服务，从而适应了瞬息万变的业务需求。

案例：融联易云金融信息服务有限公司。

融联易云金融信息服务有限公司（以下简称“融联易云公司”）依托云计算技术，提供弹性可扩展的基础设施服务，帮助金融机构实现 IT 资源的高效利用和灵活配置，支持业务系统的快速部署和无缝升级。其主要业务集中在金融科技公共服务领域。融联易云公司提供面向银行间、银行与其他社会机构以及银行与公众之间的互联互通金融科技服务，通过搭建行业共享服务平台，实现多方信息共享、业务协作和数据交换。同时，该公司提供基于云计算的金融信息服务解决方案，通过构建金融云平台，帮助金融机构实现 IT 资源的弹性扩展、按需分配和高效利用，支持核心业务系统的云化部署和运营。利用云计算技术进行大数据处理和分析，为金融机构提供数据存储、处理和分析的云端解决方案；助力金融机构实时获取高意向客户，支持精准营销、风险管理、反欺诈等业务。融联易云公司还能提供基于云的灾备服务，确保金融机构数据安全和业务连续性，避免因自然灾害或其他不可预见因素导致的数据丢失或服务中断。融联易云公司的云上信息安全服务，持有信息系统安全集成服务资质，意味着融联易云有能力为金融机构提供基于云计算的信息安全解决方案，包括安全集成服务，以确保云上业务系统的安全稳定运行。

6.3.5 5G 技术与金融

5G 技术具有超高速率、微秒级低时延和超海量设备连接能力等典型特征，凭借其低时延、高带宽的特性推动增强现实（AR）与银行业务场景深度融合，推动线下实体网点向“线上线下一体化服务”网点转型升级，更好地满足不同的金融需求。

案例：北京银行 5G 消息平台。

北京银行 5G 消息平台是北京银行推出的基于 5G 通信技术的新一代消息服务平台。北京银行 5G 消息平台在 2021 年 4 月启动建设，并于同年晚些时候正式上线。这标志着北京银行成为国内最早一批实现 5G 消息商用化的银行之一。在 5G 消息服务场景下，北京银行利用消息入口作为新的客户触达门户，构建了一个从信息推送、业务营销、服务办理、费用支付、售后维护的无断点服务闭环。平台支持丰富的多媒体内容形式（如图片、视频、音频、位置等），使得银行可以提供更加生动、直观的服务信息。客户无需下载安装额外的手机应用，只需通过手机自带的消息应用即可接收到银行提供的各类服务，大大降低了服务的使用门槛。

通过 5G 消息平台，北京银行能够根据客户需求，精准定制个性化的服务方案，提供高价值、低门槛的金融服务体验。实现 5G 消息服务的亮眼功能背后，离不开大数据分析、智能风控等核心技术的支持。这些技术帮助北京银行精准分析客户行为、预测需求、防范风险，从而提供更贴合用户需求、更具安全保障的金融服务。北京银行通过 5G 消息平台，使客户能够在消息界面一站式完成多项银行业务操作，简化了传统金融服务流程，借助 5G 消息的即时性、互动性和富媒体等特性，北京银行能够拓展更多创新服务场景，如实时交易提醒、个性化理财产品推荐、在线客服交互、一键式生活缴费等，进一步丰富和完善其数字化服务体系。

6.4 北京市数字金融风险监管

6.4.1 北京市金融科技监管现状

《2023 全球金融科技中心城市报告》指出，北京市连续五年荣登全球金融科技中心城市总榜首位。作为国家的金融管理核心与科技创新的引领者，北京市充分发挥“金融+科技+数据”的叠加优势，深化科技对金融的赋能作用，全力推动金融科技的高质量发展。

（1）北京市“监管沙箱”试点

北京市积极承担国家金融试点的重任，并成功建设了全国首个国家级金融科技示范区。在中国证监会的鼎力支持下，北京地区最早开展了资本市场金融科技创新试点工作，为北京市金融业的改革发展注入了强大的动力。

北京市在推动金融监管科技创新方面先行先试，率先启动“监管沙箱”金融科技创新监管试点，致力于构建包容、审慎、具有中国特色的“监管沙箱”体系，意在以制度规范金融科技创新发展，保证金融创新的合法性和合规性。北京市金融科技应用试点项目以“多、精、广、新”为主要特点，涵盖了政府部门、事业单位、商业银行、互联网巨头等金融科技领域试点单位，共计实施试点项目 46 个，居全国十个试点省市之首，参与项目的金融机构和科技企业共计 77 家，试点项目应用场景包含金融、医疗、社保、养老、三农等多个领域，充分展示了大数据、云计算、人工智能、区块链等金融科技前沿技术的最新成果，展现了北京作为国家金融管理中心的特色与优势。

（2）北京市金融科技创新监管工具顺利实施

当前，北京市正持续深入推进金融科技创新监管工具实施工作，立足本地实际，紧扣监管实施中的核心问题，以技术创新为引擎，以监管标准为基石，以“智慧金融”为主题，致力于探索人工智能技术在优化金融服务流程、拓宽金融服务渠道等金融场景中的深度应用，推动智慧金融服务与生产生活场景的深度融合，进一步提升金融服务效率和普惠性，大力开展北京市监管创新工作。

2021 年，北京金融科技创新监管工作组成功推出首批金融科技监管工具测试的创新应用，这标志着北京市金融科技创新监管试点全流程闭环测试的圆满完成，金融科技监管框架落地实施初见成效。北京监管局指出，大数据在金融监管工作助力实现高质量发展目标的过程中发挥着重要作用，依托多个部门的政务数据，精准筛选潜在首贷对象并推送至银行，银行“送贷上门”，实现了金融服务的精准触达，有效促进了金融资源的优化配置。北京金融科技创新监管工具的成功测试，不仅促进了金融科技企业的发展，也为北京市构建国际领先的金融科技生态、打造具有全球影响力的金融科技产业奠定了坚实基础。

2022 年 12 月，北京金融科技创新监管工具实施工作组公示了一批“智慧金融”主题创新应用。这些应用涵盖了人工智能、大数据、隐私计算等前沿技术，并广泛应用于普惠信贷、网点服务等多个智慧金融场景。这些创新监管应用工具的推出，进一步推动了人工智能等技术在金融监管领域的创新应用，强化风险管控，加速金融数字化转型，为金融科技的健康发展注入新的动力。

6.4.2 北京市金融科技监管面临的挑战

2021 年，北京市政府发布《北京市关于加快建设全球数字经济标杆城市的实施方案》，指出未来北京市要继续聚焦培育数据驱动的数字金融产业，构建多层次、系统化的数字金融监管和风险防控体系，加快推进建设国家金融管理中心、国家金融科技风险监控中心、国家金融科技认证中心、本外币一体化金融支付等新基建项目。树立包容审慎监管理念，以科技手段赋能监管创新，合理建设监管系统、监测平台。综合各类社会主体力量，加强联合监管、信用监管、投诉举报、风险预警及互联网监管机制，完善数字金融治理体系。

北京市在建设全球数字标杆城市方面，起步迅猛，起点较高，紧密顺应政策发展导向，取得了令人瞩目的阶段性成果。然而，伴随着数字化进程的快速推进，监管层面所面临的挑战和难题也日益凸显。

（1）数字金融风险持续加剧

截至 2023 年底，北京市有独角兽企业 114 家，较 2022 年同期增加 12 家，总估值高达 5 215 亿美元。百度、京东、美团、字节跳动、小米等龙头企业充分赋能，一批新创数字技术企业快速成长，带动了数字经济产业的发展。但是，数字经济企业迅猛发展的背后，也存在金融风险的传导速度加快、传播面更广、复杂性危害性更强等问题，从而给金融监管带来新的挑战。例如，北京市互联网金融平台仍面临着隐私数据被篡改、被追溯，难以获得消费者信任的痛点，存在征信授信评估、商户“跑路”、贷后难以监控等信用风险问题，导致新兴数字金融产业发展受阻。

（2）数字金融监管制度规则亟待完善

北京市数字金融发展势头迅猛，但监管制度规则和标准制定却相对滞后，缺乏有效的市场方向遵循和统一标准规则，这已成为制约北京市数字金融产业发展的主要矛盾。

北京市作为我国金融科技创新的重要高地，形成了大规模的金融科技产业集群，汇聚众多金融机构、互联网科技、人工智能等领域的创新企业总部。同行业的过分聚集导致企业间竞争不断加剧，企业间的不正当竞争行为促使部分公司利用自身垄断地位和市场优势，过度采集、使用个人数据，导致消费者隐私泄露。网络数据规模呈几何式的膨胀，数据流转路径复杂，流经范围广泛，数据权属的界定尚不明晰，权益保护机制也亟待完善。同时，在数据共享开发、融通利用方面，目前缺乏明确的法律依据和有效的制度保障，从而严重制约了数据的流通与交易。

(3) 高水平数字金融监管人才团队培育尚待加强

当前，多技术融合、多场景发展对金融人才提出了新的需求，数字金融监管人才不足成为制约北京市金融科技发展的短板。北京市需加强金融科技人才培养，推动基础学科建设，提升数字技术应用水平，以打造全球金融人才培育和数字金融研发高地。同时，加强数字化金融服务，吸引更多高端技术人才来京发展，将北京打造成为顶尖创新人才的聚集地，为北京市金融产业的持续健康发展提供有力的人才保障和技术支撑。

6.5 北京市数字金融的未来展望与建议

6.5.1 持续助力乡村振兴

党的十九大报告首次提出实施乡村振兴战略，此后，中央一号文件先后五次聚焦乡村振兴，国家乡村振兴局挂牌成立，乡村振兴促进法制定出台。未来北京市政府将加强与北京农商银行的合作，围绕满足人民群众更高生活需求这一目标，构建面向农业农村的数字化综合服务体系，通过数字金融的灵活性、高效性为农民、涉农小微企业等个体提供更多的融资渠道和财务支持，加速农业产业升级和现代化发展。北京市立足首都城市战略定位，持续发挥数字金融创新性，促进农村电商、农村物流等产业融合发展，形成新的产业链条和增长点，带动京津冀地区乡村经济的多元化发展。

6.5.2 优化数字业务架构

数字信息技术快速演进、金融支付手段迭代升级，金融资源需要得到统一调度和管理。司库体系建设能够提高企业资源配置能力与风险防控水平，是“做强”国有企业的关键环节。未来，在打通企业业务和财务系统功能的基础上，要更加注重弹性和可扩展性以适应不断变化的市场需求。同时，北京市应当重视数据的价值和应用，通过构建完善的数据平台和数据治理机制，实现对海量数据的采集、存储、分析和挖掘，从而为政府决策提供准确的支持，也为企业提供全方位的数据支持，有效提升北京本地企业的核心竞争力。

6.5.3 扩容数字消费金融

区块链、人工智能、大数据等技术的广泛应用，使得金融服务更加个性化、智能化。通过实时分析海量数据，人工智能将为消费者提供更加个性化、智能化的金融建议和服务。北京市应加强与金融机构的合作交流，将数字金融平台更紧密地与零售、生产、服务等多个领域融合，构建起一个全面覆盖消费生活方方面面的数字生态系统。同时，建立智能风控系统，更为准确地评估用户信用，防范金融风险，为金融行业提供强有力的智能支持。

6.5.4 完善数字“新基建”

金融服务不断数字化，需要从数字“硬件”“软件”两方面进行完善。在“硬件”方面，北京市积极投身“东数西算”工程建设，因地制宜引导数据中心发展，建设算力枢纽节点。如前所述，未来北京市将培育人工智能算力枢纽、先进节能技术应用高地，建设一批高性能计算设施。保持数据中心规模增长与北京市经济发展及区域经济增速相匹配。建立优势互补的京津冀数据中心聚集区，为京津冀地区数字经济产业协同发展提供有力支撑。在“软件”方面，北京各市场主体纷纷进入大模型赛道进行产品研发，并积极推进产业化落地。通过北京市通用人工智能产业创新伙伴计划，积极探索大模型运用于金融等应用场景。

6.5.5 提升居民金融素养

居民金融素养的提升能够更好地满足居民个体和家庭的金融需求，推动金融服务更好地服务实体经济和居民日常生活，是构建现代金融体系的重要一环。北京市应联合各类金融机构通过开展金融知识普及教育，覆盖各个年龄层次和社会群体，提高居民对金融基本概念的了解。在学校、社区、企事业单位中，可以组织金融知识讲座、培训课程，以便更广泛地传递金融知识。

引导居民更多地使用数字支付、移动银行等金融科技工具，提高其金融操作的便捷性。北京市持续推广数字支付，培养居民形成电子支付、在线银行服务等数字化金融习惯，降低使用现金的频率，提高资金安全性。同时加强对居民的金融安全教育，防范金融诈骗和风险。

6.5.6 优化金融学科结构

北京市与首都高校建立专项人才输送机制，补充专业人才紧缺的短板。在金融学科中增设与数字技术相关的课程，如区块链技术、人工智能在金融中的应用、大数据分析等。设立交叉学科，培养具备金融领域专业知识和先进技术应用能力的人才，集成金融学、计算机科学、数据科学等多领域知识，使学生更全面地了解数字金融的跨学科性质。在课堂上加强实践性教学，通过实际案例分析和项目实践，使学生将理论知识应用到实际中。同时与行业合作开展实习项目，为学生提供更多的实习和实践机会。

7 数字服务：打造高品质数智服务业高地

叶堂林*

7.1 研究背景

7.1.1 纵观世界——数字服务业是提升数字经济竞争力的关键所在

数字服务业已经成为数字经济发展的主导力量。《全球数字经济白皮书（2023年）》显示，2022年，测算的51个国家数字服务业占行业增加值比重达到45.7%，较上年提升了0.7个百分点，比重和增速都远高于数字农业和数字工业，是最具产出实力和活力的产业，成为各国赢得数字经济竞争优势的关键领域。我国数字经济规模虽然在世界排名位居第二，但与世界领先国家相比，数字服务业发展水平仍存在一定差距。例如，英国、德国等国家服务业数字化渗透率超过70%，而我国服务业数字化渗透率仅为44.7%，且低于各国平均水平。因此，着重发展数字服务业、加强服务业数字化转型，可有效提升我国数字经济的全球竞争力。

7.1.2 审视国内——数字服务业逐渐成为我国经济降本增效的有效路径

习近平总书记指出，要推动数字经济与实体经济融合发展，把握数字化、

* 叶堂林，首都经济贸易大学城市经济与公共管理学院教授、博士生导师；首都经济贸易大学城市经济与公共管理学院2023级硕士牛寒茵参与了本章内容的研究工作。

网络化、智能化方向，推动制造业、服务业、农业等产业数字化。一方面，数字化是实现服务业发展持续增速的重要动力。当经济进入以服务业为主导的阶段时，受制于人力资源数量与质量限制，服务业的规模效应难以快速发挥，导致其相对成本会随着规模扩张而不断增加，引致经济呈现低速增长的问题。发展数字服务业有助于缓解“鲍莫尔成本病”，通过数字技术改进资源配置方式、网络平台促进规模效应实现“降本提效”（李晓嘉，2024）。因此，数字技术与服务业有机融合成为服务业提升发展质量与效率的关键途径。另一方面，数字技术能够驱动现代服务业与先进制造业融合发展（矫萍 等，2022）。“十四五”规划指出，要加快新一代信息技术融合应用，推动传统产业优化升级。现代服务业依托数字技术、数字要素和数字基础设施可提升其服务供给质量，同时，以数字服务业为支撑，将新兴数字技术嵌入制造过程，能够助推制造业向智能化、高端化和自动化等新型制造方向转型。因此，加快数字服务业发展有利于带动两业高效融合，进而推动产业的“降本增效、提质升级”。

7.1.3 聚焦北京——数字服务业是北京打造全球数字经济标杆城市的重要支撑

2021 年，北京市制定并发布了《北京市关于加快建设全球数字经济标杆城市的实施方案》。《全球数字经济标杆城市发展评价报告（2023）》显示，北京市数字经济标杆城市指数在全球城市排名第二，其中，数字产业引领指数达到标杆值 1。北京市数字服务业在数字产业中规模占比最高，且仍在不断提升，是拉动北京市数字经济增长的主引擎。因此，对标国内数字经济一线、新一线城市，找出北京市数字服务业的短板与不足，能更好助力北京市打造全国数字服务业高地，有效提升北京市数字经济的竞争优势。

7.2 研究设计及方法

7.2.1 研究现状

关于数字经济发展水平的测度，学者们普遍采用构建评价指标体系的方法。王军等（2021）基于数字经济条件、应用和环境，从数字经济发展载体、数字产业化、产业数字化及数字经济发展环境四个角度建立指标体系。吴传清等（2023）参照“十四五”数字经济发展主要指标，从数字基础设施、数字产业化、产业数字化、公共服务数字化四个维度构建指标体系。《数字经济及其核心产业统计分类（2021）》发布后，细化到产业层面的数字经济测度与评价研究不断增多，主要采取的方法有代表性指标综合分析和投入产出分析方法。在代表性指标分析方面，戴若尘等（2022）运用数字产业注册行业微观企业数据，从新建企业数量、吸引外来投资、吸引风险投资、专利授权数量、商标注册数量和软件著作权登记数量六个维度进行数字产业创新创业发展的典型事实分析。江剑敏（2023）用产出绩效衡量地区数字产业发展程度，通过数字产业的总收入和总利润刻画数字产业规模。程方方等（2023）通过工商企业注册数据获取符合条件的数字经济企业，将新增数字经济企业数作为衡量地区数字产业发展情况的代理变量。在投入产出分析方面，宋旭光等（2022）基于沪深 A 股工业上市公司数据，依据数字经济核心产业分类标准和投入产出表的“数字产业化调整系数”构建数字产业化水平指标。

综上所述，数字产业发展水平测度和评价方面已有大量研究成果，且主要运用多个代表性指标从不同视角展开分析，同时，越来越多的学者倾向于使用微观企业活动数据刻画数字产业的发展情况。鉴于数字经济产业层面的微观数据难以获取，当前文献缺乏对数字服务业的相关研究，本报告依托龙信企业大数据平台提供的细分行业企业数据，有效弥补了这方面的不足。随着数字产业的蓬勃发展，建设具有竞争力和领导力的数字产业高地，不仅有利于增强数字产业自身的经济总量、产业产出和科技实力，还可以提升数字产业带动其他产业融合发展以及产业内部协调发展、相互赋能的水平。因此，本报告在测度数字服务业自身发展规模的基础上，加入数字服务业与数字制造业融合水平的测度，有助于更好地助力数字经济的发展。

7.2.2 研究思路

本报告研究的核心问题是“北京如何打造高品质数字服务业高地”，应当从“质量是否提高”和“地位是否提升”两个方面展开分析。基于此，一方面，选取 2012—2022 年北京市数字服务业企业数据，分析北京市数字服务业的发展趋势和特征；另一方面，对标一些国内数字经济发展水平位于前列的城市，分析北京市数字服务业的发展地位。本报告主要从产业规模总量、产业创新能力、企业平均实力、产业结构特征、细分行业活力、产业融合水平等方面分析北京市数字服务业的发展趋势和竞争力，发现北京市发展数字服务业的优势和不足，探寻北京市打造高品质数字服务业高地的优化方向。

7.2.3 数据来源和指标体系构建

（1）数据来源

关于研究对象，参考中国电子信息产业发展研究院《2022 中国数字经济发展研究报告》、新华三集团《城市数字化发展指数（2023）》，选取上海、杭州、广州、深圳及成都 5 个数字经济一线城市以及南京、无锡、苏州、宁波、武汉和重庆等部分排名靠前的新一线城市作为北京市数字服务业发展的对标城市。关于指标选取，则从微观企业活动的角度入手，选取在营企业累计注册资本额反映数字服务业的规模总量，选取累计计算机软件著作数和累计实用新型专利数反映数字服务业的创新产出能力，选取企业平均注册资本额、平均计算机软件著作拥有量、平均实用新型专利拥有量反映数字服务业企业平均实力，选取细分行业注册资本增速反映北京市数字服务细分行业活力。相关数据均来自龙信企业大数据平台。

（2）两业融合综合评价指标体系的构建

遵循科学性、代表性、可操作性等原则，排除城市自身规模、产业间规模差异的干扰，构建“数字服务+数字制造”的两业融合发展评价指标体系。在数字服务业和数字制造业两个子系统中，均包含资本规模、创新水平 2 个维度指标。其中，以企业平均注册资本额反映资本规模，以企业平均新型实用专利拥有量反映创新水平。具体见表 7.1。

表 7.1 数字服务业和数字制造业两业融合评价指标体系

子系统	维度	指标	单位
数字服务业	资本规模	数字服务业企业平均注册资本额	万元/户
	创新水平	数字服务业企业平均实用新型专利拥有量	件/户
数字制造业	资本规模	数字制造业企业平均注册资本额	万元/户
	创新水平	数字制造业企业平均实用新型专利拥有量	件/户

资料来源：作者整理。

7.2.4 数字经济产业的范围界定

按照国家统计局发布的《数字经济及其核心产业统计分类（2021）》，本报告界定的数字服务业，主要包括数字产品服务业（涵盖数字产品批发、数字产品零售、数字产品租赁、数字产品维修四个中类）、数字技术应用业（涵盖软件开发，电信、广播电视和卫星传输服务，互联网相关服务，信息技术服务四个中类）、数字要素驱动业（涵盖互联网平台、互联网批发零售、互联网金融、数字内容与媒体、信息基础设施建设、数据资源与产权交易、其他数字要素驱动业七个中类）三个大类下的72个细分行业；数字制造业主要包括数字产品制造业（涵盖计算机制造、通信及雷达设备制造、数字媒体设备制造、智能设备制造、电子元器件及设备制造、其他数字产品制造业六个中类）下的54个细分行业。

7.3 北京市数字服务业的发展成效与问题分析

7.3.1 产业规模和创新能力领先全国，但增速有所放缓

从注册资本总额看，北京市数字服务产业规模居于首位。2012年，北京市数字服务业注册资本额为2.2万亿元，位居全国首位，是位居第二的杭州（0.29万亿元）的7.61倍，具有显著优势。随着各城市数字服务业规模不断扩大，差距不断缩小，2022年，北京市数字服务业注册资本额仍稳居首位，达4.55万亿元，是位居第二的深圳（3.12万亿元）的1.46倍，表明北京市持续吸引数字服务资本聚集，促进了数字服务相关产业集群的建设。从注册资本增量看，2012—2022年，北京市数字服务业新增注册资本为2.34万亿元，在各城市中位列第二，仅次于深圳（3.08万亿元），表明规模优势仍在进一步增强。

从创新成果看，北京市数字服务业创新能力持续领先。2012年，北京市数字服务业计算机软件著作数和实用新型专利数均位列第一，且计算机软件著作数是第二名杭州（13 973件）的2.53倍，实用新型专利数是第二名成都（5 164件）的1.44倍，创新产出能力远超各大数字经济一线及新一线城市。上海、深圳、广州和成都的数字服务业创新水平快速提升，至2022年，北京

市数字服务业计算机软件著作数为224 324件，被深圳、上海、成都赶超，位居第四，但差距较小；实用新型专利数为86 557件，仍保持在第一名，总体上看，北京市数字经济服务业创新实力仍处于领先地位。从创新成果增量看，2012—2022年北京市数字服务业新增计算机软件著作数为190 106件，略逊于上海、广州、深圳和成都，排名第五，新增实用新型专利数为79 109件，排名第一，创新产出优势仍在不断增强。具体见表7.2。

表7.2　2012年和2022年各城市数字服务业各指标总量

位序	城市	2012年			2022年		
		注册资本（亿元）	计算机软件著作（件）	实用新型专利（件）	注册资本（亿元）	计算机软件著作（件）	实用新型专利（件）
1	北京	22 030.32	34 288	7 448	45 454.27	224 394	86 557
2	杭州	2 896.00	13 973	2 614	14 668.66	192 987	43 945
3	成都	2 824.34	8 051	5 164	20 609.34	238 599	72 136
4	上海	2 382.52	6 438	3 517	16 879.66	245 089	39 569
5	武汉	1 805.07	3 396	2 045	17 758.22	124 069	46 418
6	广州	1 613.95	8 960	2 472	21 288.39	210 159	76 454
7	重庆	1 104.91	2 478	3 121	7 505.27	66 090	29 530
8	无锡	1 084.96	966	4 611	4 460.94	20 811	68 026
9	宁波	482.26	2 887	1 488	4 075.07	28 929	29 033
10	深圳	429.10	1 249	492	31 178.92	298 399	66 432
11	南京	296.42	944	401	1 951.94	29 039	10 846
12	苏州	263.38	479	694	2 120.85	13 581	18 961

注：该指标为累计值。

资料来源：根据龙信大数据计算整理得出。

从各指标年均增长率看，北京市数字服务业增速较慢，发展活力偏弱。北京市数字服务业注册资本年均增长率为7.51%，排名末位，较注册资本总额排名第二的深圳低了46%，产业规模容易被赶超。计算机软件著作年均增长率为20.67%，排名末位，较计算机软件著作数量位列前三的深圳、上海和成都分别低了 52.24%、23.23%和 19.67%；实用新型专利年均增长率排名第十，较实用新型专利数排名第二的广州低了 13.14%，创新活力仍需进一步提升。见表 7.3。

表 7.3 2012—2022 年各城市数字服务业各指标年均增长率 %

位序	城市	注册资本	计算机软件著作	实用新型专利
1	深圳	53.51	72.91	63.32
2	广州	29.43	37.10	40.94
3	武汉	25.69	43.31	36.65
4	宁波	23.79	25.92	34.59
5	苏州	23.19	39.72	39.20
6	成都	21.99	40.34	30.17
7	上海	21.63	43.90	27.38
8	重庆	21.12	38.87	25.20
9	南京	20.74	40.86	39.06
10	杭州	17.61	30.02	32.61
11	无锡	15.19	35.94	30.88
12	北京	7.51	20.67	27.80

注：该指标为累计值。

资料来源：根据龙信大数据计算整理得出。

7.3.2 企业平均实力领先，但企业规模下降较明显

北京市数字服务企业平均规模始终居于全国首位。2012 年，北京市数字服务业企业的注册资本平均规模为 6 032.73 万元，是排名第二的杭州（1 775.49 万元）的 3.4 倍；2022 年，北京市数字服务业企业注册资本的平均规模为 4 895.40 万元，是排名第二的武汉（1 512.68 万元）的 3.24 倍，远超其他城市。上海、南京、杭州、广州、成都的数字服务业注册资本总量接近北京，但在北京市数字服务业企业平均注册资本额达到 4 000 万元以上的情况下，这些城市的企业平均注册资本额仍不足 1 000 万元，中小微企业占比较大，缺乏规模实力较强的企业。可以看出，其他城市数字服务业发展处于

企业数量扩张、多点开花的阶段，而北京市已处于企业减量、资本集中、企业平均规模实力增强的阶段，数字服务业发展相对成熟，头部企业对数字服务业发展的引领带动作用较强。但从变动趋势上看，北京市数字服务业企业平均注册资本规模有所降低，2022 年较 2012 年降低了 18.85%。可能的解释是，新增企业中存在大量注册资本规模实力偏弱的中小微企业，因此，后期需要重视数字服务业中小微企业实力和造血能力的培育和提升。具体见图 7.1。

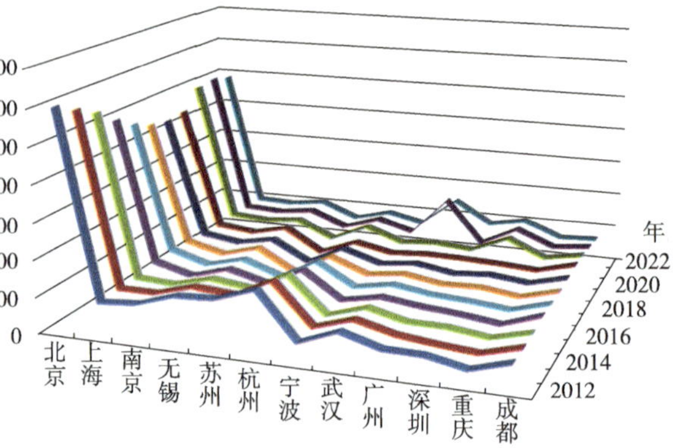

图 7.1　2012—2022 年各城市数字服务业企业平均注册资本额（万元/户）

注：该指标为累计值。

资料来源：根据龙信大数据计算整理得出。

北京市数字服务业企业平均创新成果量始终保持领先地位，且仍在不断提升。2012 年，北京市数字服务业企业平均计算机软件著作拥有量为 0.94 件，位列第一，是各城市平均值（0.34 件）的 2.76 倍，优势显著。2022 年，北京市数字服务业企业平均计算机软件著作拥有量快速提升，达到 2.42 件，是各城市平均值（1.02 件）的 2.37 倍，仍保持第一并远超其他城市。从企业平均实用新型专利拥有量看，2012—2017 年，北京排名在第 3~4 名，略逊于无锡、苏州、重庆。2012 年，北京市数字服务业企业平均实用新型专利拥有量为 0.2 件，排名第三，仅相当于排名第一的无锡（0.58 件）的 34.48%；至 2022 年，北京市数字服务业企业平均实用新型专利拥有量快速提升，达到 0.93 件，位列第二，相当于第一的无锡（1.64 件）的 56.71%。总体看，北京市数字服务业企业平均创新实力居于前列，并且仍在不断增强。具体见图 7.2 和图 7.3。

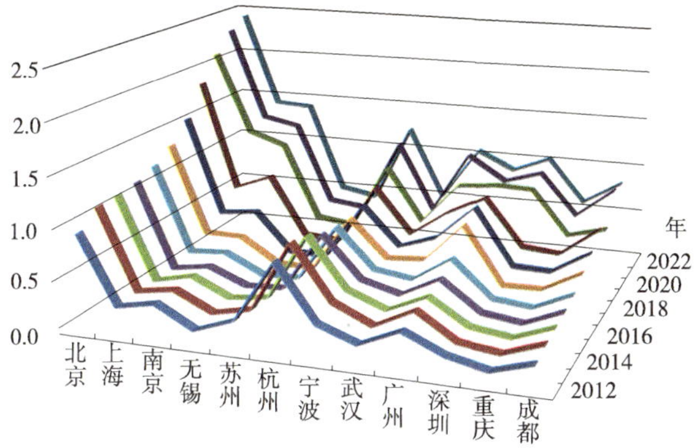

图 7.2 2012—2022 年各城市数字服务业企业平均计算机软件著作拥有量（万元/户）

注：该指标为累计值。

资料来源：根据龙信大数据计算整理得出。

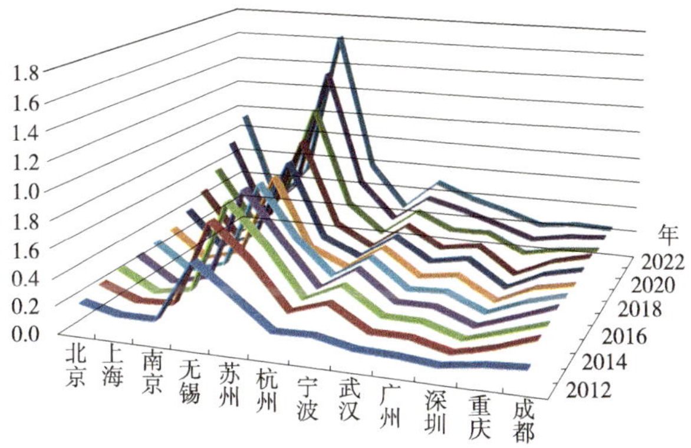

图 7.3 2012—2022 年各城市数字服务业企业平均实用新型专利拥有量（万元/户）

注：该指标为累计值。

资料来源：根据龙信大数据计算整理得出。

7.3.3 数字技术和要素发挥核心驱动力作用，新模式新业态持续壮大

北京市数字服务业以数字技术应用业和数字要素驱动业为主。2012—2022 年，数字产品服务业、数字技术应用业、数字要素驱动业整体呈上升态势，其中，数字要素驱动业上升速度最快，从 0.59 万亿元增加至 2.17 万亿元，年均增长率达 13.96%，与数字技术应用业注册资本规模差距从 2012 年的 1 万亿元缩小至 0.15 万亿元。数字产品服务业、数字技术应用业和数字要

素驱动业的占比由 2012 年的 1.5：71.8：26.7 发展为 2022 年的 1.2：51.1：47.7，数字产品服务业在大类中的占比不断降低，数字要素驱动业占比不断提高，形成以数字技术、数字要素为主导的数字服务产业结构。由于数字技术是数字赋能和数字经济发展的工具与载体，数字要素是推进产业数字化转型和激发数字经济活力的关键驱动力，因此，形成以数字技术应用业和数字要素驱动业为主导的数字经济产业结构，有助于加快建设全球数字经济标杆城市。具体见图 7.4。

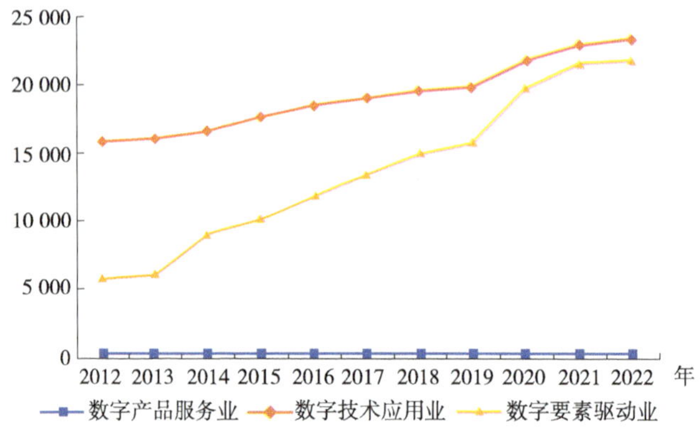

图 7.4　2012—2022 年北京市数字服务业 3 个大类的注册资本额（亿元）

注：该指标为累计值。

资料来源：根据龙信大数据计算整理得出。

北京市数字技术应用业和数字要素驱动业竞争优势显著。从注册资本额看，2022 年，北京市数字产品服务业注册资本（0.05 万亿元）排名第四，虽然位居前列，但与排名第一的武汉（1.03 万亿元）差距较大，不具备明显优势；数字技术应用业（2.32 万亿元）位居第二，相当于排名第一的深圳（2.36 万亿元）的 98.55%，差距较小；数字要素驱动业（2.17 万亿元）则位居第一，是排名第二的广州（1.56 万亿元）的 1.39 倍。从企业平均实力看，北京市数字产品服务业企业平均注册资本额排名第二，但创新产出方面较弱，排名比较落后；数字技术应用业和数字要素驱动业企业实力则远超其他城市，其中，数字技术应用业企业平均注册资本额、各项创新产出均位列第一，平均规模（6 934.08 万元/户）优势突出，是排名第二的无锡（2 185.01 万元/户）的 3.17 倍；数字要素驱动业企业平均注册资本额

（4 072.26 万元/户）排名第一，是排名第二的广州（1 540.37 万元/户）的 2.59 倍，平均计算机软件著作拥有量排名第三，平均实用新型专利拥有量排名第二，均位居前列。因此，北京市数字技术应用业和数字要素驱动业具有强劲的竞争优势。具体见表 7.4 和表 7.5。

表 7.4　2022 年各城市数字服务业 3 个大类的注册资本额　　亿元

位序	城市	数字产品服务业	数字技术应用业	数字要素驱动业
1	武汉	10 261.01	2 572.84	4 924.37
2	深圳	1 133.84	23 562.09	6 482.98
3	上海	545.67	11 030.53	5 303.47
4	北京	541.33	23 220.85	21 692.09
5	成都	237.25	11 053.18	9 318.91
6	广州	189.33	5 516.05	15 583.01
7	杭州	154.95	10 651.78	3 861.92
8	重庆	154.37	4 935.85	2 415.06
9	南京	122.65	432.50	1 396.80
10	苏州	62.46	332.77	1 725.62
11	宁波	59.83	1 238.03	2 777.21
12	无锡	24.35	467.37	3 969.22

注：该指标为累计值。

资料来源：根据龙信大数据计算整理得出。

表 7.5　2022 年各城市数字服务业 3 个大类企业平均实力相关指标情况

位序	城市	数字产品服务业			数字技术应用业			数字要素驱动业		
		资本（万元/户）	软件著作（件/户）	专利（件/户）	资本（万元/户）	软件著作（件/户）	专利（件/户）	资本（万元/户）	软件著作（件/户）	专利（件/户）
1	武汉	15 230.83	1.18	0.19	470.63	1.67	0.27	879.49	0.45	0.55
2	北京	888.16	0.43	0.17	6 934.08	5.54	0.60	4 072.26	0.68	1.23
3	上海	585.29	0.55	0.17	1 073.15	2.14	0.23	907.66	0.34	0.25

续表

位序	城市	数字产品服务业			数字技术应用业			数字要素驱动业		
		资本（万元/户）	软件著作（件/户）	专利（件/户）	资本（万元/户）	软件著作（件/户）	专利（件/户）	资本（万元/户）	软件著作（件/户）	专利（件/户）
4	成都	492.43	1.15	0.33	566.35	0.89	0.16	1 017.83	0.65	0.44
5	南京	486.69	2.73	0.43	854.23	2.08	0.19	1 075.37	0.90	0.68
6	苏州	445.50	0.86	0.36	664.87	0.87	0.36	683.88	0.32	0.66
7	杭州	399.97	0.96	0.26	906.26	1.52	0.28	1 090.85	0.29	0.28
8	无锡	368.32	0.41	0.13	2 185.01	0.56	0.46	1 026.35	0.50	1.73
9	宁波	341.68	0.42	0.20	556.64	1.05	0.19	824.71	0.14	0.73
10	广州	327.73	0.15	0.05	411.20	0.76	0.07	1 540.37	1.06	0.66
11	深圳	313.94	0.42	0.22	1 102.16	1.27	0.21	1 575.07	0.28	0.34
12	重庆	280.56	0.26	0.20	611.77	0.75	0.23	871.39	0.16	0.36

注：该指标为累计值。

资料来源：根据龙信大数据计算整理得出。

北京市数字服务产业生态不断丰富，新模式新业态持续壮大。从中类产业注册资本比重看，数字服务智能化、集成化、网络化水平显著提升，平台经济、新零售规模不断增强。2012—2022 年，以固定电信服务和移动电信服务等传统数字经济行业为主的电信、广播电视和卫星传输服务中类产业，以及数字产品零售和数字产品批发等非数字经济主导方向的中类产业在排名、占比方面有所降低，而信息技术设施建设、信息技术服务、软件开发、互联网相关服务等集中了大量高技术、新业态行业的中类产业，比重得到提升。其中，信息基础设施建设产业比重提高了 18.60%，提升幅度较大，意味着网络、新技术、算力基础设施建设更加完善，有助于人工智能、云计算和智能计算的加快发展。信息技术服务产业比重提高了 1.26%，意味着集成电路设计、信息系统集成服务和物联网技术等水平不断提升，有助于数字服务的网络化和集成化发展。软件开发作为信息产业的重要核心部分，比重提高了 2.57%。数字内容与媒体比重提高了 1.14%，数字要素进一步驱动北京市传媒产业高质量发展。互联网批发零售比重提高 0.78%，“十四五”规划强调的新增长点有所提升。互联网平台有小幅度提升，提高了 0.21%，同时排名前进了两位，平台经济规模持续提升，有助于支持服务业数字化转型。具体见表 7.6。

表 7.6　2012 年、2022 年北京市数字服务业注册资本占数字经济比重排名前十的中类产业

%

位序	2012 年		2022 年	
	行业	比重	行业	比重
1	电信、广播电视和卫星传输服务	56.05	信息基础设施建设	33.89
2	信息基础设施建设	15.29	电信、广播电视和卫星传输服务	32.47
3	信息技术服务	7.90	信息技术服务	9.16
4	其他数字要素驱动业	6.81	其他数字要素驱动业	6.52
5	软件开发	3.05	软件开发	5.62
6	数字内容与媒体	2.36	数字内容与媒体	3.60
7	互联网相关服务	1.51	互联网相关服务	2.14
8	数字产品批发	1.08	互联网批发零售	1.33
9	互联网批发零售	0.55	数字产品批发	0.79
10	数字产品零售	0.28	互联网平台	0.41

注：该指标为累计值。

资料来源：根据龙信大数据计算整理得出。

从中类产业创新产出比重看，信息技术服务和其他数字要素服务业成为驱动数字化产业创新的主力军，智能服务、平台经济和新零售的创新贡献逐步提升。在计算机软件著作方面，2012 年，信息技术服务、软件开发、互联网服务和电信、广播电视和卫星传输服务排名位居前列，占比高达 87.44%，而其他中类产业比重较低。2022 年，信息技术服务仍位居第一，比重提升了 3.4%；软件开发保持在第二名，但比重已降低了 8.53%，而电信、广播电视和卫星传输服务的排名下降了一位，比重降低了 0.2%。其他行业占比大幅提升，其中，其他数字要素驱动业进入前三名，比重提高了 3.84%；信息基础设施建设比重提高了 1.88%；互联网批发零售前进一名，比重提高了 0.82%；互联网平台比重提高了 0.17%；互联网金融挤进了前十名，比重提高了

0.65%。在实用新型专利方面，2012—2022年，其他数字要素驱动业和信息基础技术设施建设等新兴技术集中的产业比重排名一直位居前列，2022年信息基础设施建设更是升到了第一名，比重提高了23.76%，反映出智能化服务创新力度的不断增强。此外，互联网平台、数字内容与媒体和互联网批发零售的比重略有提升，分别提高了0.04%、0.11%和0.13%。具体见表7.7和表7.8。

表7.7　2012、2022年北京市数字服务业计算机软件著作占数字经济比重排名前十的中类产业

%

位序	2012年		2022年	
	行业	比重	行业	比重
1	信息技术服务	38.90	信息技术服务	42.30
2	软件开发	35.23	软件开发	26.70
3	互联网相关服务	7.84	其他数字要素驱动业	7.44
4	电信、广播电视和卫星传输服务	5.47	互联网相关服务	6.72
5	其他数字要素驱动业	3.60	电信、广播电视和卫星传输服务	5.27
6	信息基础设施建设	1.29	信息基础设施建设	3.17
7	数字产品批发	1.21	互联网批发零售	1.89
8	互联网批发零售	1.07	数字内容与媒体	1.46
9	互联网平台	0.76	互联网平台	0.93
10	数字内容与媒体	0.66	互联网金融	0.91

注：该指标为累计值。

资料来源：根据龙信大数据计算整理得出。

表7.8　2012、2022年北京市数字服务业实用新型专利占数字经济比重排名前十的中类产业

%

位序	2012年		2022年	
	行业	比重	行业	比重
1	其他数字要素驱动业	38.21	信息基础设施建设	38.39
2	软件开发	17.18	其他数字要素驱动业	26.51
3	信息基础设施建设	14.63	软件开发	9.87
4	信息技术服务	5.31	信息技术服务	6.62

续表

位序	2012 年		2022 年	
	行业	比重	行业	比重
5	电信、广播电视和卫星传输服务	3.31	电信、广播电视和卫星传输服务	2.69
6	互联网相关服务	1.35	数字产品批发	0.95
7	数字产品批发	0.71	互联网相关服务	0.81
8	互联网平台	0.20	互联网平台	0.24
9	数字内容与媒体	0.11	数字内容与媒体	0.22
10	互联网批发零售	0.08	互联网批发零售	0.21

注：该指标为累计值。

资料来源：根据龙信大数据计算整理得出。

7.3.4 数字服务行业向新兴领域快速发展

北京市活力最强的数字服务细分行业集中在新兴领域，且增速仍在不断提升。从注册资本增速看，2012—2017 年，物联网技术服务、集成电路设计、架线及设备工程建筑等新兴领域的行业增速较快，其中，集成电路设计、架线及设备工程建筑、信息技术咨询服务创新活力较强，集成电路实用新型专利增速达到 67.03%，架线及设备工程建筑计算机软件著作和实用新型专利增速达到 20% 以上，信息技术咨询服务计算机软件著作增速达到 66.88%。2017—2022 年，注册资本增速前十的细分行业整体增速较 2012—2017 年大幅度提升。互联网科技创新平台增速跃居第一名，互联网生产服务平台增速也进入了前十，平台经济活力进一步增强。运行维护服务、物联网技术服务仍保持较强活力，其中，运行维护服务增速前进了 1 位，增速提高了 63.51%；物联网技术服务增速有所下降，但计算机软件著作年均增长率达到 150.94%，创新产出活力得到激发。具体见表 7.9。

表 7.9 2012—2022 年北京市数字服务业注册资本增速最快的 10 个细分行业 %

位序	2012—2017 年		2017—2022 年	
	行业	注册资本增速	行业	注册资本增速
1	物联网技术服务	138.10	互联网科技创新平台	270.04

续表

位序	2012—2017年		2017—2022年	
	行业	注册资本增速	行业	注册资本增速
2	集成电路设计	126.86	运行维护服务	176.03
3	运行维护服务	112.52	安全系统监控服务	118.67
4	互联网接入及相关服务	89.44	应用软件开发	94.44
5	架线及设备工程建筑	83.82	物联网技术服务	94.03
6	基础软件开发	71.04	互联网安全服务	91.27
7	信息技术咨询服务	61.92	互联网搜索服务	90.23
8	金融信息服务	61.24	互联网生产服务平台	86.27
9	其他互联网服务	51.84	广播电视集成播控	79.26
10	电影和广播电视节目发行	49.16	互联网广告服务	65.97

注：该指标为累计值。

资料来源：根据龙信大数据计算整理得出。

北京市云计算、大数据、工业互联网和区块链服务迸发优势，但物联网和人工智能服务竞争力仍有待提升。依据“十四五”规划纲要划定的七大数字经济重点产业，在数字经济核心产业中选取涉及云计算、大数据、物联网、工业互联网、区块链和人工智能等服务活动的7个细分行业作为数字服务重点行业进行分析。2022年，北京市的互联网数据服务、架线及设备工程建筑和电气安装注册资本额、计算机软件著作数和实用新型专利数均居首位，这些行业集中了云计算、大数据、工业互联网和区块链相关服务活动。但包含了物联网相关服务活动的互联网其他信息服务、其他互联网服务和物联网技术服务注册资本额较低，其中，互联网其他信息服务排名第二，但仅相当于排名第一的深圳的33.21%；其他互联网服务和物联网技术服务均排名第七，较为落后。这些行业的创新产出也较少，互联网其他信息服务实用新型专利数排名第二，但仅相当于排名第一的深圳的24.55%；其他互联网服务和物联网技术服务分别排名第十和第九，创新能力较弱。人工智能关键技术的研发与试验发展活动主要集中在工程和技术研究和试验发展行业，该行业注册资本额排名第四，计算机软件著作数和实用新型专利数排名第五和第四，规模和创新实力都较弱。具体见表 7.10、表 7.11 和表 7.12。

表 7.10　2022 年各城市数字服务业重点行业注册资本额　　亿元

位序	城市	互联网其他信息服务	互联网数据服务	其他互联网服务	物联网技术服务	架线及设备工程建筑	电气安装	工程与技术研究和试验发展
1	深圳	1 626.76	54.35	628.56	50.69	13.49	41.14	649.60
2	北京	540.30	351.83	67.56	27.36	1 955.65	532.95	2 252.64
3	成都	529.90	49.20	285.69	58.29	143.07	100.63	2 891.98
4	上海	329.75	16.44	459.40	11.19	35.72	142.02	1 305.93
5	杭州	213.53	73.67	192.18	85.60	71.93	44.64	881.93
6	重庆	114.87	73.01	307.39	34.33	12.58	120.69	436.55
7	武汉	49.23	22.83	45.63	33.36	78.74	88.37	1 427.68
8	宁波	45.76	7.42	17.20	35.87	45.88	22.36	1 340.83
9	广州	29.92	12.34	321.95	26.90	25.60	101.87	5 952.82
10	苏州	0.90	25.80	11.49	12.67	1.92	19.22	1 112.75
11	南京	0.76	27.15	9.83	14.49	16.61	23.83	707.44
12	无锡	0.13	18.25	3.52	5.40	4.90	20.41	3 722.20

注：该指标为累计值。

资料来源：根据龙信大数据计算整理得出。

表 7.11　2022 年各城市数字服务业重点行业计算机软件著作数　　件

位序	城市	互联网其他信息服务	互联网数据服务	其他互联网服务	物联网技术服务	架线及设备工程建筑	电气安装	工程与技术研究和试验发展
1	深圳	17 499	651	5 539	200	21	38	3 636
2	北京	10 703	4 034	536	199	741	1 989	16 281
3	上海	5 059	153	7 606	119	45	687	11 824

续表

位序	城市	互联网其他信息服务	互联网数据服务	其他互联网服务	物联网技术服务	架线及设备工程建筑	电气安装	工程与技术研究和试验发展
4	杭州	4 511	502	2 911	1554	136	62	6 152
5	成都	4 161	793	1 693	417	335	139	52 765
6	武汉	1 623	304	755	663	404	145	20 253
7	重庆	1 107	463	1207	302	0	206	2 998
8	宁波	574	79	288	124	41	19	3 902
9	南京	280	249	841	342	54	103	10 597
10	广州	106	424	3 804	289	97	278	103 649
11	无锡	0	157	2	130	8	42	19 043
12	苏州	0	152	95	95	36	93	7 309

注：该指标为累计值。

资料来源：根据龙信大数据计算整理得出。

表 7.12　2022 年各城市数字服务业重点行业实用新型专利数　　件

位序	城市	互联网其他信息服务	互联网数据服务	其他互联网服务	物联网技术服务	架线及设备工程建筑	电气安装	工程与技术研究和试验发展
1	深圳	2 521	8	537	0	41	328	4 297
2	北京	619	168	17	34	835	1 980	26 292
3	杭州	370	87	642	329	704	102	7 302
4	上海	356	45	684	15	248	658	11 750
5	重庆	247	9	498	68	21	680	8 567
6	成都	135	43	176	64	351	23	36 609
7	宁波	61	1	34	59	294	14	23 364
8	武汉	43	6	83	132	317	116	21 016

续表

位序	城市	互联网其他信息服务	互联网数据服务	其他互联网服务	物联网技术服务	架线及设备工程建筑	电气安装	工程与技术研究和试验发展
9	南京	13	12	10	55	46	79	8 435
10	苏州	6	8	41	44	14	169	16 268
11	广州	2	60	258	34	310	664	63 180
12	无锡	0	38	0	50	128	256	66 452

注：该指标为累计值。

资料来源：根据龙信大数据计算整理得出。

7.3.5 数字服务业和数字制造业融合水平较高，融合程度不断加深

北京市数字服务业与数字制造业融合程度不断提升，且融合水平居于首位。北京市数字服务业和数字制造业耦合度（*C*）保持在 0.49 以上，处于拮抗阶段，2022 年耦合度达到 0.495 8，位居第二名。因此，北京市数字经济两业相互作用较强。两系统综合协调度（*T*）快速提升，2022 年达到 0.885 8，较 2012 年提高 28.73%，且在各城市中位居第一名，与第二名的差距从 0.15 扩大至 0.57；耦合协调水平（*D*）始终位居第一名，2012 年是第二名的 1.16 倍，2022 年则扩大至 1.77 倍；耦合协调等级从勉强协调发展为初级协调，是唯一达到协调等级的城市。因此，北京市数字服务业与数字制造业的协调发展水平较高，数字服务业能够更好实现和数字制造业之间的相互赋能。具体见表 7.13。

表 7.13　2012 年和 2022 年各城市数字服务业和数字制造业融合情况

城市	2012 年				2022 年			
	T	*C*	*D*	耦合协调等级	*T*	*C*	*D*	耦合协调等级
北京	0.650 7	0.499 4	0.570 1	勉强协调	0.885 8	0.495 8	0.662 7	初级协调
苏州	0.505 6	0.478 5	0.491 8	濒临失调	0.227 9	0.455 6	0.322 2	轻度失调
无锡	0.403 3	0.475 8	0.438 0	濒临失调	0.315 8	0.406 1	0.358 1	轻度失调

续表

城市	2012 年				2022 年			
	T	*C*	*D*	耦合协调等级	*T*	*C*	*D*	耦合协调等级
武汉	0.315 5	0.346 3	0.330 5	轻度失调	0.288 2	0.486 1	0.374 3	轻度失调
杭州	0.216 9	0.500 0	0.329 3	轻度失调	0.204 7	0.389 5	0.282 4	中度失调
上海	0.196 5	0.455 6	0.299 2	中度失调	0.248 8	0.323 2	0.283 6	中度失调
成都	0.121 1	0.473 0	0.239 4	中度失调	0.238 3	0.304 0	0.269 1	中度失调
南京	0.083 1	0.436 9	0.190 5	严重失调	0.160 4	0.496 1	0.282 1	中度失调
广州	0.075 9	0.460 7	0.187 0	严重失调	0.091 9	0.387 8	0.188 8	严重失调
宁波	0.060 1	0.403 5	0.155 7	严重失调	0.095 3	0.495 1	0.217 2	中度失调
重庆	0.049 1	0.481 3	0.153 7	严重失调	0.123 3	0.316 0	0.197 4	严重失调
深圳	0.034 4	0.463 9	0.126 3	严重失调	0.102 2	0.467 4	0.218 6	中度失调

资料来源：根据龙信大数据整理计算所得。

7.4　主要结论与对策建议

7.4.1　主要结论

（1）北京市数字服务业产业规模和创新能力领先全国，但发展活力较弱

北京市数字服务业在注册资本和创新产出总量方面都具有较强的起步优势，2012 年，各总量指标均位居第一名，且与各城市间差距较大。随着各城市间数字服务业主体规模和创新产出差距不断缩小，2022 年，北京市的计算机软件著作数量排名下降了一位，但注册资本规模和实用新型专利数量仍稳居第一名，同时，注册资本和实用新型专利的增量也位居第一名，因此北京市数字服务业的资本总量和创新能力保持领先地位且优势仍在进一步增强。但注册资本额、计算机软件著作数和实用新型专利数的年均增长率排名较低，规模和创新后劲不足。

（2）北京市数字服务业企业平均实力居于首位，但企业规模下降较明显

北京市发挥总部经济效应，以头部企业带动数字服务产业发展的特征较

为突出。北京市数字服务业企业平均注册资本额位居第一名，在各城市中遥遥领先；企业平均计算机软件著作拥有量位居第一名，平均实用新型专利拥有量略逊于无锡，排名第二，但差距不断缩小，因此企业平均创新实力也具有明显的领先优势。但 2022 年企业平均注册资本较 2012 年下滑了 18.85%，新增企业中可能存在较多规模较小的中小微企业。

（3）数字技术和要素在北京市数字服务业中发挥核心驱动力作用，新模式新业态持续壮大

三大类数字服务业中，数字技术应用业和数字要素驱动业注册资本大幅度提升，数字要素驱动业与数字技术应用业差距缩小，数字技术应用业和数字要素驱动业成为北京市数字服务主导产业。此外，数字技术应用业注册资本规模位居第二名，企业各项指标平均实力位居第一名；数字要素驱动业注册资本规模总量和企业平均注册资本额位居第一名，企业平均创新产出位居前三，北京市在数字技术应用业和数字要素驱动业方面具有明显竞争优势。具有高技术和新业态特征的中类行业在数字经济中的注册资本比重不断提升，传统行业比重下降，比重位居前列的中类行业具有集成化、网络化、智能化的新业态新模式特征，且该特征不断明显；平台经济、新零售行业规模也进一步提升。数字服务中类行业在数字经济中的创新产出占比不断提升，数字服务新兴领域产业逐渐成为助力数字经济创新升级的重要动力。

（4）北京市数字服务行业向新兴领域快速发展，但人工智能和物联网领域行业竞争力仍有待进一步提升

物联网、互联网平台、互联网服务等新兴领域成为数字服务产业中最具活力的行业，且规模增速仍在进一步提升。互联网科技创新平台、互联网广告服务两个互联网平台服务行业增速跃居前列，平台经济活力大幅度提升。数字服务包含云计算、大数据、工业互联网和区块链等重点产业服务活动的行业迸发竞争优势，注册资本额、计算机软件著作数和实用新型专利数均位居第一；但人工智能和物联网方向的服务行业竞争力较弱，注册资本额、计算机软件著作数和实用新型专利数排名靠后，仍有待激活。

（5）北京市数字服务业和数字制造业融合优势较强，融合程度不断加深

北京市两业耦合度排名第二，融合发展的条件较好。综合协调度和耦合协调度不断优化，排名均位居第一，在各城市中具有较强的融合优势。两业融合发展程度不断加深，耦合协调等级从勉强协调提升至初级协调，两业协

调发展程度进一步增强。

7.4.2 对策建议

（1）促进数字服务中小企业向“专精特新”发展

面对北京市数字服务业新增企业中的大量中小微企业，培育其实力和造血能力，可使其成为增强北京市数字服务业发展活力的后备力量。首先，可采取投贷联动、贷款贴息、发放科技创新券等措施，支持数字服务中小微企业发展壮大。其次，重点面向工业互联网、集成电路、云计算、大数据、人工智能等领域打造国际一流的产业集群，并重视数字经济标杆企业的遴选工作，以龙头企业引领并辐射带动产业集群的中小企业融通发展；鼓励有条件的央企、国企或大型互联网企业建设数据要素平台，实时提供数据服务，为数字经济服务业发展提供更好的基础条件。最后，积极引领智能化、集成化、网络化等新模式数字产业企业孵化，加快布局通用人工智能、第六代移动通信（6G）、元宇宙、量子信息、光电子等未来产业的细分行业，增加行业生态丰富度，提高数字服务中小微企业的生命力和韧性。

（2）依托平台助推服务业数字化加速转型

持续推进传统服务行业的数字化转型，可增强北京市数字服务产业规模和创新后劲。首先，把握互联网平台服务行业快速壮大带来的机遇，加强政策支持和指导力度，鼓励有条件的央企、国企或大型互联网企业建设数据要素平台，实时提供数据服务，为数字经济服务业发展提供更好的基础条件。其次，整合北京经济技术开发区、中关村科技园区等先行产业园区的数字化服务能力，推进中关村大数据产业园、北京园博数字经济产业园、中关村（京西）人工智能科技园和西城区第三街区数字经济产业园等新生数字化产业园区建设，依托以大数据平台为支撑的园区为传统服务企业提供可共享的配套服务、数字关键资源与工具，驱动传统产业快速转型。最后，支持平台经济在数字经济标杆城市建设中发挥更大作用，集聚一批面向中小企业的数字化服务商，培育推广一批符合中小微企业需求的数字化平台、系统解决方案、产品和服务。设立数字化提升专项基金，对中小微企业购买和建设数字化运营平台提供一定的财政资金补贴或税收减免。

（3）增强数字关键技术领域的创新驱动力

一方面，充分挖掘新兴领域行业的创新潜力，瞄准云计算、大数据、物联网、区块链和人工智能等带动力强的重点产业，集中力量破解关键领域和薄弱环节的重点难题；把握互联网金融释放出的创新优势，持续加强数字金融技术创新和产业主体培育，加快中关村互联网金融中心、丰台丽泽金融商务区和石景山北京银行保险产业园等数字金融高地建设，探索搭建更多金融科技服务平台和应用场景，在激发金融业数字化转型势能的同时，提升金融惠企服务水平，为数字服务新业态和新技术的持续发展提供融资支持。另一方面，坚持双向赋能、提质增效，推动产业深度融合，通过搭建两业企业融合交流和对接平台，鼓励两业融合示范区搭建产业协同创新“一站式”平台，加快探索“设、研、产、销”综合设计服务生态体系；增强对两业融合项目的金融支持力度，引导数字制造和数字服务头部企业、重点行业龙头企业通过产业协作相互赋能，共同攻克核心技术难关。

（4）加快打造全球优质数字资源聚集地

充分对外获取数字经济发展所需的人才、技术、经验，提升北京市在全球数字经济治理体系中的地位，是打造高品质数字服务业高地的关键。为此，应加快建设北京数字贸易港、北京商务中心区跨国企业数据流通服务中心、北京大兴国际机场临空经济区数字贸易试验区；充分普及并协助数字服务重点领域企业掌握《数据出境安全评估办法》，促进数据要素跨境安全便捷流动。运用 G20 峰会、中国国际服务贸易会、全球数字经济大会等平台，参与国际数字领域交流与合作。把握《数字经济伙伴关系协议》（DEPA）、《全面与进步跨太平洋伙伴关系协定》（CPTPP）、《区域全面经济伙伴关系协定》（RCEP）等机遇，深化“一带一路”数字经济国际合作，不断增强在全球数字治理领域的话语权与影响力。发挥国际科技创新中心优势，积极融入全球创新网络，依托中关村科技园、国家实验室、北京国际数据实验室等平台，加强对国内外数字技术相关人才的吸引集聚，强化数字经济人才队伍建设。

8 数字贸易：数字经济对外合作开放新高地

赵家章　苏二豆*

8.1 北京市数字贸易发展概述

新一轮科技革命和产业变革促使全球数字经济焕发出蓬勃生机，催生了以数据为关键生产要素，以数字服务为核心，以数字订购与交付为主要特征的数字贸易。党的二十大报告明确指出，要推进高水平对外开放，发展数字贸易，加快建设贸易强国。数字贸易作为一种以数字技术为手段、数字服务为核心、数字化交付为特征的贸易新业态，已成为国际贸易发展的新趋势和新引擎，是我国对外合作开放的新高地。

8.1.1 数字贸易的内涵

发展数字贸易，首先要明确的问题是数字贸易的内涵是什么。目前，国内外研究机构针对数字贸易的内涵并未形成统一的范式，如表 8.1 所示。

---

* 赵家章，首都经济贸易大学经济学院教授、博士生导师；苏二豆，首都经济贸易大学经济学院讲师、硕士生导师。首都经济贸易大学经济学院张瑜桐博士、石若瑾博士、王欣睿博士、周凡煜博士参与了本章内容的研究工作。

表 8.1 数字贸易的内涵

数字贸易内涵	定义机构
按照交易标的物的不同，将数字贸易划分为三种类型：数字货物贸易（数字形式的货物产品贸易和跨境电子商务）、数字服务贸易（交易标的物是数字内容的产品贸易和传统服务贸易的数字化部分）和数据贸易（数据的跨境流动）	商务部国际贸易经济合作研究院，2018
数字贸易分为线上促成的实体货物贸易和线上传输的数字服务贸易，其突出特征是“贸易方式的数字化（贸易的对接方式、订购和支付方式以及结算方式等各个环节的数字化）”和“贸易对象的数字化（交换标的物如服务、货物、数据要素等存在形式的数字化，具体业态包含跨境电商和数字服务贸易）”	中国信息通讯研究院，2019
数字贸易是“所有通过数字订购和/或数字交付的贸易”。按照交易性质的不同，将数字贸易划分为三个类别：数字订购贸易（以计算机网络作为专门下单或接受的方式而进行的货物或服务的国际交易）、数字交付贸易（使用计算机网络并以电子格式进行远程交付的国际交易）、数字中介平台赋能贸易（为买卖双方提供交易平台和中介服务的行为）	OECD，WTO，and IMF，2020

资料来源：作者汇总整理。

国内机构所提出的一类定义认为，数字贸易的交易标的包括三种，即货物、服务和数据，因此按照交易标的物的不同，可以将数字贸易划分为三种类型：数字货物贸易、数字服务贸易和数据贸易。其中，数字货物贸易包括数字形式的货物产品贸易和跨境电子商务；数字服务贸易包括交易标的物是数字内容的产品贸易和传统服务贸易的数字化部分；数据贸易则是指数据的跨境流动（商务部国际贸易经济合作研究院，2018）。此外，还有一类定义认为，数字贸易可以划分为线上促成的实体货物贸易和线上传输的数字服务贸易，指出数字贸易是信息技术发挥重要作用的贸易形式，其主要突出特征是“两化”，即“贸易方式的数字化”和“贸易对象的数字化”。其中，贸易方式数字化表现在贸易的对接方式、订购和支付方式以及结算方式等各个环节的数字化；贸易对象数字化则主要指交换标的物如服务、货物、数据要素等存在形式的数字化，具体业态包含跨境电商和数字服务贸易（中国信息通讯研究院，2019）。

部分国外机构提出的一类定义认为，数字贸易是“所有通过数字订购和/或数字交付的贸易”。按照交易性质的不同，OECD-WTO 框架将数字贸易划分为三个类别：一是数字订购贸易，是指以计算机网络作为专门下单或接受的方式而进行的货物或服务的国际交易；二是数字交付贸易，是指使用计算机网络并以电子格式进行远程交付的国际交易；三是数字中介平台赋能贸易，是指为买卖双方提供交易平台和中介服务的行为（OECD，WTO，and IMF，2020）。

针对国内外对数字贸易内涵的定义可以发现，随着移动通信的迅速发展和无线网络的全面覆盖，数字化远程传输的成本变得更低、时间也变得更短、方式变得更加便捷，这种模式为服务的可数字化和可贸易性提供了更大的可能和潜力。正因如此，“服务贸易的可数字化”“服务类型的更多样化”“交易角色的趋多元化”成为目前数字贸易发展的三大特征。

当前，北京市数字贸易发展呈现出五大主要特征：一是数字贸易焕发出蓬勃生机，发展指数保持增长态势；二是新型基础设施建设不断夯实，信息化水平位于全国首位；三是着力强调赋能产业创新发展，服务业数字化全国领跑；四是数字产业化效果显著，软件业发展水平位于全国前列；五是数字贸易政策推动强劲有利，致力于打造全国示范区。数字贸易是数字经济的重要组成部分，是北京市数字经济对外合作开放新高地。北京市作为国家的政治中心和国际交往中心，应大力推动数字经济与实体经济深度融合，促进北京市数字贸易高质量发展。2021 年 9 月，北京市发布了《北京市关于促进数字贸易高质量发展的若干措施》[①]（以下简称《措施》），要求进一步扩大数字贸易发展规模，培育数字贸易龙头企业，构建与国际高标准经贸规则相衔接的数字贸易发展体系，促进数字贸易高质量发展，打造数字贸易示范区，助力全球数字经济标杆城市建设。

8.1.2 北京市数字贸易发展政策梳理

当前，北京市为加快建成全球数字经济标杆城市，正全面推动数字经济高质量发展，积极制定并颁布现行政策，已建设国际大数据交易所，打造数字贸易示范区，并围绕数字产业、技术、规则、场景等方面大力推动数字贸

① 资料来源：北京市人民政府官方网站。

易发展。在推进数字贸易发展的实践中，北京市先行先试，形成了数字贸易发展的新思路、新经验。

第一，构建"三位一体"数字贸易创新格局。2020 年，北京市制定出台《关于打造数字贸易试验区实施方案》（以下简称《方案》）。《方案》指出，要把握数字经济和数字贸易发展机遇，发挥北京数字资源、数字技术优势，率先推动跨境数据流动试点，依托中关村软件园国家数字服务出口基地、金盏国际合作服务区、自贸区大兴机场相关区域，推动"三位一体"数字贸易试验区建设，形成一批高端数字经济新兴产业集群，打造对外开放合作新窗口，为首都经济发展提供新动能。同时，《方案》指出要以推动数字经济和数字贸易的开放和创新发展为目标，以实现跨境数据安全有序流动为着眼点，着力推进规则探索、创新政策举措、破解制度瓶颈，增强北京市在全球数字领域的先导性、话语权和影响力。

第二，强化数字贸易政策保障。2021 年，习近平在中国国际服务贸易交易会上表示，支持北京市打造数字贸易示范区；随后，北京市发布了《关于促进数字贸易高质量发展的若干措施》，提出到 2025 年，北京市数字贸易进出口规模达到 1 500 亿美元，占全市进出口总额比重达到 25%，其中，数字服务贸易占全市服务贸易的比重达到 75%。同时，进一步提出要着力搭建数字贸易会展交易平台，建设数字贸易专用通道等通信基础设施，争取促进电信业务、教育、医疗等数字贸易领域实现进一步扩大开放。

第三，推动数字贸易制度创新。2021 年，北京市创新开展数字贸易统计测度研究，出台了《数字贸易统计测度方法（试行）》，提出了北京市数字贸易统计测度的范围、分类和方法，为全国首创。相较于全国其他城市，北京市具有得天独厚的数字资源优势和数字设施基础，拥有中关村软件园国家数字服务出口基地和北京国际大数据交易所，加之在全国率先出台了《数字贸易统计测度方法（试行）》，着力建设海淀区、朝阳区、大兴区等三个数字贸易试验区以及国际信息产业和数字贸易港，努力实现争创以数字贸易为特征的国家服务贸易创新发展示范区的发展目标。

8.1.3 北京市数字贸易发展目标

（1）扩大数字贸易规模

扩大数字贸易规模，即扩大数字贸易进出口规模，其关键在于扩大数字贸易领域，拓宽产业数字化和数字产业化范围，促进数字贸易发展。着力发展数字化转型等产业数字化方式，进一步扩大可数字化的贸易形式的范围。此外，扩大数字贸易规模，还应扩大数字贸易主体的规模。扩大数字贸易主体规模的关键在于为数字贸易企业提供更加便利的服务和更加优越的环境。一是要搭建数字贸易服务平台，着力打造数字贸易公共服务平台，为数字贸易企业提供更多“走出去”的信息共享、政策咨询匹配、项目对接等基础性服务，以及更多法律咨询、专业翻译、风险预警、支付清算等专业化服务；二是要构建数字贸易会展交易平台，搭建面向全球的线上线下数字贸易交流和展示平台，高规格办好“中国国际服务贸易交易会”，吸引更多数字贸易主体，促进更多交流和合作。

（2）培育数字贸易龙头企业

北京市作为国家首都，具有优越的资源基础和人才基础，其中，活跃的移动互联网生态，发达的社交媒体社群，顶尖的人才群体等资源禀赋为北京市大力发展数字贸易和数字经济奠定了坚实基础。发展数字贸易，离不开数字贸易的主体企业，一方面，我们要扩大数字贸易主体规模，提升数字贸易企业主体数量；另一方面，我们要着力培育数字贸易龙头企业，提高数字贸易企业主体质量。

提高数字贸易企业主体质量，关键要义在于提升数字贸易产业的核心竞争力。一是要着力于在人工智能、云计算、大数据、高端软件研发、物联网、卫星互联网、工业互联网、区块链等核心领域培育全球标杆企业；二是要以破解跨境电商发展瓶颈为发展目标，进一步提升跨境贸易数字化服务平台的服务能力；三是要着眼于开发数字出版、数字影视、动漫网游等数字内容产业的原创精品 IP 和企业品牌。此外，应培育数字贸易龙头企业，提高数字贸易企业主体质量，还应以解决企业主体发展问题为目标导向，着力于为数字贸易主体企业提供各项服务和人才支持。一是要致力于加强企业主体专项资金支持，用以支持数字贸易企业在信息技术服务、跨境电商、数字内容、研发投入、服务外包、开拓海外市场等领域的发展；二是要持续着力于提升数字贸易领域的数字基础设施建设水平，以为数字贸易企业提供更好的公共服务和数字服务为发展目标；三是要始终以建设发展数字贸易领域支撑平台为己任，开展数字贸易及规则研究；四是要不断加大数字贸易企业主体金融支持力度，引导各类社会资本扩大投入，对具有一定发展潜力的数字贸易企业给予多元化融资支持，以鼓励支持数字贸易企业发展壮大；五是要着眼于强化数字贸易企业主体人才支撑，建立优秀人才引进体系，为数字贸易企业发展提供人才基础保障；六是要进一步发展完善数字贸易知识产权指导体系，推动完善海外知识产权维权援助服务体系，为数字贸易企业拓展海外市场提供行之有效的指导和援助服务。

（3）构建与国际高标准经贸规则相衔接的数字贸易发展体系

构建与国际高标准经贸规则相衔接的数字贸易发展体系是发展数字贸易的重要落脚点。北京市通过构建与国际高标准经贸规则相衔接的数字贸易发展体系，实现其在数字领域更深层次、更宽领域、更大力度的高水平开放，吸引数字领域高端产业落地，推动数字龙头企业和优秀人才不断汇集，将北京市打造成具有全球影响力的数字经济和数字贸易先导区。

当前国际机构对数字贸易规则建设的关注重点各有不同。G20 聚焦于数字领域基础设施建设和规则制定，其目标在于帮助数字贸易发展存在较大差距的成员国营造良好的营商环境。WTO 则聚焦于电子商务贸易规则，其主要目标是在数据流动和管理、知识产权保护、数字治理与网络安全等方面制定经贸规则。尽管当前全球数字贸易规则尚未统一，仍处于初步探索阶段，但这却为北京市发展与国际高标准经贸规则相衔接的数字贸易发展体系提供了机遇和契机。总体来看，目前全球数字贸易规则体系主要有四种主张。一是以《全面与进步跨太平洋伙伴关系协定》（CPTPP）、《美墨加协定》（USMCA）为代表的数字贸易规则，其主要倡导减少对数字贸易自由发展的干预，反对数字贸易壁垒；二是以《欧盟-加拿大综合经济与贸易协定》为代表的数字贸易规则，其核心主张是在通用数据保护条例（GDPR）框架下保证数据能够得到有效监管，允许跨境数据自由传输；三是以《区域全面经济伙伴关系协定》（RCEP）为代表的体现中国在数字贸易领域最新立场的“中式”数字贸易规则，其更加关注数字贸易便利化和电子商务环境的改善；四是以《数字经济伙伴关系协定》（DEPA）为代表的数字贸易规则，更加注重参与国的多元化诉求，除了重点关注贸易便利化、电子传输免关税和数据跨境流动等领域外，DEPA 还将议题扩展到人工智能等创新性议题。综合来看，目前国际数字贸易规则体系所关注的重点均有所不同，北京市更应结合全球现行数字贸易规则，与国际高标准数字贸易规则体系相衔接，构建一套多层次、全方位的数字贸易发展体系。

整体而言，构建国际高标准数字贸易发展体系，其关键之一在于建立与国际高标准数字贸易规则相衔接的数字贸易规则体系，因此北京市有必要积极与国际规则对接，探索国际合作，完善数字贸易规则和机制，逐步推动技术、监管、规则等制度创新，探索形成数据安全有序跨境流动的发展路径。未来北京市要致力于加强对数字贸易规则的深入研究，积极参与国际数字贸易规则的制定和协商，推动建立更加公平、开放和透明的数字贸易规则体系；加强与其他国家和地区的数字贸易合作，推动建立互信互利的数字贸易合作机制，致力于推动形成与全球高标准数字贸易规则一致的数字贸易规则和机制，促进数字贸易的稳定与可持续发展。此外，北京市还应致力于倡导建立合理、公正的数字贸易规则体系，推动全球数字贸易自由化、便利化。在构建数字贸易发展体系过程中，北京市应积极参与各国的双边、多边谈判与合作，推动数字贸易领域的规则制定和协商，共同推进数字贸易的健康发展。我国已经与多个国家签署了数字贸易合作协议，数字交易的规则在经历着不断的变化。北京市作为我国首都和重要的政治中心，更应为全国数字贸易规则体系的建立树立榜样和标杆。此外，还要通过制定和完善相关法律法规，明确数字贸易的权益保护和纠纷解决机制，为企业提供更稳定和可预期的商业环境，构建适合数字交易发展的和谐法治环境。具体而言，北京市可以从数据跨境自由流动规则、跨境服务贸易规则、数字贸易便利化规则、数字领域权益保护规则等方面构建与国际高标准经贸规则相衔接的数字贸易发展体系。

其一，在数据跨境自由流动规则方面，探索开展跨境数据流动试点，分阶段推动跨境数据流动的有序开放，并逐步构建跨境数据流动规则，要致力于实现允许基于商业行为的数据跨境自由流动，同时允许为保护基本安全利益所必需的任何安全措施；其二，在跨境服务贸易规则方面，要以促进金融服务不断创新为目标，加强金融服务行政审批的政府监督，在数字服务市场准入主张等数字服务方面逐渐与 CPTPP 等高标准国际经贸规则接轨；其三，在数字贸易便利化规则方面，要着力于推动数字自由贸易，设置电子传输免关税、数字贸易标准（电子交易框架、电子认证和数字身份）等相关条款，实现北京数字贸易在电子交易、无纸化贸易方面的优势目标，同时实现电子签名、与电子认证机构互认等；其四，在数字领域权益保护规则方面，要始终致力于加强数字贸易过程中个人信息保护、消费者保护和数字知识产权保护等权益保护行为，在权益保护条款规则方面实现与 CPTPP 和 DEPA 等国际高标准数字贸易规则体系接轨。

构建国际高标准数字贸易发展体系，除了要致力于建立与国际高标准数字贸易规则相衔接的数字贸易规则体系外，还要注重推动数字贸易重点领域的政策创新，打造开放创新、包容普惠的数字经济和数字贸易营商环境，强化数字领域优秀人才支撑，加大关键环节支持力度，加强对规则制定、海外并购等关键环节的资金投入，引导国内外数字经济和数字贸易领域高端团队和原始创新项目在京落地转化和发展。此外，要加大对数字贸易发展体系的推广实施力度，引导和支持企业遵循北京市数字贸易发展体系开展业务，加强对数字贸易体系标准的检测和评估，保证数字贸易体系发展的科学性和有效性。

8.2 北京市数字贸易发展现状

数字贸易作为 21 世纪国际贸易的必然趋势、新动力和重要引擎，已成为当前城市发展和经济增长的必然选择。2019 年国务院在发布的《关于推进贸易高质量发展的指导意见》中明确提出，通过“加快数字贸易发展”促进贸易可持续发展，“积极参与全球数字经济和数字贸易规则制定”，为贸易发展增添新动能，中国数字贸易发展迈入了新阶段。与此同时，随着 2020 年《北京市关于打造数字贸易试验区实施方案》与 2021 年《北京市关于促进数字贸易高质量发展的若干措施》的颁布与贯彻落实，北京市凭借可观的数字经济规模优势、相对完善的数字基础设施建设条件、强大的数字技术创新和生产能力、高效的数字化公共服务水平、持续加深的国际开放和合作发展方向，不断以世界眼光和科技视角推进数字技术与国际间合作的融合发展，稳步促进“全球数字经济标杆城市”建设，加速实现数据跨境安全便捷流动，着力打造数字贸易示范区，并明确提出“到 2025 年，北京市数字贸易进出口规模达到 1 500 亿美元，占全市进出口总额比重超过 25%，数字服务贸易占全市服务贸易的比重达到 75%”的发展目标，努力为中国数字贸易的高质量发展提供“北京样板”和“北京标杆”。

8.2.1 数字经济基础提升推动数字贸易示范区建设

强大的数字经济基础实力带动新型贸易模式的生成。数字贸易已成为数字时代的新型贸易模式（刘洪愧，2020），因此更高水平的数字经济发展基础往往对国家数字贸易环境建设、竞争能力提升、国际市场融入等多方面作用显著（武娜 等，2023；李俊、范羽晴，2023；赵春明、杨宏举，2024）。2023 年，北京市数字经济增加值超过 1.8 万亿元，占全市地区生产总值的 42.9%，同比增速为 8.5%；其中，数字经济核心产业增加值增速同比增长达 10.8%。2016—2023 年，北京市数字经济增加值从 9 674.7 万亿元增长至 18 766.7 万亿元，占地区生产总值比重连续四年超过四成，城市数字基础和数字潜力得到极大提升（见图 8.1）。中国信通院发布的“数字经济企业 TOP500 发展指数”中，北京市有 143 家企业上榜，数量高居榜首，是引领全国企业数字经济发展的重要力量。近年来，在发展高水平技术和科技高质量发展目标下，海淀区凭借在人工智能、集成电路、基础软件与网络安全、未来产业等领域的发展特色，已成为北京市数字经济创新发展的“新高地”，不仅表现为数字经济总规模领跑全市，而且有 50 家企业入选了“2023 年北京数字经济百强”企业榜单。另外，随着朝阳区和北京经济技术开发区关于数字经济发展的建设和政策落地，两个地区的规模以上数字经济核心产业收入均已超 4 000 亿元①，使其成为助力北京市数字经济基础升级和潜力提升的新兴引擎区。根据北京市经济和信息化局官方网站消息，2024 年，北京数字建设仍将从建设新型基础设施、推进产业数字化、撬动数据要素市场三个方面持续发力，年内计划初步建成公共智算供给体系，三年内促进全市所有规模以上制造业企业实现数字化转型，加速推进并完善数据的交易规则、跨境数据流动的服务体系、可信的数据中介服务商建设。

8.2.2 数字贸易规模扩张带动数字贸易布局优化

以优质数字贸易发展促进贸易结构的优化升级。经济和产业结构的优化升级更多是个体和规模积累到一定程度的产物，这不仅是“量变”引发“质变”的哲学规律，也是“高质量发展”的应有之义（金碚，2018；王一鸣，

---

① 数据资料来源：北京市人民政府官方网站。

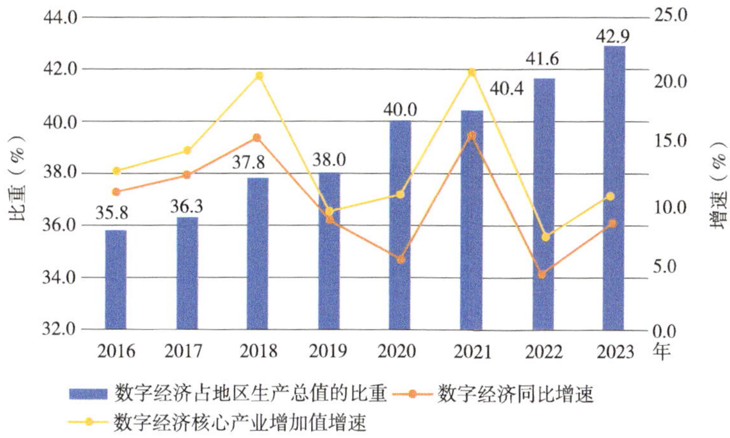

图 8.1 2016—2023 年北京数字经济及核心产业增长情况

数据来源：北京市人民政府官方网站。

2020），同样地，数字贸易的发展也遵循这一“规律”。数字贸易作为新时代中国社会发展的重要强国目标之一，规模增长和布局优化的相互作用也已经被证实（马述忠 等，2022）。2022 年，北京市可数字化交付服务贸易进出口总额为 726.61 亿美元，同比增长 4.15%，占中国进出口总额的 19.5%。其中，出口额为 407.39 亿美元，较上年增长 2.29%；进口额为 319.22 亿美元，较上年增长达 6.63%；实现顺差 88.17 亿美元，数字贸易连续正增长①。根据扬子江国际数字贸易创新发展研究院发布的《2023 年中国城市数字贸易指数（DTI）》，北京市的数字贸易综合指数排名首位，领先于上海、深圳、成都、广州、杭州、南京、宁波、武汉、青岛，是中国数字贸易发展的“领头羊”。通过包括对外承包工程、对外劳务合作等服务贸易方式实现数字交付贸易的增长贡献突出，2022 年，北京市服务贸易进出口总额近万亿元，同比增长 4.9%，占地区对外贸易总额比重为 21.4%，高出全国平均水平 9 个百分点；对外承包工程新签合同 299 个，较上年增长 65.2%，实际完成营业额 53.23 亿美元，较上年增长 44.4%；对外劳务合作实际收入超 5 亿美元，较上年略有下降，但总体上较为稳定。在数字技术、网络算法、大数据等高新技术支持下，北京市数字贸易企业的能力不断增长，国际间数字领域合作频繁，数

① 数据资料来源：中国数字贸易发展报告（2022）。

据流动安全和数字贸易效率不断提升，贸易数字化程度显著提高，对外贸易高质量发展和贸易强国目标正逐渐实现。

8.2.3 数据跨境流动的安全性、便捷性升级

加快促进微观企业的数据跨境流动。数据作为数字经济交易的新产品和重要内容，是数字时代国家间竞争的新高地（许宪春、张美慧，2020）。2022 年《数据出境安全评估办法》的正式实施，从法律制度方面明确了我国在数据出入境安全评估方面的具体办法。北京市作为规则试验和先行者，通过尝试开通地方申报受理咨询专线的方式，帮助并指导包括社交媒体、医疗、金融、汽车、民航等重要领域的企业完成安全评估申报。其中，首都医科大学附属北京友谊医院与荷兰阿姆斯特丹大学医学中心合作研究项目成为全国首个数据合规出境案例，标志着国家数据出境安全评估制度在北京市率先落地；中国国际航空股份有限公司项目作为全国第二例批准审核通过的案例，再次奠定了北京市数据出入境安全的先驱地位。截至 2023 年底，北京市已有包括小米、联想、京东、美团、奔驰、宝马、苹果等 117 家在京知名企业正式提交数据出境安全评估申报材料。其中，奥迪汽车、三星中国、葛兰素史克等 45 家单位的数据出境安全评估申请已被国家网信办受理；施耐德电气、瑞士再保险、联邦快递等 39 家单位已获批通过安全评估①。另外，在海淀区政府和市委网信办指导下，中关村软件园作为首批国家数字服务出口基地，2022 年实现总产值 4 759.3 亿元，较上年增长 10.8%，其中，超过 99%的企业来自数字经济相关产业，包括上市企业 72 家，收入过亿企业 93 家，国家规划布局重点软件企业 27 家，国家专精特新“小巨人”企业 25 家，进一步提升了北京市国际信息产业竞争力，以保障数据跨境流动的安全性②。

8.2.4 数字贸易的发展平台建设不断创新、完善

（1）创新数字贸易会展平台建设

近年来，北京市数字贸易主题会展活动连续举办，积极向国内国际社会展现北京市发展数字贸易的能力和潜力，彰显数字禀赋优势、吸引高水平人

① 数据资料来源：中华人民共和国中央人民政府官方网站。

② 数据资料来源：中国高新网。

才、鼓励数字科技企业创新发展。2023 年 9 月 6 日，在海淀区举办的“2023 数字贸易发展论坛”上，围绕数字贸易和科技企业与传统制造业融合的话题，发布了“数字贸易合作伙伴计划”倡议书、“2023 海淀服务贸易重点企业”、“2023 海淀数字贸易典型案例”、《数智化工园区白皮书》、《工业元宇宙白皮书》等，明确指出将为数字贸易企业的“引进来”和“走出去”提供渠道开拓、政策咨询、当地对接和落地支持等服务，助力数字贸易企业的成长，提升北京市数字贸易企业的国内外知名度和影响力。2023 年在国家会议中心和首钢园区举办的服贸会，着重强调数字贸易和跨境电商在服务贸易高质量发展中的作用，会展吸引了 424 家世界 500 强及行业龙头企业参展，承办了包括 10 场高峰论坛、2 场亮点活动、107 场专题论坛、17 场边会、66 场推介洽谈等在内的会议和活动①，为国家间服务贸易交流与合作创造了新机会。

（2）完善数字贸易公共服务平台

在数字贸易实践推动过程中，北京市以“两区”建设任务为基础，着力进行海淀区、朝阳区和大兴区的数字贸易试验区建设。2022 年创新建立的“京贸兴”平台，作为京津冀地区首个新型国际贸易公共服务平台，上线仅一年时间就已为 15 家银行、8 家企业开立了账号，为 40 多家企业提供核查服务，累计贸易结算额超过 70 亿元②，充分发挥了数字技术在信息传输和运营中所具备的高效快捷优势，为数字贸易企业跨境交付开辟了新高地，实现了服务贸易的智能化、科学化、可视化发展。此外，北京国际大数据交易所的挂牌营业为数据基础设施交易和国际重要数据的跨境流动提供了便利，加快了数据信息登记、交易、运营管理、金融创新及数字技术创新速度，从客户、市场和社会需求出发，推动并引领全国数据要素市场的建设。

8.2.5 数字贸易政策、法规体系逐步完善

（1）完善政策和法律体系

《中华人民共和国网络安全法》和《中华人民共和国数据安全法》的颁布和实行，为新时代我国数字贸易发展基础稳固、数据安全和流通有序奠定了坚实基础，确保数字贸易交易双方、交付平台和数据要素市场的健康、规

① 数据资料来源：北京市政府官方网站。

② 数据资料来源：北京市政府官方网站。

范、稳定发展，为国内数字贸易企业提供了有力的法律支撑。2016 年 11 月经过表决通过的网络安全法，作为保障网络运行和信息安全的基础性法律，明确界定了国家、企业、行业组织和个人等主体在网络安全保护方面的责任，切实有效保障网络平台的安全体系健全完善，科学全面监控网络平台发展和信息的远距离流动。2021 年 6 月经过表决通过的数据安全法，系统全面地确立了保障网络数据安全、网络信息安全等各方面的基本制度，其作为数据领域的基础性法律，立足实际平台中的数据安全问题，确立了数据安全保护管理各项基本制度。另外，《个人信息保护法》《网络安全审查办法》《关键信息基础设施安全保护条例》《互联网信息服务管理办法》《网络安全等级保护条例》《网络数据安全管理条例》等法律法规的出台和落实，为我国数字贸易的正常建立、运行和发展提供了可靠保障。

（2）强化规则体系设计

国家层面上，2019 年国务院发布的《关于推进贸易高质量发展的指导意见》，是继 2013 年美国国际贸易委员会首次提出数字贸易概念后，国内第一次将“加快数字贸易发展”纳入政府政策性文件。2021 年，《“十四五”对外贸易高质量发展规划》强调了数字贸易在服务贸易中的重要作用。《“十四五”服务贸易发展规划》更是首次将数字贸易列入服务贸易发展规划中。地方层面上，2020 年，北京市商务局颁布的《北京市关于打造数字贸易试验区实施方案》，提出将建立以中关村软件园、朝阳区金盏国际合作服务区和大兴机场片区的“三位一体”的数字贸易开放格局。2021 年，《北京市关于促进数字贸易高质量发展的若干措施》中，系统构建出包含数字贸易服务平台、数据安全和保护、数据跨境流动、数字贸易产业竞争、数字贸易便利度、政策支持和保障体系的数字贸易高质量发展措施，打造具有北京特色且符合实际的数字贸易示范区，为全国数字贸易建设提供“北京经验”。同年，北京市政府工作报告清楚展示了北京市以“两区”建设为基础进行的包含创新数据定权、数据资产、数字服务和数据交易流通等目标与成效。

8.2.6 国际间数字贸易合作进一步加深

（1）积极参与并探索数字贸易国际合作

近年来，随着《区域全面经济伙伴关系协定》（RCEP）的践行和完善，我国在 WTO 规则框架下，积极参与跨境电商、数据要素跨境流动、数字技术和产品研发及输出、数字贸易规则等多项议题的谈判，积极推动与世界各国的双边和多边协定的制定与实施。在国内对外贸易发展政策下，北京市也不断推出结合地区特色和区位优势的数字贸易发展方案。2020 年，《中国（北京）自由贸易试验区总体方案》强调，将重点发展数字贸易，探索建立数字贸易港、国家数字服务出口基地、数字经济新兴产业群，充分发挥北京市数字经济优势。2022 年，北京市商务局发布的《把握 RCEP 机遇 助推“两区”高水平发展行动方案》明确提出，将“引导商协会、研究机构、企业与新加坡、新西兰等国相关机构进行高级别数字贸易、数字经济领域对话，就数字产品待遇、源代码、数据跨境流动、线上争端解决等议题进行深入交流与合作”。根据北京海关数据，截至 2022 年底，北京海关共签发 RCEP 证书 4 304 份，货值 2. 45 亿美元，惠及 137 家企业，帮助出口企业在目的国享受关税减免约 1 600 万元人民币①。

（2）推进“一带一路”多领域高质量发展

2013—2023 年，在“一带一路”倡议提出的十年里，北京市与“一带一路”国家的进出口总额共计 14. 46 万亿元，其中货物贸易额增长迅速，年均增长 8%②。近年来，北京市不断尝试并完善与“一带一路”共建国家的联通格局，形成陆、海、天、网“四位一体”的总体格局，且仍在不断探索国际运输通道和物流服务网络。2022 年，北京市与“一带一路”共建国家的进出口总额实现稳步增长，其中，通过空运方式的进出口总量增长 80%，通过铁路运输进出口增长 39. 7%③。另外，随着“一带一路”朋友圈的扩张，跨国生鲜成为北京市对外贸易的又一亮点。得益于不断放开的商品准入限制和贸易便利化措施，厄瓜多尔的麒麟果、智利的三文鱼、东南亚的鲜榴莲、南非的岩龙虾等新鲜农（水）产品陆续进入北京生鲜市场。根据海关数据，2022 年，北京地区自共建“一带一路”国家进口的农产品增加至 430 项，总价值达 539. 2 亿元，较 10 年前增长 72%④。

---

① 数据资料来源：中华人民共和国北京海关官方网站。

② 数据资料来源：中华人民共和国北京海关官方网站。

③ 数据资料来源：中华人民共和国北京海关官方网站。

④ 数据资料来源：中华人民共和国北京海关官方网站。

（3）开拓数字文化出口与创新发展

随着数字技术在产业中的渗透和应用，文化贸易和交流的数字化水平不断加深，以科技赋能发展的数字文化新业态模式正逐渐成为北京市文化产业主阵地。文化贸易规模不断扩张，2021 年，北京市文化产品进出口总额达 61.3 亿美元，较上年增长 65.7%。其中，文化产品出口 19.4 亿美元，同比增长 151.9%；北京市个人、文化和娱乐服务进出口总额 25 亿美元，同比增长 5.4%。其中，出口 8.6 亿美元，同比增长 26.2%①。数字概念不断融入文化企业，2022 年，北京市规模以上数字文化核心产业单位共计 1 867 家，占全市规模以上文化产业单位数量的 33.0%②。2023 年，首届数字文化出口高峰论坛在京举办，以推进对外文化贸易高质量发展为主题，助力北京数字文化产业和文化贸易的创新发展之路。

8.3 北京市数字贸易存在的问题及国际比较

数字贸易是“双循环”发展格局下的新兴贸易领域，大力发展数字贸易是北京市打造对外开放合作新高地的必经之路。近年来，北京市基于良好的数字技术基础和较大的政策支持力度，促进北京市数字贸易迅速发展，取得了一定成效，但是相比北京市数字贸易发展目标以及国际领先地区，仍存在一定的差距。

8.3.1 北京市数字贸易存在的问题

（1）数字贸易发展规模有待进一步提升

北京市数字企业集聚、数据资源汇集，具有贸易需求旺盛、数字技术领先、数据规则先行先试等发展优势，推动北京市数字贸易规模稳步扩大。但是相较于北京市在 2021 年发布的《关于促进数字贸易高质量发展的若干措施》中提出的发展目标，仍存在一定的发展空间。

2022 年，北京市数字贸易进出口规模达 726.61 亿美元，同比增长 8.6%，快于全国 0.8 个百分点；北京市数字贸易规模占全市服务贸易总额的比重为

① 数据资料来源：《北京文化产业发展白皮书（2022）》。

② 数据资料来源：《北京文化产业发展白皮书（2023）》。

49.3%，占比高出全国（41.9%）7.4个百分点，数字贸易在服务贸易中的主导地位不断显现。北京市数字贸易的发展目标是：到2025年，数字贸易进出口规模达到1 500亿美元，数字服务贸易占全市服务贸易的比重达到75%。相较于北京市数字贸易发展目标，当前北京市数字贸易进出口规模为目标的48.44%，北京市数字贸易规模占全市服务贸易总额的比重还存在25.7%的差距。因此，虽然北京市当前的数字贸易发展规模较为可观，但是相较于其数字贸易发展目标，还存在一定的提升空间，需要进一步推进北京市数字贸易的高质量发展。

（2）数字贸易龙头企业的培育力度有待加强

企业是数字贸易的主体，数字贸易龙头企业能够在数字经济产业发展和数字贸易增长中发挥引领带动作用，是数字贸易高质量发展的活力和内生动力。与2025年北京市数字贸易发展目标相比，北京市数字贸易龙头企业的整体规模和数量有待进一步提升。在福布斯发布的"2022全球数字贸易行业企业TOP 100评选"名单中，腾讯、阿里巴巴、蚂蚁集团、网易、新华三、京东科技、微众银行、米哈游等45家中国科技企业成功入选。在45家国内企业中，浙江省的入选企业总数位居首位，占比约30%，已经走在全国前列。北京市的京东、百度、小米等企业也进入了"2022全球数字贸易行业企业TOP 100评选"名单中，但是与浙江省的数字贸易龙头企业相比，在整体规模上还存在一定的差距。北京市为实现数字贸易高质量发展需要培育一批具有全球数字技术影响力、数字资源配置力和数字规则话语权的数字贸易龙头企业，目前距离该目标的实现仍存在一定的发展空间。

（3）数字贸易规则体系尚待完善

在全球数字经济蓬勃发展的背景下，数字贸易改变了传统贸易模式，打破了传统国际贸易规则，重构国际数字贸易规则成为全球贸易博弈的重中之重。现阶段，欧美着力推动符合其利益与政治立场的数字贸易规则，为全球经贸规则制定提供了模板，数字贸易规则成为数字经济背景下国际竞争的关键所在。当前世界正处于贸易全球化的时代，但尚未推出对全球具有普适性的数字贸易规则，部分发达经济体主导制定了《全面与进步跨太平洋伙伴关系协定》（CPTPP）、《跨大西洋贸易与投资伙伴关系协定》（TTIP）和《服务贸易协定》（TISP）三个超大型自由贸易协定数字贸易规则，用以维护包括美国在内的成员国的自身优势，而中国在已制定的规则下，仅能停留在参与层面。2022 年 1 月正式生效的《区域全面经济伙伴关系》（RCEP）所涉及的数字贸易规则旨在促进贸易便利化，通过无纸化贸易、电子认证和电子签名等降低贸易成本，提高贸易效率，提升中小企业国际贸易参与度，并注重跨境数据安全问题等，RCEP 是中国开启积极探索数字贸易规则新阶段的重要标志。CPTPP 和《数字经济伙伴关系协定》（DEPA）在数字贸易领域聚焦数据自由流动、数字贸易便利化、跨境服务贸易等内容，是对 RCEP 既有数字贸易规则的深化，相关标准更加严苛（黄先海、周禄松，2024）。近年来，中国先后正式申请加入 CPTPP 和 DEPA，表明了中国在数字贸易规则议题上进一步对标国际标准的决心（叶凌寒、翁东玲，2023）。

从区域来看，北京市积极对标国际先进水平，致力于建设全球数字经济标杆城市，在数据跨境流动探索中取得了重要进展，如北京市通过探索制定跨境数据流动等重点领域规则，不断加强跨境数据保护国际合作，并通过促进数字证书和电子签名的国际互认、设立国际大数据交易所等不断建立健全数字交易规则。但是，北京市在其他领域的数字贸易规则体系尚待完善，例如，对于为信息技术提供安全保障、为数据隐私设立保护措施等重点领域规则及争端解决、电子认证等规范化规则方面仍然不健全，个人信息保护、私人部门参与及应邀商业信息等规则也处于“较弱”状态，仅限于“合作”层面，与北京市所制定的“构建与国际高标准经贸规则相衔接的数字贸易发展体系”这一目标存在一定的差距。

8.3.2 北京市数字贸易发展的国际比较

作为数字经济时代的重要贸易形态，数字贸易成为推动世界经济发展的重要引擎，引导全球贸易向数字服务化方向发展，是重塑全球贸易格局的关键因素（洪俊杰等，2023）。全球数字贸易蓬勃发展，呈现出发达经济体占据主导地位和发展中经济体潜力巨大的特点。北京市作为现代化的国际大都市，拥有良好的数字技术基础，长期致力于打造具有国内示范作用和全球辐射效应的数字贸易示范区，取得了一定成效。但是相较于国际领先地区，在发展规模与发展质量、数字基础设施建设、人才储备和法律法规体系建设等方面仍存在一定差距。

（1）数字贸易发展规模相对较小，有待扩大

近年来，北京市数字贸易规模不断增长，但是同国际领先地区相比，仍

存在一定的差距。据统计[①]，2022 年，全球可数字化交付服务出口额为 4.1 万亿美元，同比增长 3.4%，在全球服务出口中的占比达 57.1%。2022 年，美欧等发达经济体在数字贸易领域优势突出，其数字服务出口达 3.14 万亿美元，在全球市场中占比高达 77.2%。其中，美国、英国、爱尔兰、德国和日本的数字服务出口分别为 6 560.54 亿美元、3 780.13 亿美元、3 229.60 亿美元、2 367.90 亿美元和 1 171.41 亿美元，在全球数字服务出口中的占比分别为 16.1%、9.3%、7.9%、5.8% 和 2.9%。而发展中国家的数字服务贸易具备较大的发展潜力。2022 年，发展中经济体数字服务出口达 9 270 亿美元，在全球的占比为 22.8%，同比增长 14%。其中，中国、印度的数字服务贸易规模达 2 105.37 亿美元和 2 354.18 亿美元，同比增长分别为 7.59% 和 25.93%，如图 8.2 所示。北京市数字服务贸易出口额 2022 年达到 407.39 亿美元，同比增长 2.29%，在全球数字服务贸易出口额中占比近 1%，存在较大的提升空间。

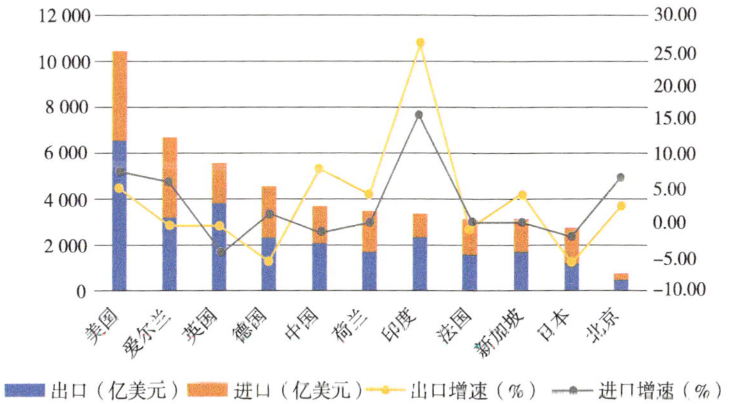

图 8.2　2022 年全球主要经济体及北京市可数字化服务贸易规模及增速

数据来源：WTO 数据库、北京商务局。

发达经济体在数字服务进口规模上仍位于前列。其中，美国、爱尔兰、德国、英国、荷兰的数字服务进口于 2022 年分别为 3 917.77 亿美元、3 465.27 亿美元、2 230.88 亿美元、1 850.15 亿美元和 1 747.54 亿美元，仅

① 数据资料来源：《中国数字贸易发展报告（2022）》。

有英国和荷兰的同比增长率为负。中国于2022年的数字服务进口规模达1 621.70亿美元，增速放缓。其中，2022年北京市的数字服务进口额为319.22亿美元，增速达6.63%。

WTO数据库显示，2022年全球可数字化服务贸易规模排名前十的国家如图8.3所示。美国的可数字化服务贸易规模位居首位，达10 478.31亿美元，同比增长5.86%；爱尔兰位居第二，可数字化服务贸易规模为6 694.87亿美元，同比增长2.68%；英国与德国紧随其后，可数字化服务贸易规模分别为5 630.28亿美元和4 598.78亿美元，增速放缓。中国在全球可数字化服务贸易规模中位列第五，总规模为3 727.07亿美元，增长率为3.38%。

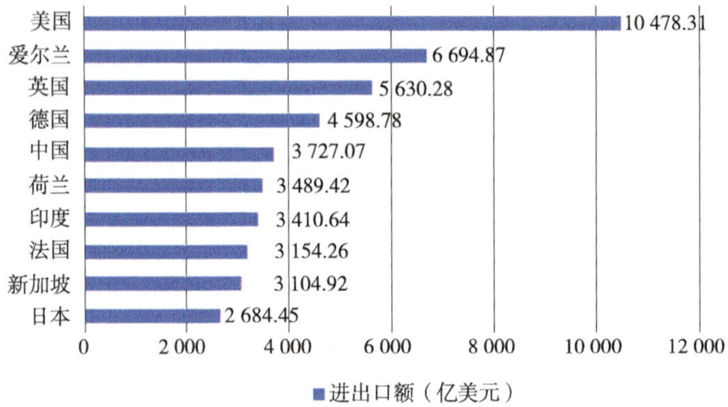

图8.3　2022年全球主要经济体可数字化服务贸易规模

数据来源：WTO数据库。

虽然近年来北京市数字贸易发展迅速，2022年北京市数字服务贸易规模为726.61亿美元，增速达4.15%，在全球数字贸易规模中的占比为1.9%，但是北京市数字贸易规模有待进一步扩大。将北京市同爱尔兰、新加坡等经济规模处于同一数量级的发达国家相比，北京除了在GDP方面领先于上述两个国家外，在总体数字贸易规模、数字贸易出口额、人均数字贸易规模等方面都与之存在不小的差距。

2022年，北京市数字服务贸易进出口总规模达726.61亿美元，而爱尔兰和新加坡的数字服务贸易规模分别为6 694.87亿美元和3 104.92亿美元，北京数字服务进出口规模大约是爱尔兰的1/10、新加坡的1/5。其中，北京数字服务出口额为407.39亿美元，而爱尔兰和新加坡分别是3 229.6亿美元和1 687.71亿美元，是北京的7.93倍和4.14倍；北京数字服务进口额为

319.22 亿美元，分别是爱尔兰的 9.21%、新加坡的 22.52%，差距较为明显（如图 8.4 所示）。此外，北京、爱尔兰和新加坡在人均数字服务贸易进出口规模上也存在较大的差距。2022 年，北京市人均数字服务贸易进出口额为 3 326.51 美元，爱尔兰和新加坡的人均数字服务贸易进出口额高达 13.18 万美元和 5.5 万美元，是北京的 39.62 倍和 16.55 倍。

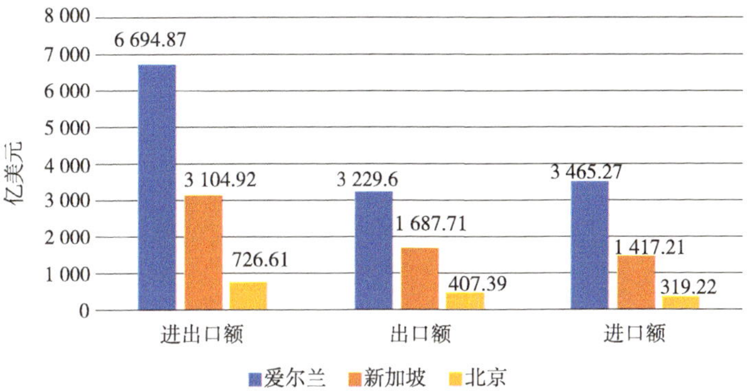

图 8.4　2022 年爱尔兰、新加坡和北京市数字贸易进出口规模比较

数据来源：WTO 数据库、北京市商务局。

（2）数字贸易发展质量相对较低，竞争力较弱

在数字发展质量方面，北京市也落后于爱尔兰和新加坡。2022 年爱尔兰和新加坡数字服务出口占 GDP 的比重分别达到了 60.94%和 35.91%，而北京市数字服务出口额占 GDP 的比重仅有 6.57%，是爱尔兰和新加坡的 1/10 和 1/5；2022 年北京数字服务进出口规模占服务贸易的比重为 27.38%，而爱尔兰数字服务进出口规模占服务贸易的比重为 44.43%，是北京市的 1.62 倍，新加坡的该占比与北京市相近。而从单位面积产出来看，2022 年，北京市每平方公里数字贸易进出口额为 442.78 美元，而新加坡为 42 347.52 美元，是北京的 95.64 倍（如图 8.5 所示）。因此，北京市在数字贸易发展方面还有较大的潜力，应对标爱尔兰和新加坡等发达国家或地区在数字贸易领域的成功经验，推进北京市数字贸易高质量发展。

（3）数字贸易平台国际市场竞争力不强，数字基础设施仍需完善

在联合国贸易和发展会议（UNCTAD）发布的 2023 年度“全球非金融类跨国公司 100 强榜单”中，仅有 11 家中国企业上榜。美国拥有苹果、谷歌、亚马逊、微软等超大型跨国信息与通信技术（ICT）企业，数字产业具有绝对

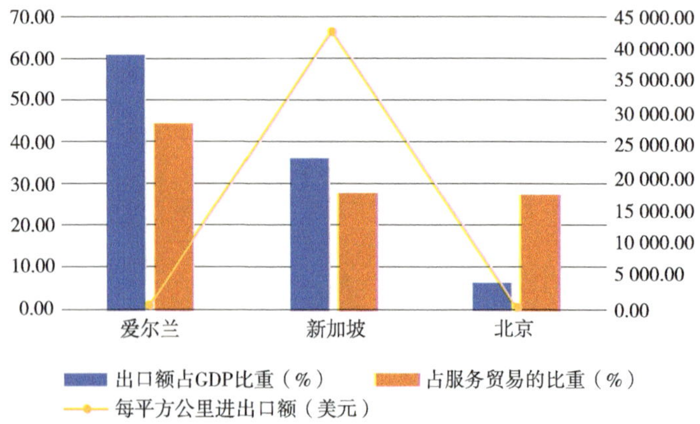

图 8.5　北京、爱尔兰和新加坡数字贸易发展质量比较

数据来源：WTO 数据库、北京市商务局。

优势，在全球数字服务贸易中一直处于领先地位。而我国数字龙头企业国际化程度偏低，数字服务企业仍处于全球价值链的中低端环节。北京市拥有百度、腾讯、联想、浪潮、启明星辰、度小满、快手等数字贸易领域的领先企业，搭建了中国国际服务贸易交易会、全球数字经济大会、北京国际电影节中关村论坛、金融街论坛等数字贸易展会平台，但是相较于国际领先地区，北京市数字龙头企业以及数字贸易平台国际竞争力有待进一步提升。

数字基础设施水平是经济体数字化水平的重要体现，也是数字贸易发展的重要支撑（王群勇、苗培，2023）。全球数字基础设施建设仍处于快速发展阶段。中国在数字基础设施领域具备一定的优势，但是相较于美国和新加坡的数字基础设施建设而言，还存在较大的发展空间。北京市长期致力于打造具有国内示范作用和全球辐射效应的数字贸易示范区，其传统数字基础设施和新型数字基础设施有待进一步完善。一方面，北京自贸区传统基础设施尚不完善，三大片区选址相对分散，缺乏服务国际人才的商铺、标牌、公寓、娱乐场所等满足日常需求的基础设施。尤其是金盏国际服务区、大兴片区位置相对偏远，交通线尚不完善，与外界的联系和沟通相对较弱，日常消费场所也严重匮乏，不能满足基本的消费需求。另一方面，北京市的新型基础设施的外延性相对较弱，对 5G、VR、大数据运营及云技术等新兴技术的应用推广不足，科技场景覆盖的商业形态还未成型。从融合基础设施和创新基础设施来看，北京自贸区带动津冀地区产业转型作用不甚显著，智慧自贸区建设路径不甚明晰，信息技术尚未全部覆盖到自贸区的精细化管理。

（4）关键核心技术供给不足，相关人才储备仍需加强

数字贸易是数字技术发挥重要作用的贸易形式，是数字技术与国际贸易融合渗透不断深化的结果。欧美国家的数字技术水平一直处于全球领先位置，其中，美国、芬兰和瑞士等国家的数字技术水平位居前列，而中国的数字技术水平与该类国家相比还存在一定的差距。我国对数字技术关键领域投入相对较少，基础软件、核心元器件、高端芯片等数字贸易核心技术高度依赖进口，导致我国基础性关键技术短板突出，制约了我国数字贸易发展（李俊，2023）。根据 UNCTAD 对全球前沿技术服务提供商的统计研究，在 5G、人工智能、大数据、区块链等前沿数字技术领域，全球顶级服务供应商大多来自国外，中国仅在 5G、3D 打印等领域有少数企业入榜。北京市在发展数字贸易领域虽然具备了良好的数字技术基础，但是对 5G、云计算、大数据运营等技术的研发和应用推广力度不足，数字贸易发展的关键核心技术需要进一步突破。

数字贸易的发展离不开数字技术水平的提升，同时，数字技术水平的提升又离不开人才的引进。如何吸引、培养、留住、发展人才是北京市数字贸易发展的痛点问题，北京市对相关人才储备方面仍缺乏相关的政策和充分的措施，数字贸易人才的储备亟待加强。数字贸易这一新兴技术领域的对口专业相对稀缺，再加上该行业具有高难度和不可测等特征，各界人才对技术、研发等重点岗位的挑战意愿较低。如何培养某一具体领域的专业性人才，如何加强数字技能人才交流，如何将国内外数字贸易人才拉入北京市数字贸易建设中，依旧需要北京市在人才储备方面做出更大努力。

（5）相关法律法规体系建设有待完善，数字贸易发展的法律保障不足

与数字贸易有关的法律法规体系的建设有利于为数字贸易的发展提供法律保障。欧盟选取了严格的立法监督路径，全面加强数字经济治理，通过了《数字市场法》《数字服务法》《数字治理法》，芯片和人工智能等方面的法案也已出台。与此同时，欧盟作为数字服务贸易主要进口方，对相关数据向境外传输进行了严格规定。相较于欧盟，我国现有与贸易相关的法律法规主要集中在货物贸易与服务贸易上，缺少数字贸易专门的规则标准，针对数字产品及数字服务相关的法规体系更有待完善。在跨境数据流动方面，我国虽然

通过《数据出境安全评估办法》《数据出境安全评估申报指南（第一版）》等不断健全数据跨境流动的制度框架，但仍未明确重要数据范围及行业数据分级分类方法。同时，由于我国数据确权、定价、保护等相关机制仍处于探索阶段，数据“条块分割”“信息孤岛”现象仍然存在，导致相关业务创新和政务服务优化面临瓶颈。因此，相较于国际领先地区，中国需不断完善相关的法律法规建设，为数字贸易发展提供充足的法律保障（郑伟、钊阳，2020）。

8.4 北京市数字贸易发展路径探析

为实现北京市数字贸易发展目标，本报告提出以下路径建议，以助力北京市数字贸易发展，推动北京市扩大数字贸易规模，培育数字贸易龙头企业，构建与国际高标准经贸规则相衔接的数字贸易发展体系。

8.4.1 持续优化数字贸易基础设施建设，助力数字贸易规模稳步提升

在全球数字经济的快速发展背景下，北京市作为中国的政治、文化、国际交流和科技创新中心，面临着独特的机遇和挑战。优化数字贸易基础设施，对于提升北京市的数字贸易规模具有至关重要的作用。其一，北京市应加快5G网络和未来6G网络的部署与升级，利用其作为国家科技创新中心的优势，推动网络基础设施向更高速度、更广覆盖、更低延迟的方向发展。这不仅能为数字贸易提供强有力的技术支撑，还能奠定北京市在全球数字经济中的领先地位。此外，应鼓励私营企业参与网络基础设施的建设和升级，采取政府与企业合作的模式，共同推进北京市数字基础设施的快速发展。其二，加强数据中心建设和优化是提升数字贸易基础设施的又一关键措施。北京市应依托其强大的科技研发能力，建设一批高效能、低能耗、绿色环保的数据中心，为数字贸易提供强有力的数据处理和存储支持。同时，通过制定优惠政策和激励措施，吸引国内外资本投资数据中心项目，进一步扩大北京市数据中心的规模和影响力。其三，推进数字支付和跨境电商平台的建设与优化。北京市应保障本地企业软件开发安全、鼓励便捷的数字支付工具创新，以满足国内外消费者的支付需求。同时，加强对跨境电商平台的支持，简化跨境电商

交易流程，降低企业运营成本，提升用户体验。通过政策引导和支持，鼓励企业利用区块链等新技术保障交易安全，提高交易透明度。其四，物流是数字贸易的重要组成部分，北京市应通过智能化改造，提升跨境物流效率。采用包括物联网、大数据等数字技术优化物流路径选择、货物追踪和仓储管理，减少物流成本和时间。同时，优化海关清关流程，实现数据共享和业务协同，缩短货物通关时间，提高跨境贸易效率。其五，数字贸易的安全问题不容忽视。北京市需要进一步加强数字基础设施的安全性建设，包括加大网络安全技术的研发投入，建立健全的网络安全监测和应急响应体系。同时，加强公众和企业的数字安全意识培训，提高整个社会对网络安全威胁的防范意识和能力。

8.4.2 加大数字贸易发展的政策支持力度，凸显数字贸易发展的重要地位

在数字贸易日益成为全球经济增长新动能的背景下，加强政策支持与激励对于促进北京市数字贸易的创新发展至关重要。其一，北京市应加大财政投入，为数字贸易直接提供资金支持。对此可以通过设立专项基金、提供创新券、研发补贴等方式来实现。北京市拥有众多高新技术企业和创新型初创企业，这些企业是数字贸易发展的重要力量。政府可以为这些企业在数字产品研发、国际市场拓展、跨境电商平台建设等方面提供资金支持，降低企业创新和国际化经营的成本与风险。其二，优化税收政策，减轻数字贸易企业负担。政府可以考虑为从事数字贸易的企业提供税收优惠，如减免增值税、所得税等。特别是对于那些在国际市场上具有竞争力，或在数字技术研发、应用上有显著贡献的企业，可以给予更大幅度的税收减免。通过税收激励，鼓励企业增加技术创新和国际市场开拓的资金投入，提升北京市数字贸易的整体竞争力。其三，强化金融支持，降低企业融资成本。北京市作为国际金融中心，拥有丰富的金融资源。政府可以通过引导金融机构设立专门的数字贸易融资产品和服务，如低息贷款、信用担保、股权投资等，为数字贸易企业提供多元化的融资渠道。同时，加大对金融科技创新的支持，利用区块链、大数据等数字技术优化融资流程，降低企业融资难度和成本。其四，加强人才政策支持，构建数字贸易人才梯队。北京市拥有多所世界级高等教育机构和科研院所，人才资源丰富。政府可以通过提供奖学金、科研资助、就业补

贴等措施，吸引和培养数字贸易相关领域的高端人才。同时，鼓励企业与高校和研究机构合作，共同开展人才培训项目，提升从业人员的专业技能和国际视野。其五，北京市作为国家的政治中心，其政策制定和实施具有示范效应。政府应通过加强与企业和行业协会的沟通，充分了解企业需求和行业发展趋势，制定更加精准有效的支持政策。同时，依托北京市丰富的科研资源和人才优势，建立数字贸易创新平台，促进政府、企业、研究机构和高校的深度合作。通过搭建开放共享的创新生态圈，加速科技成果转化，推动数字贸易技术和服务的创新发展。鼓励和支持企业通过数字平台开展跨界合作，探索数字贸易新模式、新业态。

8.4.3 科技与贸易深度融合，创新驱动数字贸易高效发展

在全球化和数字化时代背景下，创新已成为推动经济社会发展的关键力量。特别是在数字贸易领域，创新不仅能够提升贸易效率和效益，还能够加强北京市在全球数字经济中的竞争力和影响力。其一，北京市需要继续加大在科技创新方面的资金投入，特别是在人工智能、大数据、区块链、云计算等数字贸易相关的前沿科技领域。政府应通过提供研发资金支持、税收优惠等政策措施，鼓励企业和科研机构加大技术研发力度。同时，建立科技创新成果转化机制，促进科研成果在数字贸易领域的应用和推广。其二，北京市应致力于构建一个开放、协同、共享的创新生态系统。通过搭建政府、企业、科研机构和高校之间的合作平台，促进知识和资源的交流共享。鼓励企业与国内外的研发机构和高技术企业开展合作，引进国际先进技术和管理经验。其三，北京市需要进一步加强数字贸易相关领域的人才培养和引进工作。一方面，通过与高等院校合作，开设数字贸易和国际电子商务等相关专业，培养具有国际视野和创新能力的专业人才。另一方面，实施更加开放和灵活的人才引进政策，吸引全球优秀人才来京工作和创业。其四，为了确保创新能够转化为实际的经济社会效益，北京市需要加强对创新成果应用和推广的支持。这包括建立健全的创新成果评估和激励机制，对于在数字贸易领域取得重大创新成果的个人和企业给予奖励和表彰。同时，通过举办创新成果展示会、技术交流会等活动，提高创新成果的知名度和应用率。其五，在全球化的背景下，创新的发展需要开放的视野和国际合作。北京市应进一步加强与国际先进城市和地区在数字贸易领域的合作与交流，通过建立双边或多边合

作机制，共同开展科技创新项目，共享创新资源。同时，积极参与国际数字经济和数字贸易的规则制定，提升北京市在国际数字贸易中的话语权和影响力。

8.4.4 建立和完善企业孵化机制，着力培育数字贸易龙头企业

北京市作为中国的政治、文化和科技创新中心，拥有丰富的资源和优势，应该着力孵化和培育高质量的数字贸易企业，增强数字贸易龙头企业的国际影响力。其一，北京市应构建包括政府引导、市场驱动、高校支持和企业参与的多层次企业孵化体系。特别是在人工智能、生物科技、新能源、新材料等重点发展的高新技术领域，政府可以设立专项基金，支持新兴数字技术的联合研发和生态孵化平台建设，吸引更多创新型企业和项目入驻。其二，对于具有一定基础和发展潜力的数字贸易初创企业，北京市需要帮助其快速成长，包括提供深度的行业指导、市场拓展支持、融资对接服务等。对此，政府可以通过举办创业大赛、技术展览、投融资对接会等活动，提高孵化企业的能见度，为其提供更多的合作机会和资金支持。通过简化创业注册手续、提供创业指导服务、加大知识产权保护力度等措施，营造良好的创新创业环境。特别是对于外国人才和海归创业者，政府可以提供更为便利的签证政策和落户服务，吸引更多国际人才在北京创业。同时，建立国际创新创业合作项目，邀请国外的创新团队和企业来京交流合作，同时支持北京市的创业团队和企业走出去，参与国际竞争和合作。通过国际交流，引入国外先进的技术、管理经验和创新理念，提升北京市企业的国际竞争力。其三，对于数字贸易龙头企业，如京东、百度和小米等，北京市也应从多个方面给予支持，着力加速龙头企业的发展。对此，可以设立专项资金，支持京东、百度、小米等企业在人工智能、大数据、云计算等领域的创新活动。同时，加强知识产权保护，确保企业在创新过程中的合法权益。支持数字贸易龙头企业与传统产业企业开展合作，共同探索数字化转型路径。加强数字贸易产业与制造业、服务业等其他产业的深度融合，形成产业链上下游协同发展的良好格局。鼓励数字贸易龙头企业积极参与国际竞争，拓展海外市场，增强北京市在全球范围内的数字技术影响力、数字资源配置力和数字规则话语权。

8.4.5 加强国际合作交流，借鉴国际数字贸易发展先进经验

北京市数字贸易发展相较于国际领先地区仍存在一定差距，需要加强国际交流合作，借鉴国际经验，不断缩小与国际先进地区的数字贸易发展差距。其一，北京市应借助自身的国际影响力，建立一个国际数字贸易合作平台，吸引全球的企业、研究机构、政府代表等参与。该平台不仅能够促进国际间的信息交流和资源共享，还可以作为展示北京市数字贸易成就和吸引国际投资的窗口。通过定期举办国际论坛、展览会、研讨会等活动，加深与国际社会在数字贸易领域的合作。其二，北京市应积极参与国际组织活动，如世界贸易组织（WTO）、国际贸易中心（ITC）、国际电信联盟（ITU）等，积极参与制定国际数字贸易规则和标准。通过与这些国际组织的合作，北京市不仅可以提升自身在国际数字贸易领域的影响力，还能够为本地企业提供更多的国际合作机会，促进北京市数字贸易的健康发展。其三，北京市应利用自身的政治优势，推动中国与其他国家和地区签订双边和多边数字贸易协定。这些协定不仅能够为北京市和全国企业提供更加公平、透明的国际贸易环境，还能够通过减少贸易壁垒和促进数据自由流动等措施，加强与合作国家在数字贸易领域的紧密合作。其四，北京市应加大国际人才交流与合作的力度，吸引国际数字贸易领域的顶尖人才来京工作、交流和创业。政府可以通过提供更加便利的签证政策、优惠的税收政策、高质量的生活服务等，建立国际人才库，促进国内外人才深度合作，为北京市数字贸易的发展注入新的活力。其五，北京市鼓励和支持数字贸易领军企业开拓国际市场，政府可以通过提供市场信息、组织国际交流活动、提供贸易便利化服务等措施，帮助企业拓展国际视野和市场份额。同时，北京市应加强自身数字贸易品牌的建设和推广，提升北京市数字贸易在国际上的知名度和影响力，加快建设全球数字经济标杆城市。

8.4.6 对标国际高标准规则，推动数字贸易标准化发展

在全球数字经济背景下，数字贸易的标准化对于促进北京市数字贸易便利化、提高交易效率、降低交易成本、增强数字贸易规则的国际互通性具有重要意义。其一，北京市应以国家大数据战略和数字中国建设为指导，结合本地实际，制定一套全面、科学、系统的数字贸易标准体系。这套体系应涵

盖数据交换、网络安全、电子支付、跨境电子商务、智能合约等多个方面，旨在为数字贸易提供标准化的操作规范和技术支撑。政府牵头，联合行业协会、标准化机构、大型企业以及科研院所共同参与标准的制定和修订工作，确保标准的前瞻性、适用性和国际兼容性。其二，对标国际高标准规则。CPTPP 和 DEPA 在数字贸易领域聚焦数据自由流动、数字贸易便利化、跨境服务贸易等内容，北京市应重点从数据跨境自由流动规则、跨境服务贸易规则、数字贸易便利化规则、数字领域权益保护规则等方面入手构建与国际高标准经贸规则相衔接的数字贸易发展体系。积极与主要贸易伙伴开展数据跨境流动协议谈判，明确数据流动的规则和标准，为数字贸易提供法律保障。进一步缩减跨境服务贸易负面清单，减少服务贸易的限制和壁垒，吸引更多国际优质服务资源进入北京市场。加强与国际数字证书认证机构的合作，推动数字证书互认互通，为企业开展数字贸易提供便利。加强数字领域法律法规的制定和完善，明确数字产权、数字隐私等权益保护要求，完善数字领域法律法规体系建设。其三，在全球化背景下，数字贸易的发展不仅需要国内标准的支撑，也需要与国际标准接轨。北京市可以利用自身在国际交流方面的优势，积极参与国际标准组织的活动，推广北京市和中国的数字贸易标准，争取在国际标准制定中发挥更大的作用。同时，北京市还可以与其他国家和地区开展双边或多边合作，共同研究和制定跨境电子商务等领域的国际标准，促进数字贸易规则的全球互联互通。其四，加大标准实施和推广力度。仅仅制定标准是不够的，更重要的是要确保这些标准能够被广泛认可和实施。北京市政府应通过立法、政策引导等手段，鼓励和支持企业遵循数字贸易标准进行业务操作。此外，政府还可以通过举办培训、研讨会等活动，提高企业和公众对于数字贸易标准的认识和理解，增强标准的实施效果。对于积极采用标准并取得显著成效的企业，政府可以给予奖励或表彰，激励更多企业参与到数字贸易规则制定等标准化活动中来。其五，加强数字贸易标准化人才的培养和引进。结合北京市的教育资源，与高等院校合作，开设数字贸易标准化相关课程，培养一批懂技术、会管理、精通国际数字贸易规则的复合型人才。

9 数字经济标杆城市建设的全球比较

张　灵*

9.1　全球数字经济发展新动向

9.1.1　数字经济持续赋能全球经济复苏

数字经济已连续多年成为 G20、世界经济论坛（WEF）等国际组织的重要议题。世界经济论坛（2021）、埃信华迈（IHS Markit，2020）探讨了后疫情时代新一代信息技术发展为价值链重塑、数字化转型赋能、宏观经济发展带来的效益。疫情后数字经济发展迅猛，正在成为重组全球要素资源、重塑全球经济结构、改变全球竞争格局的关键力量。全球主要经济体纷纷将数字经济视为推动经济复苏、培育新动能的重要战略，积极抢占全球产业竞争制高点。2022 年，全球 51 个主要国家数字经济增加值规模达到 41.4 万亿美元，同比名义增长 15.6%，同比 GDP 名义增速 7.4 个百分点，占 GDP 比重为 46.1%，成为全球经济复苏的有力支撑。从数字经济规模看，2022 年美国数字经济规模达 17.2 万亿美元，蝉联世界第一；我国数字经济规模为 7.5 万亿美元，位居第二。美国、中国、德国、日本、韩国等 5 个世界主要国家的数字经济总量为 31 万亿美元，数字经济占 GDP 比重为 58%。从占比看，英国、

* 张灵，首都经济贸易大学城市经济与公共管理学院讲师；首都经济贸易大学城市经济与公共管理学院叶堂林教授参与了本章内容的研究工作。

德国、美国数字经济占 GDP 比重均超过 65%。数字化转型仍是全球的重点关注领域，2023 年国际数据公司（IDC）数据显示，为了实现这一目标，全球在数字化转型方面的支出预计到 2027 年达到将接近 3.9 万亿美元，年复合增长率为 16.1%。虽然美国在 2023 年占据全球数字化转型支出的 35.8%，但这一比例几乎与亚太地区（包括日本和中国）的 33.5%的支出份额相匹配。

9.1.2 全球科技竞争和经贸紧张局势加剧

新一代信息技术的发展日新月异，在不同领域的应用不断扩展和深化。《数字 2023——全球概览报告》（Digital 2023：Global Overview Report）揭示了 2023 年全球数字行为的一系列显著变化：全球范围内的用户数量依然持续增长。然而，人们在互联网上花费的总时长却有所减少，用户的上网行为变得更加具有目标性。值得一提的是，人们对于社交媒体和在线购物的热衷度比过去任何时候都要高。全球连接的不断拓展，使得世界各地的联系变得更加紧密和广泛。波士顿咨询集团（BCG）和 QED 投资公司（QED Investors）联合报告预测，2030 年全球金融科技行业收入预计将增长 6 倍，从 2 450 亿美元增至 1.5 万亿美元。同时，全球数字化从交易型和关系型环节逐步延伸到生产、制造、服务的过程型环节，加速进入以“万物互联、泛在智能”为特点的新时代。世界经济论坛（2020）指出，人工智能、物联网、区块链等新兴贸易技术是包容和公平的技术创新，使数字贸易更加高效，有利于促进中小型企业和发展中国家发展。2024 年，世界经济论坛（WEF）发布的《人工智能在社会创新中的角色》（AI for Impact：The Role of Artificial Intelligence in Social Innovation）显示，AI 的广泛应用正引领着全球创新潮流。在医疗行业中，有高达 25%的创新者将 AI 技术应用于提升医疗效率从而改善了患者的就医体验。同时，有 20%的创新者致力于利用 AI 解决环境问题。生成式人工智能每年可以为人类社会福祉行业增加 1 820 亿至 3 080 亿美元的价值。以 ChatGPT 和 Sora 等为代表的生成式 AI 技术的出现，不仅为这一领域开拓了更为宽广的产业应用前景，还引领着相关行业发生革命性的变革。通用人工智能作为全球科技竞争的焦点，已成为各国博弈和战略竞争的必争之地。

然而，全球数字经济也面临着一系列挑战。世界经济论坛（2024）表示，全球“北方”和“南方”的技术差距将加剧“数字鸿沟”。美国作为全球科技霸主，不断泛化国家安全概念，对中国实施“小院高墙”政策，设置贸易壁垒、封锁尖端技术。美国信息技术和创新基金会（ITIF，2021）聚焦中国政策对全球半导体创新和竞争格局的影响，提出应对“中国挑战”的措施。该报告提出了包括完善世贸组织的补贴规则、开展多边出口管制合作、加强信息共享和联合研发等多项建议。2023 年 8 月 9 日，美国总统拜登签署了一项关于科技投资的行政命令，该命令在涉及半导体、量子计算和人工智能等被视为敏感高科技领域的范畴中，限制了美国与中国之间的投资与交易。这一举动再次凸显了近年来美国对中国高科技的打压，使之具有了更浓厚的“冷战”色彩。国际电信联盟（ITU，2023）指出，国家数字经济的发展在很大程度上取决于是否实施协作的数字监管和政策框架。跨机构协调和合作对于保障政策的连续性、监管的一致性至为关键。《全球数字经贸规则年度观察报告（2023 年）》指出，随着全球数字贸易的不断深化，世界各方都高度重视数字经贸规则体系构建。然而，贸易保护主义的兴起导致数字经贸规则的碎片化趋势凸显。边境后的规则日益增加，对各国数字治理能力提出了更高的要求。与此同时，美欧日数字贸易领跑全球并主导国际规则制定，试图先行制定更高标准的规则体系，对我国形成了日益严峻的挑战。

9.1.3 世界主要经济体推进数字经济发展的思路

美国作为全球科技创新的领军者，其在数字经济发展方面的突出表现主要包括：首先，其技术创新和研发实力领先全球，在人工智能、云计算、大数据等领域取得了显著进展，培育了世界领先的科技企业。其次，拥有全球最发达的资本市场和金融体系，为数字经济企业提供了充足的资金来源和灵活的融资渠道。例如，硅谷的风险投资业非常发达，为初创企业和创新项目提供了大量的资金支持。再者，拥有全球最优秀的人才储备，特别是在数字经济领域，人才质量和数量都具有明显优势。此外，开放的市场环境和国际合作优势为美国的数字经济企业提供了更广阔的市场空间和更多的发展机遇。最后，美国积极推动数字经济的均衡与包容发展，关注传统产业的数字化转型，努力确保不同群体都能公平地享受数字经济带来的机遇和利益。

英国在数字经济方面具有清晰的发展路径和有力的政策措施。首先，英国注重建立世界一流的发展环境，通过重视核心技术的研发和应用、探索数字经济领域的监管创新、加快数字基础设施建设等方式，为数字经济的发展提供了良好的环境和支持。其次，凭借伦敦作为全球金融中心的优势，不断推动金融科技的技术创新和突破，确保其在全球金融科技领域保持技术领先地位。探索监管工具创新，如人工智能监管沙盒项目，力图以促进创新的监管方法引领全球治理。再者，通过数据驱动的创新生态系统、推动数字经济的开放和包容发展。如，英国通过与美国、日本等国家签署数字贸易协议，同硅谷、以色列特拉维夫等共建科技创新中心等，共同推动数字技术的研发和应用以及数字经济的互利合作。最后，英国致力于人才吸引力与培养，通过吸引全球优秀人才、提升国内数字素养和数字技能水平等方式，保障了数字经济发展所需的人才资源。

作为全球工业强国，德国政府高度重视传统制造业数字化转型和数字经济的发展。首先，注重政策布局与战略导向，通过发布一系列战略和政策来引导和推动。例如，“工业 4.0”、“数字议程（2014—2017）”以及“数字战略 2025”等战略，为德国数字经济的发展提供了明确的方向和目标。其次，德国企业非常注重研发和创新，不断推出新技术和高质量产品，特别是中小企业，凭借其在特定领域的专业技术和创新能力，为全球数字经济提供了许多领先的技术解决方案和产品，以其精湛的工艺和高质量的产品赢得了全球声誉。最后，政府与企业保持紧密合作，共同制定战略、推动技术创新和市场拓展。这种合作模式使得德国的数字经济发展更具针对性和实效性。德国注重产学研合作，建立了多个合作平台，促进企业、研究机构、高校和政府之间的合作与交流。这些平台包括技术转移中心、创新孵化器和产业联盟等，为企业提供技术支持、市场机会和合作伙伴，推动数字经济的创新和发展。德国政府还通过设立专项资金、提供贷款担保和税收优惠等方式，为企业提供资金支持，帮助企业提升技术水平和竞争力。

新加坡在推进数字经济发展的过程中，采用政府主导与市场驱动相结合的发展模式。首先，新加坡政府推出了打造“数字中心”的中长期发展战略、《数字政府蓝图》和《智慧国家 2025》等战略规划。这些政策不仅为市场提供了清晰的发展指引，还通过提供资金支持、税收优惠等措施，鼓励企业进行数字化转型和参与数字经济的建设。市场则通过竞争和创新推动数字经济的持续发展。其次，新加坡政府投入大量资源用于数字基础设施的建设，将智慧城市作为数字经济发展的重要方向，通过应用物联网、大数据、人工智能等先进技术，提升城市管理和服务水平，打造宜居、智能、高效的现代化城市。新加坡在交通物流、智能市镇与邻里、医疗保健、教育、保安与安全五大领域大力推广人工智能技术，以提高城市运行效率和居民生活质量。最后，新加坡注重与国际合作伙伴开展数字经济合作，通过技术交流、项目合作等方式，积极参与国际组织和多边合作平台，推动数字经济的国际合作。例如，新加坡与英国签订了《英国-新加坡数字经济协定》，加强双方在数字经济领域的互联互通和合作。同时，新加坡还参与了一些多边合作平台，如亚洲基础设施投资银行（AIIB）等，推动数字经济在亚洲地区的合作与发展。

9.2 全球数字经济标杆城市发展评估指标体系

9.2.1 指标体系设计

（1）指标设计思路

本次评估坚持以习近平新时代中国特色社会主义思想为指导，全面贯彻党的十九大和二十大精神以及党中央、国务院关于发展数字经济的决策部署，基于北京市加快建设全球数字经济标杆城市的实施方案，进一步完善“全球数字经济标杆城市”概念和建设逻辑，从而更加真实、准确、全面地反映北京市数字经济发展态势、国际国内核心竞争优势及相对发展劣势。

北京市作为国家首都和国际科技创新中心，在数字经济领域的发展具有前瞻性和示范效应，拥有丰富的科技创新资源和创新生态环境，具备开放包容的发展理念和国际化的视野，是中国数字经济发展的标杆城市。然而，要成为全球数字经济标杆城市，北京市不仅需要展现出数字经济发展的卓越引领力，还需要具备鲜明的全球城市特色。这主要体现在其雄厚的经济实力、庞大的国际高端资源流量和完善的交易体系，以及引领时代潮流的强大影响力。北京市积极推进全球数字经济标杆城市建设，旨在将自身打造成为“数字智能转型示范高地、国际数据要素配置枢纽高地、新兴数字产业孵化引领高地、全球数字技术创新策源高地、数字治理中国方案服务高地、数字经济对外合作开放高地”。这一举措对于推动北京市成为全球数字经济、金融、技术创新和制度创新的新高地具有重要意义。

（2）指标体系设计原则

结合北京市“打造全球数字经济发展‘北京标杆’”的理念和任务，同时结合北京市推进国际科创中心建设、推动国家服务业扩大开放综合示范区和中国（北京）自由贸易试验区（以下简称“两区”）建设的现实需要，为使评价指标能够客观和准确地反映北京市数字经济的发展水平以及与国际的差距，保证指标的合理性、必要性和可行性，指标体系设计与遴选过程主要遵循科学性、关键性和可操作性的原则。

第一，科学性原则。科学性原则主要体现在评价指标设计、选取及其权重分配过程是否反映了全球数字经济标杆城市的现实水平。基于数字经济、全球城市、国际竞争力和全球治理理论以及数字经济建设的主要任务和实践中关注的焦点、重点问题展开思考与分析，从中提炼出全球数字经济标杆城市评价指标。同级指标在内涵和外延上不重复、不冲突、不重叠；同类指标在评分标准、统计口径、测量方法和评价时空范围等方面保持一致性。具体指标兼顾了不同地区、不同发展水平、不同层次的实际情况，保证指标值的可比性和通用性。每项指标不应有歧义，应针对性地反映全球数字经济标杆城市建设的具体情况或事实特征。同时，指标体系的整体设计、指标的遴选以及权重设置应按照理论解构、专家咨询和量化分析的科学程序，基于规范的流程和技术手段，以保证指标体系设定具备充分的科学依据。

第二，关键性原则。关键性原则旨在使用最少的指标数量最大限度地呈现相对完整的信息。指标数量不宜过多，要突出关键、明确易懂。具体而言，全球数字经济标杆城市评价的主要目的在于全面考察和推动全球数字经济“北京标杆”建设，所选指标必须具有代表性，同时用尽量少的指标反映最为全面的信息。充分结合北京市推进全球数字经济标杆城市建设的理念、主要任务和突出问题，指标体系设计要能够反映关键性问题、发挥价值导向功能。例如，将对照北京市打造“六个高地”的目标，设计指标体系的一级指标。另外，虽然最终筛选的各指标都是用于衡量全球数字经济标杆城市发展某个方面的，但是各指标的重要性存在差异，需要对指标的权重进行针对性的增加或减少，这也是关键性原则的重要体现。

第三，可操作性原则。依据指标数据和信息的可获得性进行指标设计与遴选。从可测量性而言，能够进行量化评价的尽量采用量化指标。在直接量化数据难以获取的情况下，可以选取相关替代性指标用于测量。无法量化的定性评价指标应明确且易于理解，主观指标的名称与内容应该做到通俗易懂，便于专家和公众能够清晰理解其内涵并做出判断。最终遴选出的指标数据来源要做到渠道通畅，比较容易获取且获取成本合理。此外，所获得的指标数据要具有真实性、可靠性，统计口径统一易于标准化处理，能够通过比率计算、标准分计算等技术手段转换为量化表达的形式。本报告注重通过世界组织、世界经济论坛、IRI 数据库等获取相关数据资料。

（3）城市选择

为客观、科学地展示全球数字经济发展格局，对标国际先进和国内一流的世界城市和国际中心城市，找到存在的差距和不足，有针对性地提出政策措施，抓紧补齐短板，为北京市持续提升数字经济发展的国际竞争力、国际创新力、国际影响力以及标杆效应提供帮助。

国际对标城市：主要大国全球城市——美国纽约、波士顿、旧金山、华盛顿、芝加哥，英国伦敦，日本东京，德国柏林，法国巴黎，加拿大多伦多，澳大利亚悉尼，印度班加罗尔；关键小国城市——韩国首尔，新加坡，瑞典斯德哥尔摩，瑞士日内瓦，丹麦哥本哈根，荷兰阿姆斯特丹，比利时布鲁塞尔，共计 19 个城市。

国内对标城市：上海、深圳、香港。

共计 23 个城市（含北京）。

（4）指标体系

遵循国务院对推进数字经济发展战略、北京市政府关于打造“北京全球数字经济标杆城市”的理念和重点任务要求，本报告在进行指标体系设计时，围绕数智基础支撑-数据要素配置-数字产业引领-数字创新策源-数字治理领先-数字开放合作六个评价维度的一级指标对全球城市数字经济的发展形势进行评估。一级指标下设计 17 个二级指标和 33 个三级指标。各指标的具体含义、衡量方法和数据来源见表 9.1。

表 9.1　全球数字经济标杆城市指标体系

一级指标	二级指标	三级指标	数据来源	权重
数智基建支撑	网络基础	网速	Speedtest	0.02
		IPv6 普及率	APNIC	0.01
	工业互联网	工业互联网建设	Gartner	0.02
	数字算力	计算能力	2022—2023 全球计算力指数报告	0.05

续表

一级指标	二级指标	三级指标	数据来源	权重
数据要素配置	数据资源汇集	头部平台企业用户数	Ecodynamics、企业年报	0. 04
	数据要素共享	政务数据开放指数	UN E-government Survey	0. 03
	数据价值挖掘	数字技术企业总市值	Technology Magazine、企业年报	0. 03
数字产业引领	数字核心产业集聚	全球数字企业规模	EU Industrial R&D Investment Scoreboard	0. 05
		数字企业经营绩效		0. 04
		数字企业成长性		0. 04
	高端产业融合	平台企业	Ecodynamics	0. 02
		灯塔工厂	WEF	0. 02
		金融科技	2023 全球 TOP50 金融科技中心城市	0. 02
		自动驾驶	California Department of Motor Vehicles	0. 02
	新兴数字产业培育	数字独角兽企业	胡润研究院	0. 03
数字创新策源	基础科学研究	数字领域高校和科研机构	AMiner	0. 03
		全球 TOP500 高校和科研机构	QS 世界大学排名	0. 02
		数字领域领军科学家	AMiner	0. 03
	数字创新投入	数字企业研发投入强度	EU Industrial R&D Investment Scoreboard	0. 05
		数字企业研发投入增长率		0. 05
	数字创新产出	高被引计算机科学论文	AMiner	0. 02
		新一代信息技术专利	PatSnap	0. 05
数字治理领先	数字政务建设	电子参与指数	UN E-government Survey	0. 02
		在线服务指数		0. 02
	数字城市治理	数字城市建设	IMD Smart City Index 2023	0. 05
		智慧城市管理	2024 Cities in Motion Index	0. 04

续表

一级指标	二级指标	三级指标	数据来源	权重
数字开放合作	数字贸易	ICT 货物贸易	UNCTAD	0.03
		数字化支付服务贸易		0.03
	全球性联系	FDI	Kearney、fDi Market	0.03
		世界 500 强总部	Gartner	0.01
		国际交往	国际组织年鉴、世界外交机构大全	0.02
	全球数字治理参与	全球数字规则参与度	WTO-RTA 数据库	0.04
		媒体舆论	国际媒体 500 强	0.02

1）数智基础支撑

数智基础设施是数字经济的基石，是推动数字经济发展的必要条件。一方面，数字化和智能化相辅相成，城市作为数字经济的关键空间承载者，先进的数智基础设施展现为新一代信息技术与城市基础设施的深度融合，使得城市从数字孪生向数字原生的转变成为可能。另一方面，基础设施的互联互通促进了数据要素在组织内、组织间以及全球范围内的流通，提高了对数据要素挖掘、储存、处理和应用的控制能力，为数字经济的发展奠定了坚实基础。

数智基础支撑模块包括 3 个二级指标：①网络基础，包括网速和 IPv6 普及率指标。②工业互联网，用全球工业互联网平台企业衡量。③数字算力，算力基础设施是数字存储和计算的重要支撑，用计算能力、计算效率、应用水平和基础设施支持指标加以表征。

2）数据要素配置

海量数据的汇集和加工是数字经济发展的关键推动力。数据流通是数据要素产生到数据价值释放的"枢纽"。数据的流动分为共享和交易两种形式。数字经济社会的活动需要依赖全球性的数据要素交互平台和数字政府平台。这些平台不仅承载着数据相关业务的洽谈、合约缔结和结算清算等功能，还负责监测社会经济活动等数据。它们在数据要素的流动和配置中发挥着主导作用，对数字经济社会的发展起着至关重要的作用。而数据加工能力则是数字价值得以释放的重要推动力。

数据要素配置模块包括 3 个二级指标。①数据资源汇集，衡量产业数据的积累量，这些数据是在互联网平台和各类企业日常生产、服务经营过程中积累的资源，以头部平台企业活跃用户数量加以衡量。②数据要素共享，衡量公共数据的政府内部共享和面向公众开放的程度，使用联合国电子政务调查报告公布的政务数据开放指数进行度量。③数据价值挖掘，以企业端数字服务企业的市值加以衡量。

3）数字产业引领

数字产业作为数字经济的现实载体，其核心优势在于对数字技术和数据要素的使用能力。在数字技术引领的生产力革命浪潮中，一批数字标杆企业崭露头角，站在了技术革新和商业业态的最前沿。这些企业凭借卓越的技术实力和前瞻的商业洞察力，成为推动技术创新攻坚、经济跃迁的重要推动力。一方面，它们积极探索数字技术的边界，不断推出颠覆性的技术和产品，推动高端制造业、服务业等领域的数字化转型，为传统产业的升级换代提供了强大的技术支撑和动力源泉。另一方面，数字技术与其他行业的深度融合，也催生了一系列全新的商业模式，推动了行业的创新与发展，使得城市经济在数字化浪潮中焕发出勃勃生机。

数字产业引领模块包括 3 个二级指标：①数字核心产业集聚，是数字经济发展的核心内容。数字经济核心产业集聚能力和国际竞争力，基于“欧盟工业研发投资记分牌”（EU Industrial R&D Investment Scoreboard，IRI）数据库排名前 1 000 名的数字企业的规模（总市值）、企业经营绩效（企业利润率）和企业成长性（营收增长率、资本性支出增长率）来测度。②高端产业融合，利用数字技术对传统产业进行全方位、多角度、全链条的改造，提高生产、运营和管理效率，以发挥数字技术对经济发展的叠加作用。三级指标包括平台企业、灯塔工厂、金融科技和自动驾驶的发展情况。③新兴数字产业培育，是数字产业引领的关键。使用胡润研究院全球独角兽企业数量度量。

4）数字创新策源

创新性是数字经济的突出特征。数字技术创新是推动数字经济发展的核心基石，是数字经济的关键驱动力，也是数字经济的源头活水。只有通过创新才能合理配置资源，配置资源的效率才会不断提高。全球城市聚集了人才、资金、基础技术等各类创新资源，有更强的知识外溢效应，更有能力突破“卡脖子”和前沿核心技术，推出一流的首创技术。通过强化技术创新实现产业更新迭代，为数字经济发展提供新鲜“血液”，提高要素资源配置效率，以内生持续的更新迭代能力保持全球城市在数字经济领域的竞争格局中主导和领先优势。

数据创新策源模块包括 3 个二级指标：①基础科学研究，衡量数字技术创新的直接源头要素。三级指标包括全球 TOP 500 高校和科研机构、数字领域高校和科研机构、数字领域领军科学家。②数字创新投入，衡量数字技术创新的资本投入和人力投入，三级指标使用数字企业研发投入强度和研发投入增长率来度量。③数字创新产出，衡量数字技术创新的成果，体现为科技论文、专利、软件著作权登记量、数字产业新产品销售收入等。三级指标包括高被引计算机科学论文数量和新一代信息技术专利数量。

5）数字治理领先

数据作为新型生产要素，是数字化、网络化、智能化的基础，以数字变革引领产业、城市、生态、社会全方位转型，政务服务、社会生活都在面临数字化改造。通过新型数字设施与数字技术手段的创新应用，能够全面提升城市运行各领域的感知能力、决策能力、协同能力和创新能力，能够将分散的政府部门和社会资源融合为一个整体，提升政府管理城市的效能。全球数字经济标杆城市也意味着政府城市治理模式和民众生活模式的前沿探索，从而构建以数字化为特征的现代化治理体系。

数字治理领先模块包括 2 个二级指标：①数字政务建设。数字政务建设以数字技术为基础，打造高效透明的政务运行体系从而提高政府治理能力。数字政务建设包括电子参与指数和在线服务指数两个三级指标。②数字城市治理。将数字技术与城市管理相结合，能够大幅提升城市居民生活便利度、城市治理智能化和可持续发展水平。数字城市治理包括数字城市建设（IMD Smart City Index）和智慧城市管理（IESE Cities in Motion Index）两个三级指标。数字城市建设包括健康与安全、流动性、活动、机会和治理等五个维度的衡量指标。智慧城市管理选取环境、治理、城市规划、国际推广、机动性和交通五项内容。

6）数字开放合作

全球数字经济标杆城市一定是包容、开放和合作的，这样城市才能融入全球数字经济活动、发挥全球数据要素配置功能、参与制定执行全球标准、规则。一方面，开展全球数字经济相关业务，如 ICT 行业货物贸易、数字化交付贸易（数字技术、数字服务、数字产品和数据）、数字订购贸易（跨境电子商务）；另一方面，标准和规则与国际接轨，力求在国际数据治理机制与跨境数据流动制度安排方面发挥重要影响作用。

数字开放合作模块包括 3 个二级指标：①数字贸易，衡量数字产品和数字服务的跨境贸易情况，三级指标包括 ICT 行业货物贸易和数字支付服务贸易的全球占比。②全球性联系，体现数字产业利用外资情况、海外合作与交往情况，用 FDI、世界 500 强总部和国际交往（使领馆和国际组织数量）表征。③全球数字治理参与。数字经济相关法律法规、政策体系、技术标准的建设，为数字技术的创新和应用提供法律支持，为企业提供更加稳定、透明的国际环境等。数字规则治理参与度使用全球数字规则参与度和媒体舆论指标度量。

9.2.2 数据处理与指标计算

全球城市数字经济发展水平评估总分为 100 分。

（1）三级指标评价维度

针对三级指标评价维度，采用“前沿距离分数法”+“综合评分法”并举的方式将三级指标各评价维度折算为 0 至 1 之间的数值，并按照各指标权重加总，最终得到各城市数字经济发展水平总得分。

第一，直接引用已有研究报告评估结果。找到全部评估城市中评估数值最大、最小的城市，如：数字算力、数据要素共享、数字政务。在此基础上利用前沿距离分数法将数值折算为 0 至 1 之间的相应数值。其计算公式如下：

$$\text{评估城市数值}=(\text{评估城市数据}-\text{最劣数据})/(\text{最优数据}-\text{最劣数据})$$

最劣数据为最小值，最优数据为最大值。

第二，综合评分法：根据各指标数值的表现和特征，结合利用前沿距离分数法将指标评估结果折算为 0 至 1 之间的相应数值，如网络基础、数据要素汇集、数据价值挖掘、世界 500 强总部、国际交往，以及数字核心产业集聚、基础科学研究、数字创新投入、数字创新产出、高端产业融合、数字服务贸易、全球治理相关指标。

各三级指标的最终得分的计算公式为：

$$\text{三级指标}=100\times(\text{权重}_n-1\times\text{评价维度}_1+\text{权重}_n-2\times\text{评价维度}_2+\cdots+\text{权重}_n\times\text{评价维度}_n)$$

（2）一级指标和二级指标评价标准

根据上述公式，三级指标得出的小分，按下列公式分别计算二级指标及一级指标，得出各全球城市数字经济发展最终得分。

$$二级指标 = 三级指标_1 + \cdots + 三级指标_n$$

$$一级指标 = 二级指标_1 + \cdots + 二级指标_n$$

9.3 全球数字经济标杆城市发展评估分析

9.3.1 全球数字经济标杆城市发展情况综述

基于上述全球数字经济标杆城市发展评估指标体系和测度方法，我们对样本 23 个城市的数字经济发展情况进行了全面评估和综合排名，结果见表 9.2。可以看出，旧金山的数字经济发展水平总得分居于首位，北京、纽约、伦敦和华盛顿位列其后。美国有三个城市跻身前五名，显示出其数字经济具有相当大的竞争优势。与其他全球标杆城市相比，旧金山、北京和纽约综合得分明显领先，属于数字经济发展的“第一梯队”。

表 9.2 全球数字经济标杆城市建设评估结果

排名	城市	综合得分	排名	城市	综合得分
1	旧金山	68.83	13	东京	39.19
2	北京	60.39	14	首尔	38.12
3	纽约	53.31	15	香港	38.07
4	伦敦	49.42	16	哥本哈根	37.13
5	华盛顿	48.49	17	斯德哥尔摩	37.01
6	上海	47.70	18	柏林	35.86
7	深圳	46.15	19	多伦多	35.07
8	新加坡	45.15	20	悉尼	34.82
9	波士顿	43.79	21	日内瓦	29.73
10	巴黎	42.41	22	布鲁塞尔	28.20
11	阿姆斯特丹	41.52	23	班加罗尔	23.38
12	芝加哥	40.57			

从分指数值看，各城市的数字经济呈现出不同的特点（如图 9.1 所示）。凭借其在数字基础设施、数字创新企业、行业及技术创新能力等方面的卓越表现，旧金山在数据要素配置、数字产业引领、数智基建支撑、数字创新策源方面均具有绝对优势，支撑其成为全球数字经济标杆城市的“领跑城市”。华盛顿的数智基础设施最优。伦敦和新加坡在全球范围内是数字治理的引领者，值得注意的是，传统发达国家主要城市的数字治理发展均保持相对较高的水平。在数字开放合作方面，欧美国家表现较好，纽约的数字开放合作指数值居首，伦敦、北京、华盛顿紧跟其后。北京市以其数字经济资源优势和作为中国政治中心的地位，在数字创新策源、数据要素配置和数字产业引领方面取得了突出成就，与旧金山旗鼓相当。然而，北京市在数字治理领先方面表现不理想，这与北京作为全球数字经济标杆城市总指数所处的“第一梯队”地位并不相符，相对来说也成为北京市建设全球数字经济标杆城市的短板。

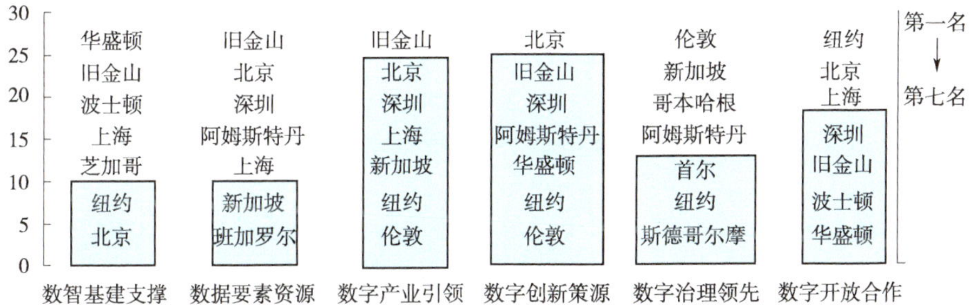

图 9.1 全球数字经济标杆城市建设评估总排名及权重（%）

9.3.2 北京市全球数字经济标杆城市建设的机遇与挑战

（1）数智基建支撑方面

2023—2024 年，北京网速全球领先，在样本城市综合排名中位列第一（如图 9.2 所示）。宽带网速约 291.7 Mbps，全球排名第二；移动网速约 217.2 Mbps，位列全球第十三名。2023 年 7 月数据显示，中国约有 300 万个 5G 基站。相比之下，欧盟约有 34.6 万个基站，而美国大约有 10 万个。截至 2023 年，北京市已经累计建成 5G 基站超过 10 万个。较 2022 年，新建 5G 基站 3 万个，每万人拥有 5G 基站数达 49 个，列全国第一。其中室外站约 3.6 万个，已基本实现全市室外 5G 信号良好覆盖；室内站约 1.6 万个，覆盖重要地标、学校、医院、交通枢纽、商圈等，5G 综合覆盖率超过 99%，业务承载能力稳步提升。

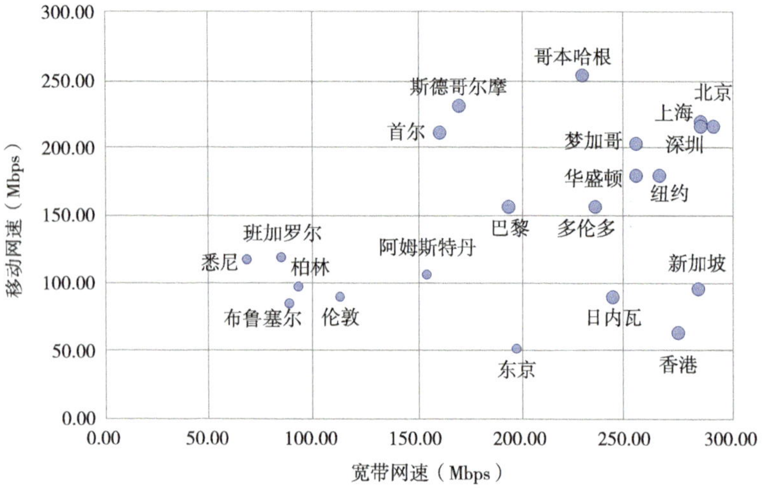

图 9.2　全球各城市移动网速与宽带网速的综合分布

注：阿布扎比（阿联酋）宽带速度为 308.05 Mbps，位居全球首位；
赖扬（卡塔尔）移动速度为 427.38 Mbps，位居全球首位。

Gartner 公布的《2022 全球工业互联网平台魔力象限报告》（2022 Magic Quadrant for Global Industrial IoT Platforms），通过领导者、挑战者、有远见者和特定领域者四个象限，从前瞻性与执行能力两个维度对全球 16 家工业互联网优秀平台企业进行评估。中国有树根互联（广州市）和徐工汉云（徐州市）两家企业成功入选，皆属于特定领域者。西方发达国家在工业互联网领域引领全球，Microsoft（华盛顿）、Software AG（达姆施塔特）、Amazon Web Services（西雅图）、PTC（波士顿）、ABB（苏黎世）、Siemens（柏林）、Hitachi（东京）分别为领导者、挑战者、有远见者，具有行业引领作用。截至 2023 年 5 月，北京已建设国家顶级节点（北京）工业互联网识别分析，推出了 102 个二级节点，接入了 56 000 多家企业，以巩固数字基础设施、推动工业生态建设和提升工业互联网产业的发展水平。然而，北京在工业互联网领域的全球引领性企业表现仍显不足。

随着数字技术的不断进步和发展，数据量呈爆发性增长，人工智能等算法和技术持续突破被应用于各领域和各行业，如自动驾驶汽车、医疗诊断、金融预测等。算力的发展不仅激发了数字技术的创新和突破，也为数字技术在各行各业的广泛应用与深度融合提供了重要支撑。《2022—2023 全球计算力指数评估报告》结果显示，美国和中国依然分列前两位，同处于领跑者位置；追赶者国家包括日本、德国、新加坡、英国、法国、印度、加拿大、韩国等，起步者国家的数量逐渐下降。与此同时，印度在 2022 年显著加大了对算力和新兴技术的投资力度，成功跻身追赶者国家的行列。另外值得注意的是，以欧洲国家为代表的追赶者群体与领跑者国家之间的差距正在逐渐缩小，这主要得益于欧洲国家在新兴技术上的高水平应用，从而催生了更为庞大的算力需求。美国计算力指数同比增长 6.5%，达到了 82 分。尤其是通用计算能力和 AI 计算能力增长显著。中国计算力指数同比增长 1.4%，达到了 71 分，主要归因于 2022 年的疫情影响。在这样的大背景下，中国整体服务器市场规模仍然保持 6.9%的正增长，达到 270 亿美元，占全球市场 25.0%。在算力支撑设施方面，北京市持续加强人工智能算力建设，从人脸识别、智能语音播报到自动驾驶、工业数字孪生，无数看得见的智慧应用背后是看不见的智能算力在支撑。《中国算力发展指数白皮书（2023 年）》显示，北京的算力发展指数位列全国第二（仅次于广东）；算力规模位列全国第一，为人工智能产业的成长提供了强大的数字底座。

综合而言，华盛顿（8.66 分）、旧金山（7.8 分）及波士顿（7.66 分）在数智基础设施的各领域均处于全球领先地位（如图 9.3 所示）。相比之下，上海、北京、深圳分别以 7.53 分、6.55 分、6.51 分位列世界第四、第七和第八名。

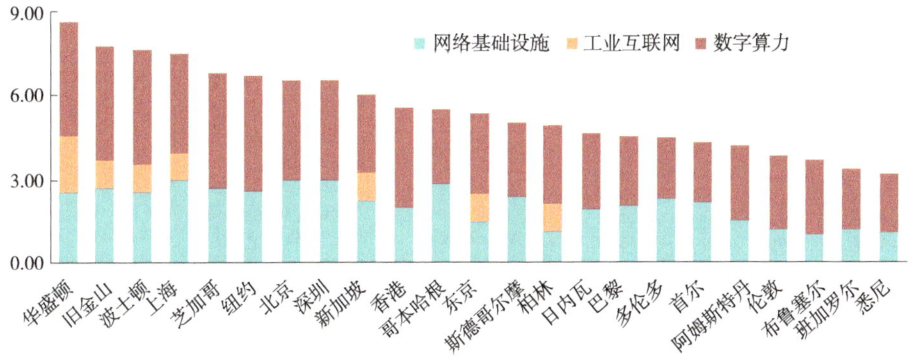

图 9.3　全球数字经济标杆城市数智基础支撑情况

北京在网络基础设施方面的优势为其数智化发展奠定了坚实的基础。在全球先进算力方面，北京仍需加大投入和研发力度，提升计算能力和数据处理效率等。同时，在工业互联网建设方面，北京应加强与工业企业的合作，推动工业互联网平台的构建和应用。

（2）数据要素配置方面

数据要素在数字时代具有至关重要的地位和作用，它不仅是信息社会的核心要素，也是产业发展、科技创新、社会治理等各个领域发展的重要基础和动力。平台企业作为数据要素的主要载体，是数字经济发展的关键力量。技术的进步和应用的深化使数据成为其发展的核心支撑和竞争力。近年来，全球平台经济迅猛增长，尤以美洲和亚太地区为引擎。2023 年，全球平台企业平均增长率达 16.12%。美国以 80.3%的份额领跑市场，增长 23.49%，而亚太地区则下滑 9.31%。美国的领先源于其创新理念、资本优势、数字基建、创新精神及国家实力。中国虽头部平台落后于美国，但阿里巴巴、腾讯、字节跳动、拼多多和百度等企业在全球具有显著影响力（如图 9.4 所示）。

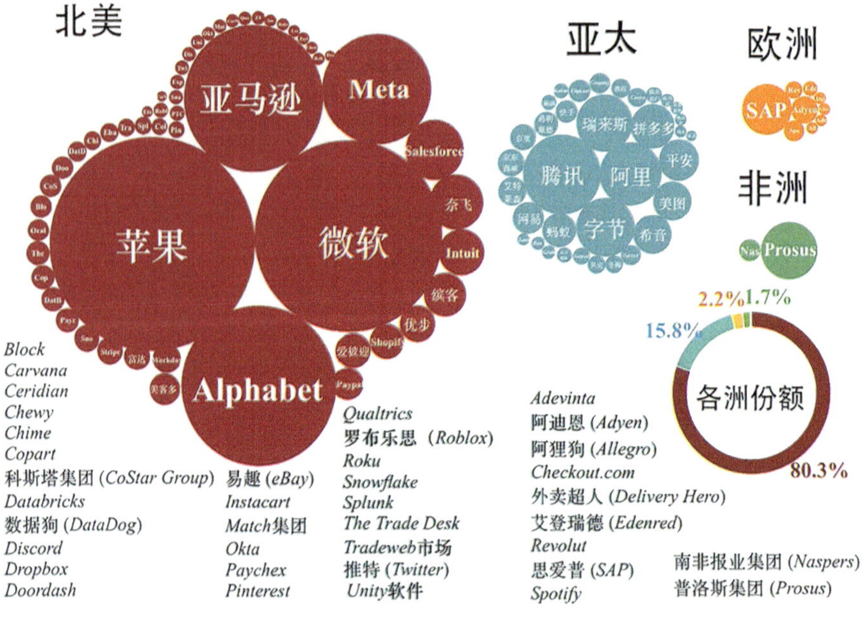

图 9.4　2023 年全球 TOP100 平台企业市值

数据来源：Ecodynamics。

作为人口大国，中国平台经济快速发展，国际竞争力增强，对美国构成挑战，并有潜力在未来几年显著影响全球平台经济及其他技术领域的走向。如表 9.3 所示，在数据要素集聚方面（针对个人用户），美国旧金山稳居榜首，北京位居第二。两地在全球范围内均展现出绝对的优势地位。2023 年，北京市全球头部平台企业用户数达到 44.75 亿人，主要得益于字节跳动（15.6 亿人）、美团（6.87 亿人）、百度 App（6.67 亿人）、滴滴（4.11 亿人）、京东（JD. Com）（5.8 亿人）、京东健康（1.7 亿人）、快手（1.38 亿人）、贝壳（4 320 万人）。旧金山用户数量超过 1 亿的企业主要有：Unity 软件（39 亿人）、Pinterest（4.98 亿人）、推特（4.21 亿人）、Discord（1.96 亿人）、优步（1.5 亿人）、爱彼迎（1.5 亿人）。

表 9.3 全球城市头部平台企业活跃用户数排名

序号	城市	用户数量（亿人）	序号	城市	用户数量（亿人）
1	旧金山	56.51	7	斯德哥尔摩	3.65
2	北京	44.75	8	首尔	1.5
3	阿姆斯特丹	20.00	9	悉尼	1.35
4	深圳	18.53	10	伦敦	0.38
5	上海	12.69	11	东京	0.14
6	新加坡	5.65			

数据要素共享有待于进一步提升。自 2018 年起，北京市政府各部门逐条梳理建立“职责目录”，利用区块链技术，形成全市“数据目录”，实现了数据变化、数据访问、数据共享的实时检测和全程留痕，有效解决了数据共享难题。与此同时，北京市也在积极推动公共数据向公众开放。截至 2022 年底，北京市无条件地对外开放了 115 个市级单位的数据，包括公共服务事项指南、财税金融、城市管理等领域的 15 880 个公共数据集。2022 年《联合国电子政务调查》（UN E-government Survey）显示，中国政务数据开放指数（Opcn Covernment Data Index）为 0.887 3，属于“非常高”的水平。然而，相较于其他样本城市，北京市仍存在一定程度的提升空间。在这方面，日本、

澳大利亚、韩国、荷兰、瑞典和瑞士表现最为出色，得分均为 1。2023 年 7 月 18 日，北京市发布《北京市公共数据专区授权运营管理办法（征求意见稿）》，成为全国首个以公共专区为抓手，规范推进公共数据授权运营的城市，以此促进数据要素的流通与复用。

用数字技术企业的总市值表征数据价值挖掘潜力。图 9.5 和表 9.4 显示，美国旧金山数字科技公司无疑是全球科技领域的佼佼者，不仅在数量上占据优势，其市值和创新力也均领跑全球。相比之下，北京市的入选企业有百度、字节跳动、商汤科技、小米，但与旧金山相比，在市值表现和市场认可度方面仍存在明显的差距。同国内深圳的科技巨头腾讯、华为相比，北京市企业的市值表现也略显逊色。

图 9.5　全球主要城市（前 6 名）数字科技公司市值标签云图

表 9.4 全球城市 TOP100 数字科技企业总市值 10 亿美元

序号	城市	市值	序号	城市	市值
1	旧金山	8 305.95	8	伦敦	183.42
2	深圳	1 667.80	9	班加罗尔	97.62
3	纽约	390.00	10	悉尼	50.60
4	首尔	385.20	11	波士顿	22.31
5	北京	310.06	12	阿姆斯特丹	3.41
6	巴黎	293.71	13	芝加哥	1.04
7	东京	189.45			

综合而言，旧金山以 9.83 分稳居全球引领者位置，具有明显的数据要素优势（如图 9.6 所示）。北京、深圳以 5.86 分、4.58 分位居世界第二、第三名的位置。旧金山在数据要素汇集方面具有全球绝对引领优势，深圳的相对优势体现为数据价值转化，北京的相对优势则主要体现在数据要素汇集上。上述数据主要显示了各城市在数据要素价值转化层面的潜力，但这并不表明北京市在科技领域缺乏将数据价值转化为实际效益的技术能力。事实上，北京市凭借强大的科研能力和丰富的人才资源，已经为数据价值的转化奠定了坚实的基础。这些资源不仅有助于推动数据科学在实际应用中的突破，而且在探索数据科学等前沿领域和深化基础研究方面展现出了巨大的潜力。

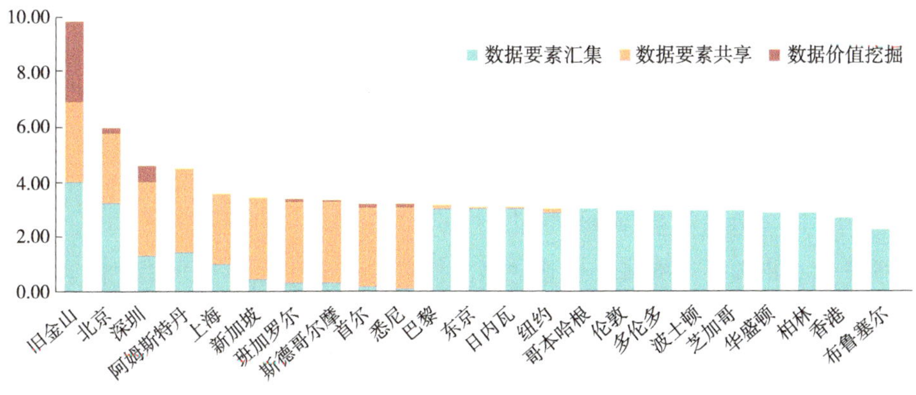

图 9.6 全球数字经济标杆城市数字要素资源汇集情况

(3) 数字产业引领方面

数字经济核心产业是指为产业数字化发展提供数字技术、产品、服务、基础设施和解决方案，以及完全依赖于数字技术、数据要素的各类经济活动，即数字产品制造业、数字产品服务业、数字技术应用业、数字要素驱动业等。如图 9.7 所示，可以看出，旧金山数字核心产业集聚能力（9.86 分）处于全球绝对引领水平。而北京（5.66 分）整体表现不如深圳（6.64 分）、上海（6.03 分），位列世界第八名。

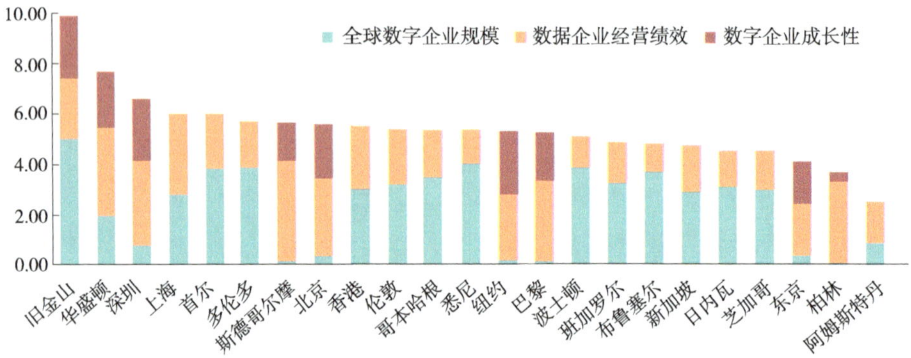

图 9.7　全球数字经济标杆城市数字核心产业集聚

总体看，截至 2023 年，北京市数字核心企业市值和数量在全球范围内排名第五，位列旧金山（5 分）、华盛顿（1.97 分）、深圳（0.83 分）、东京（0.39 分）之后。旧金山企业数量、市值均具有绝对优势。华盛顿则表现为单个企业价值优势。北京、东京主要表现为数量优势（如图 9.8 所示）。

然而此类具有数字核心产业规模优势的城市在经营绩效方面整体表现不佳，仅华盛顿位列世界第七，其他城市均处于中下游位置（如图 9.9 所示）；从数字企业成长性看，我国上海、香港、深圳三地位列前三名，北京则落后于纽约、旧金山和华盛顿而位居第七，勉强处于世界上游水平。以上数据表明，北京市数字经济核心产业的国际竞争力处于世界先进水平，但同排名第一的旧金山相比仍有一定差距，提高数字企业整体竞争力任重道远。

本报告从“灯塔工厂”、平台企业、金融科技和自动驾驶等四个层面，衡量各城市数字经济与高端产业融合发展进程。评估结果显示，北京市数字经济与高端产业融合发展进程位列世界前茅（如图 9.10 所示）。同 2022 年比，

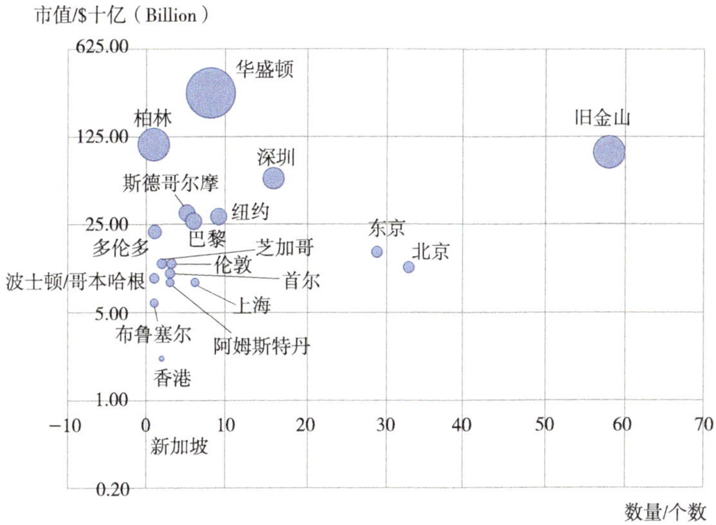

图 9.8　数字经济核心产业企业市值与数量分布

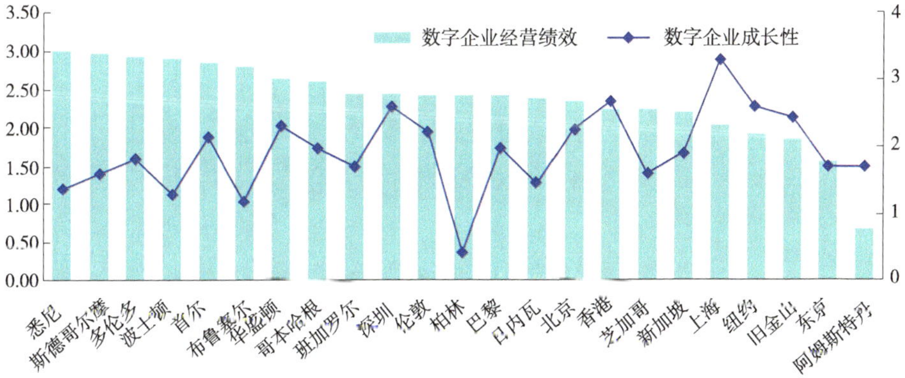

图 9.9　数字经济核心产业企业经营绩效

旧金山（6.46 分）和北京（6.08 分）排名依然稳居全球第一、第二名。北京同旧金山的差距缩小。深圳（4.95 分）在排名中跃升两位。上海紧随其后，获得 4.19 分，相较于许多发达国家也展现出很强的竞争力。香港高端产业数字化融合发展位于中下游。阿姆斯特丹在高端产业数字化转型方面相较于很多著名的全球城市（如东京、纽约、波士顿、华盛顿、多伦多、柏林等）具有明显的优势。2023 年，全球共增加 39 家“灯塔工厂”，累计 153 家。其中中国累计62家，显示出在制造业数字化转型方面成绩卓越。在所有样本城市中，仅有北京、深圳和上海分别增加1家、1家和2家。旧金山（10家）和北京（10家）入选全球100顶级平台公司的数量占据绝对优势地位，随后是阿姆斯特丹（4家）。2023年，全球金融科技中心TOP 10依次为：北京、旧金山、纽约、伦敦、上海、深圳、杭州、新加坡、芝加哥和悉尼。北京连续5年夺冠，TOP 3城市连续5年未变，TOP 9城市连续3年未变。2023年，Apollo（北京）、AutoX（深圳）、Nuro（圣卡洛斯）、Waymo（山景城）、WeRide（广州）和Zoox（弗利蒙特）等六家公司持有无人驾驶许可证。Apollo、Cruise、Nuro、Waymo和WeRide五家公司在同一期间完成了520万公里（330万英里）的无人驾驶里程。相比上年，增加了524%。具体路测数据如表9.5所示。

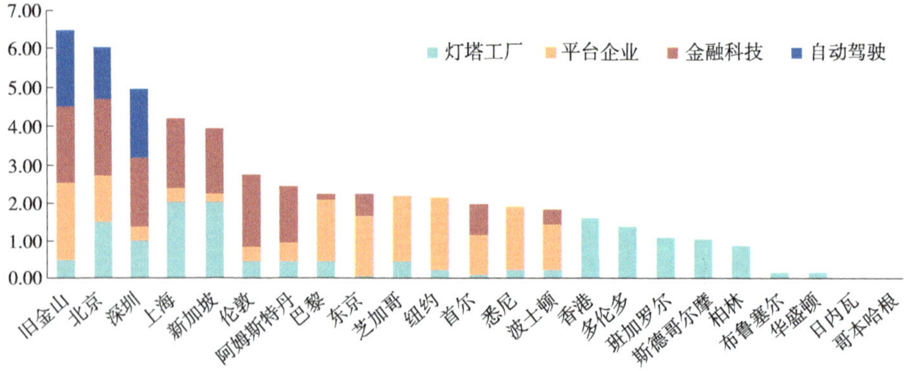

图9.10　全球数字经济标杆城市高端产业融合进程

表9.5　2023年美国加州自动驾驶路测数据

路测企业	城市	车辆数量/辆	路测里程/公里	脱离次数/驾驶员	平均脱离里程/公里
Cruise	旧金山	510	933 798	—	（无报告）
Mercedes	斯图加特	79	93 349	—	（无报告）
AutoX	深圳	44	12 592	—	（无报告）
Zoox	弗利蒙特	281	1 136 654	4	284 163
WeRide	广州	14	67 810	2	33 906
Waymo	山景城	438	5 871 939	191	27 698

续表

路测企业	城市	车辆数量/辆	路测里程/公里	脱离次数/驾驶员	平均脱离里程/公里
Pony. Ai	佛山	2	81 971	0	27 323
Apollo	北京	6	24 499	2	8 166
Didi	北京	10	6 406	1	6 406
Nuro	圣卡洛斯	98	166 418	47	3 541
Vueron	首尔	1	3 430	0	686
Gatik AI	魁北克	3	1 014	1	507
Nissan	横滨	4	7 720	17	454
Apple	库比蒂诺	67	724 390	2 391	227
Woven Planet	东京	11	6 710	42	160
Ghost Autonomy	山景城	11	84 434	976	82
Motional	波士顿	10	25 942	593	43
aiMotive	匈牙利	2	23 802	687	34
Qualcomm	圣迭戈	5	6 139	197	30
Aurora	帕洛阿尔托	1	1 120	47	24
Imagry	特拉维夫	2	1 158	124	10
Valeo	巴黎	1	166	20	8
Bosch	斯图加	2	1 214	159	3

从 2024 年全球独角兽上榜企业数量看，旧金山拥有 190 家，保持了“全球独角兽之都”的称号，并且是全球独角兽企业数量增长最快的城市，增加了 9 家。接下来是纽约（133 家，+7 家），北京（78 家，-1 家）和上海（65 家，-1 家）。从独角兽所在城市的 TOP 10 榜单来看，中国上榜城市占据一半数量，展现出强大的创新活力。然而，无论是独角兽总数还是增长速率，中国与美国之间仍存在明显的差距。中国和美国在 2024 年全球独角兽榜单前十名中各占据 4 席，展现了两国在创新领域的强大实力。这前十名独角兽企业的增长价值高达 1.4 万亿元人民币，占全榜单增长价值的 45%，彰显了在全球创新经济中的重要性和影响力。其中，OpenAI、Canva 和币安作为新面孔跻

身前十（见表9.6）。

表9.6　2024年全球独角兽榜TOP 10

排名	排名变化	市值（亿元）	国家	行业	成立年份
1	ByteDance	15 600	中国	社交媒体	2012
2	SpaceX	12 800	美国	航天	2002
3	OpenAI	7 100	美国	人工智能	2015
4	Anti Group	5 700	中国	金融科技	2014
5	Shein	4 600	中国	电子商务	2012
6	Stripe	4 300	美国	金融科技	2010
7	Databricks	3 050	美国	大数据	2013
8	Canva	2 800	澳大利亚	软件服务	2012
9	Binance	2 400	马耳他	区块链	2017
10	Webank	2 350	中国	金融科技	2014

综合而言，在数字产业引领方面（如图9.11所示），旧金山（19.31分）处于全球绝对引领地位。而北京、深圳、上海、纽约分别以12.96分、12.13分、11.25分、9.57分位列其后。北京历来是科技创新的领军城市，但在数字经济的浪潮中，仍须在数字核心企业竞争力、颠覆式创新等方面进一步发力，以加强其在全球数字领域的影响力。

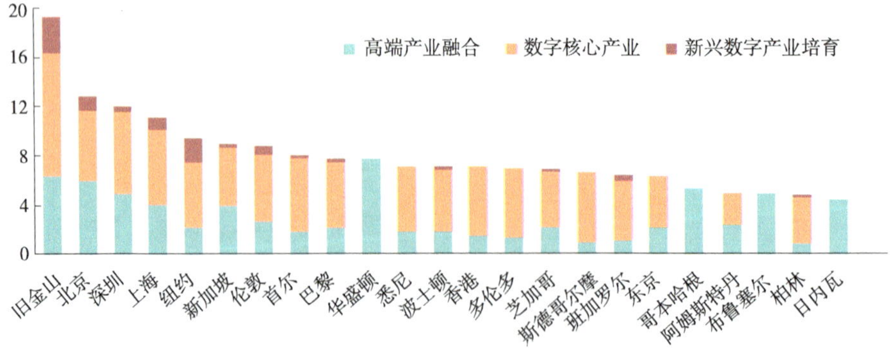

图9.11　全球数字经济标杆城市数字产业引领情况

(4) 数字创新策源方面

北京市数字技术创新活力不断释放，为数字经济发展提供了核心驱动力。

首先，北京市基础科学研究能力处在全球“第一梯队”。数字技术创新的源头，主要依赖人才、基础条件、政策与制度等。在这些方面，北京市均处于全球引领位置。2023 年，北京拥有全球 TOP 500 高校和科研机构 7 所（位列第四名），拥有 7 所全球 TOP 200 数字领域高校和科研机构（仅次于纽约）（如图 9.12 所示）。在 2023 年人工智能全球最具影响力学者 TOP 100 榜单中，北京有 5 位学者在列，数量仅次于旧金山（见表 9.7）。

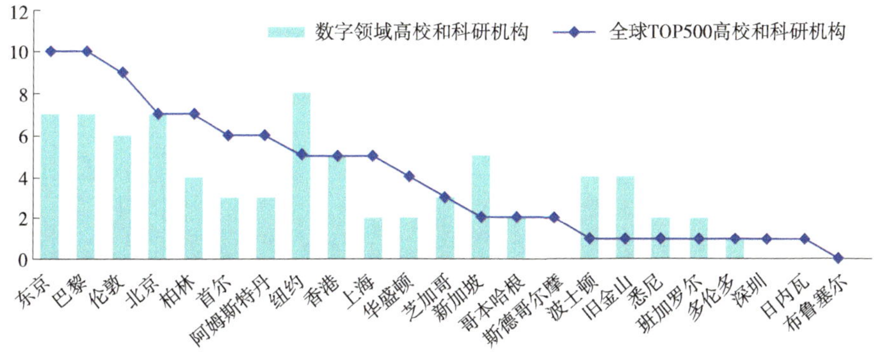

图 9.12 全球 TOP 500 高校和科研机构数量（所）

表 9.7 2023 年 AI2000 全球最具影响力榜单学者数量（TOP 100）

排名	城市	学者
1	旧金山	13
2	北京	5
3	多伦多	3
4	香港	3
5	伦敦	2
6	新加坡	2
7	上海	1
8	巴黎	1
9	芝加哥	1

其次，北京市在数字创新方面投入了大量的资源。数字企业研发强度体现了经济主体或地区的研发资源投入情况。如图 9.13 所示，截至 2023 年，北京市数字企业平均研发强度约为 11.71%。阿姆斯特丹研发投入强度高达 36.25%，接下来是旧金山（24.83%）、伦敦（23.36%）、纽约（17.92%）。尽管北京仍低于美国、日本与欧洲一些主要城市，但在全国范围内处于领先地位。此外，北京数字企业研发投入平均增长速度为 18.42%，排名全球第五，显示出良好的增长势头。新加坡的研发投入平均增长率高达 34.19%，居于全球首位。随后是悉尼（25.39%）、纽约（22.76%）、旧金山（20.24%），深圳也达到了 19.16%。

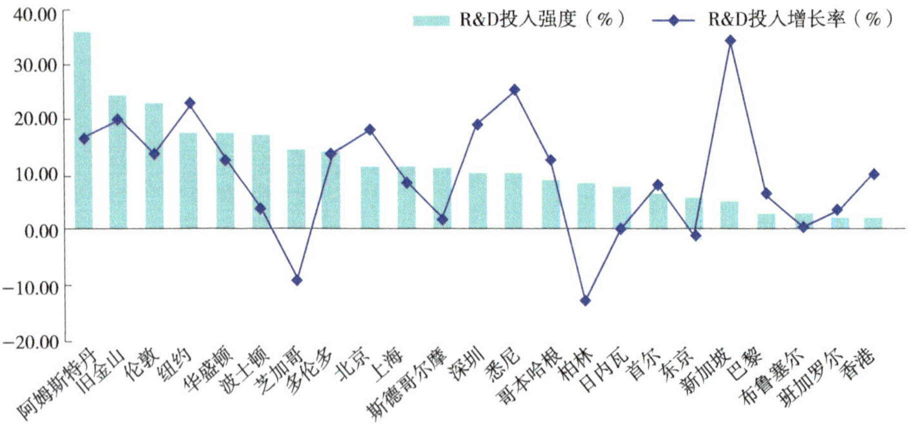

图 9.13　全球各城市数字经济领域上市公司企业研发强度

北京市数字创新产出表现优异，通过技术创新打造数字化先发优势。根据 Aminer 公布的数据，北京市在数字领域最佳论文前 200 篇中占据了 5 篇，位列华盛顿（13 篇）和旧金山（9 篇）之后。中国在 2019 年后新一代信息技术发明专利数量呈现出快速增长的态势。如图 9.14 所示，自 2013 年至今，北京市累计发表了 88 683 项，深圳表现更优（99 083 项）。北京、深圳在新一代信息技术领域的发明专利数量遥遥领先于其他城市，属于“全球领跑城市”。

总体而言，北京市在数字创新策源方面表现卓越，以 13.27 分的优异成绩高居世界首位（如图 9.15 所示）。旧金山与北京仅相差 0.61 分，位列第二名，两者在创新策源方面具有全球引领作用。从国内看，北京相较于深圳和

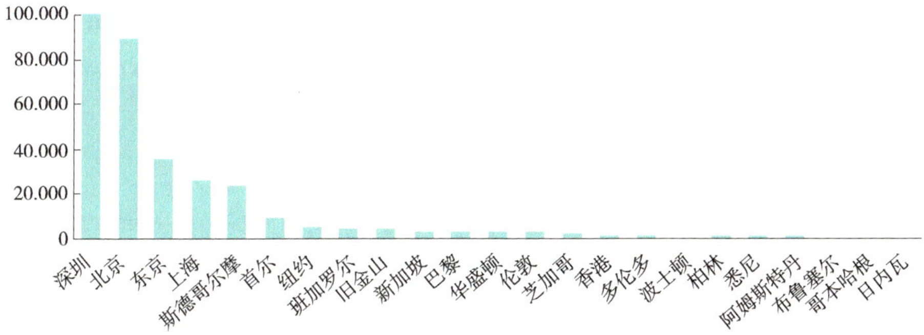

图 9.14　2013—2023 年全球各城市新一代信息技术累计发明专利数量（项）

上海也具有绝对的发展优势。上海位于世界排名的中游，在创新产出方面还需进一步努力。另外，班加罗尔在创新专利产出方面也表现突出，近年来上升势头迅猛，成为数字创新领域的一股不可忽视的力量。这些城市在数字创新策源方面的优异表现，为全球数字经济的繁荣与发展注入了强大动力。

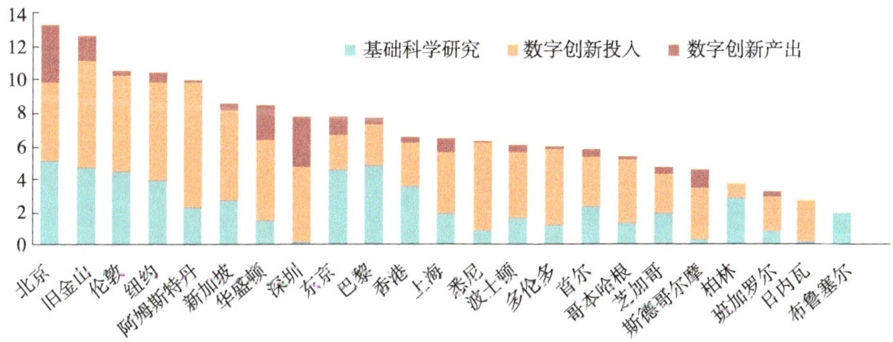

图 9.15　全球数字经济标杆城市数字创新策源综合水平（分）

（5）数字治理领先方面

北京市用数字化赋能城市治理，利用数字技术全面改造政务服务、社区管理和社会生态，建设数字社会的治理体系，推进治理能力现代化。北京坚持整体协同的推进思路，聚焦政务服务、市场监管执法等领域深入改革，一体化推进数字服务、数字监管、数字政务。2022 年全球电子政务发展指数（EDGI）的平均值为 0.610 2。中国的 EDGI 值为 0.811 9，达到了“非常高的水平”。其中，北京市的电子参与指数和在线服务指数分别达到了 0.863 6

和0.887 6，处于全球领先水平。尽管北京市在电子参与指数和在线服务指数上相较于布鲁塞尔（0.454 5 和 0.689 9）和班加罗尔（0.590 9 和 0.793 4）具有绝对优势，但与东京（1.000 0 和 0.909 4）和新加坡（0.977 3 和 0.962 0）等引领城市相比仍有提升的空间。见图 9.16。

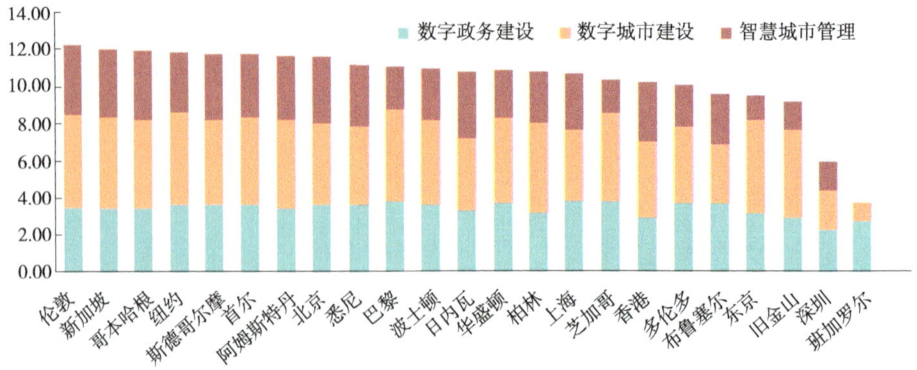

图 9.16　全球数字经济标杆城市数字治理领先综合比较

随着北京市智慧城市建设的推进，城市大脑智能运营指挥中心等治理指挥调度的全视角驾驶舱和智慧中枢正在发挥重要作用。在感知网络、智能云平台、大数据中心和 AI 计算中心的支持下，北京市正在逐步实现信息展示的灵活高效和智能科学的分析研判，以改善智慧社区、交通管理、公共安全和民生服务。瑞士洛桑国际管理发展学院（IMD）发布的 2023 年全球智慧城市指数（Smart City Index）报告显示（见表 9.8），北京市全球排名第十二，样本城市排名第五。全球所有城市中有 6 个城市呈现出持续改善或稳定的趋势，这些“超级冠军”包括苏黎世、奥斯陆、新加坡、北京、首尔和香港。与其他在数字产业发展和科技创新方面表现突出的城市（例如，旧金山、芝加哥、东京等）相比，北京市在智慧城市建设和可持续发展方面也取得了同步的进步。调查数据显示（如图 9.17 所示），北京市居民主要关注道路拥堵、空气污染、经济适用房、腐败、实现就业、卫生服务等问题的解决。表 9.9 展示了 2024 年由西班牙巴塞隆 IESE 商学院公布的“全球城市动态指数”（Cities in Motion Index）中全球最智能、最可持续城市的排名。伦敦以其强大的国际形象、城市规划和治理跻身榜首；欧洲拥有最多的智能城市，如巴黎、柏林、阿姆斯特丹均在前十名中占据重要地位。其次是美国，有三座城市进入前十名。北京市整体排名全球第二十一位，中国城市在交通和流动性方面整体领先于全球，但在环境、城市规划和治理等方面与欧美国家存在较大差距。

表 9.8 2023 年 IMD Smart City Index 城市排名

城市	年度排名			HDI	城市	年度排名			HDI
	2023	2021	2020			2023	2021	2020	
哥本哈根	4	5	3	0.967	柏林	33	21	21	0.959
伦敦	6	3	10	0.973	波士顿	34	22	24	0.949
新加坡	7	7	7	0.939	布鲁塞尔	35	45	16	0.953
日内瓦	9	6	8	0.966	华盛顿	39	26	13	0.94
斯德哥尔摩	10	11	9	0.972	巴黎	46	49	47	0.949
北京	12	17	22	0.907	多伦多	48	31	46	0.943
阿姆斯特丹	15	13	11	0.962	芝加哥	61	56	54	0.929
首尔	16	18	20	0.952	深圳	66	60	66	0.799
悉尼	18	29	32	0.952	旧金山	68	54	49	0.931
香港	19	33	34	0.946	东京	72	67	73	0.951
纽约	21	19	12	0.938	班加罗尔	110	97	96	0.667
上海	25	32	42	0.880					

注：HDI 指数表征城市居民的福祉，如寿命、平均受教育年限和人均收入等。

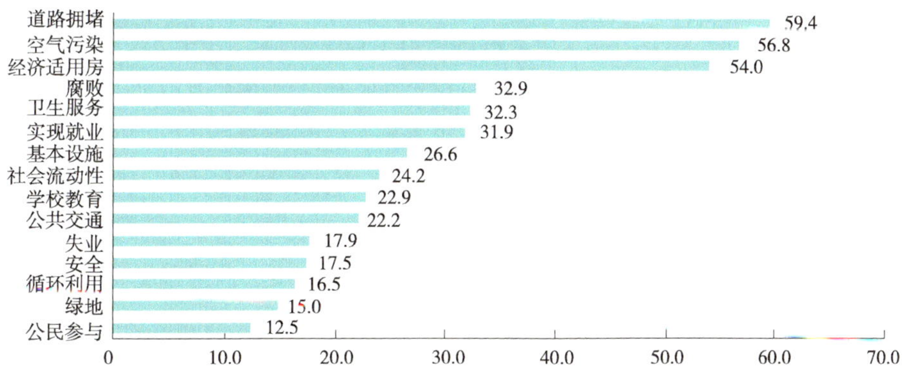

图 9.17 北京市居民主要关注的社会问题（%）

表 9.9　2024 年 IESE Cities in Motion Index 城市排名

城市	治理	城市规划	环境	国际形象	流动性和交通	总排名
伦敦	3	1	24	1	4	1
纽约	8	2	105	3	3	2
巴黎	16	13	53	2	6	3
东京	10	43	34	16	49	4
柏林	2	4	10	12	9	5
新加坡	23	28	80	4	46	6
阿姆斯特丹	41	5	21	14	28	8
旧金山	54	18	142	34	145	9
芝加哥	31	17	118	6	33	10
北京	45	51	170	22	1	21
上海	121	73	161	23	2	44
深圳	149	101	159	100	5	108

（6）数字开放合作方面

数字化发展的逐步加深，带动了金融和数据流以及人员和货物的流动在全球范围的变化。数字技术不仅创造出新产品和新服务形式（例如，电子书、远程或虚拟办公室、远程医疗、在线教育或银行业务），其广泛应用还大大降低了国际贸易成本，推动数字贸易便利化。根据联合国贸发会议（UNCTAD）发布的 2022 年全球主要经济体 ICT 货物出口贸易额和数字化支付服务出口贸易额数据（如图 9.18 所示），中美两国在数字经济领域的对外贸易绝对领先，中国在贸易总量上优于美国。然而，就数字化支付服务而言（如图 9.19 所示），中国与美国、英国相比一直存在较大差距，尽管自 2017 年以来有显著增长，但在 2022 年的表现不及印度。目前，印度正积极努力将自己打造成为全球数字技能中心，经过多年的发展，印度在全球外包市场中的份额已增至 59%，使其离实现 1 万亿美元数字经济梦想更近了一步。根据印度软件和服务公司全国协会（Nasscom）的数据，2022 年，印度 IT 行业的收入达到了 2 270 亿美元，同比增长 15.5%。

根据 2023 年《财富世界 500 强》公布的排行榜，有 53 家企业的总部位

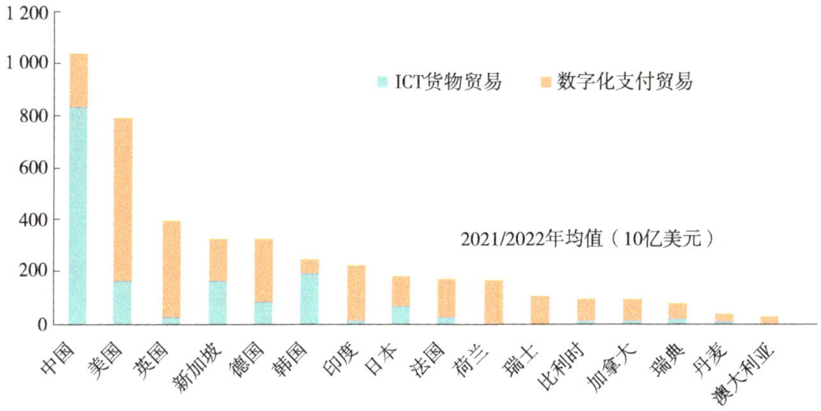

图 9.18　2021/2022 年各国数字贸易金额（10 亿美元）

数据来源：IMD Smart City Index Report 2023。

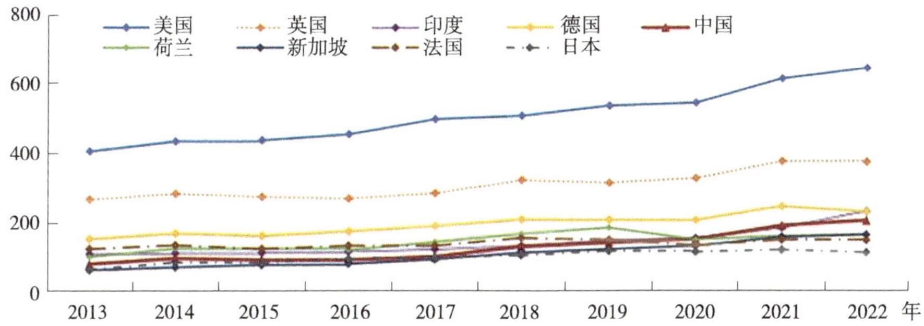

图 9.19　2013/2022 年主要数字化支付贸易国家年度贸易金额（10 亿美元）

于北京市。从世界 500 强企业的营业收入金额看，北京市是全球最“耀眼的明星”。2022 年，北京市世界 500 强企业的总营收达到 6.1 万亿美元，年增长率达 15%（见表 9.10）。其中，总部设在北京、上海和深圳的企业收入占据了中国世界 500 强总收入的 69%。相比之下，美国前三大城市——纽约、圣何塞和达拉斯——仅占美国世界 500 强总收入的 27%；2024 年，科尔尼管理咨询公司（Kearney）发布的 FDI 信心指数显示，美国经济实力强劲，消费者信心旺盛，使其稳居第一位。加拿大同样表现出色，保持第二。中国从第七位跃升至第三位，这在一定程度上可能归因于 2023 年 9 月上海和北京放宽了外国投资者的资本管制。总体而言，最新的调查显示，投资者偏好发达市场。然而，fDi Market 公布的 FDI 项目数量显示，北京市的表现不及其他国内外城市；北京市在全球驻本地使领馆数量方面拥有绝对优势，但在国际组织总部方面表现不足。综合而言，在样本城市的全球性联系总得分中，北京表现最佳，其次是华盛顿、纽约、伦敦和东京（如图9.20所示）。这主要得益于北京市吸引了大量跨国公司总部，同时作为中国的首都，北京市设立了众多大使馆，这使其全球性联系具有极大潜力。

表9.10　世界500强企业营业收入总额前十城市　　10亿美元

排名	城市	营业收入	排名	城市	营业收入
1	北京	6 126.2	6	达拉斯	1 081.1
2	东京	1 862.6	7	伦敦	1 036.8
3	巴黎	1 672.1	8	西雅图	971.5
4	纽约	1 363.8	9	上海	838.7
5	圣何塞	1 098.5	10	深圳	778.3

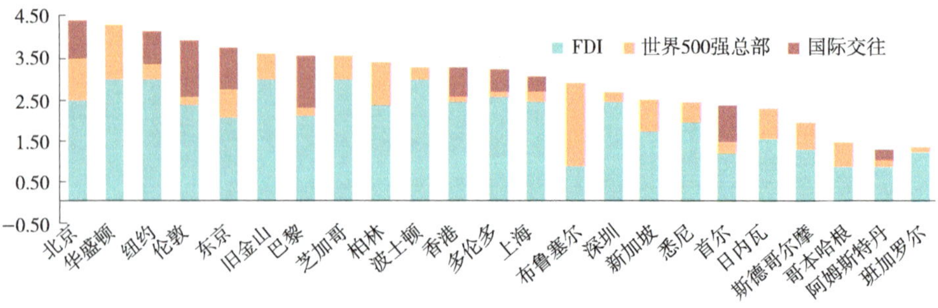

图9.20　数字经济标杆城市全球性联系潜力

数字贸易已经成为重新配置全球要素资源、重塑全球经济结构和竞争格局的关键力量。为了推进全球数字经贸规则的建立，促进国际合作和数字经济的正常运行，截至2023年上半年，全球已经签署了超过130个数字协定，其中包括双边和多边自由贸易协定（FTA），以及专门针对数字经济的协定。这些协定涵盖了三类数字经贸规则体系：一是传统货物和服务贸易规则的持续演进；二是围绕数字技术、数据、数字基础设施和数字平台的开放与监管规则；三是促进数字营商环境互信的规则。数字经贸谈判越来越重视构建灵活高效、多元化的数字框架协议。南方国家成为全球数字经贸合作的重要力量。然而，全球数字经贸发展存在不均衡现象，CPTPP、DEPA、WTO 电子商务谈判的经贸规则模板主要由美国、欧盟、新加坡等主导。就规则参与度而言，数字服务贸易量排名前十的国家，已经签署了超过 70%的数字贸易协定。同时，贸易保护主义日益增加，美国、欧盟和中国作为全球数字经贸规则的主要力量，在数字贸易方面存在明显差异，规则碎片化趋势明显。与此同时，边境后规则增加，数字监管和治理难度加大，发展中国家和地区面临重大挑战。总体而言，我国在数字经济相关规则制定的参与度和话语权上与发达国家仍有很大差距，在跨境数据流动、数字产品非歧视性待遇、供应链保障等议题方面面临严峻的挑战。

美国处于最前沿，其取得巨大成功的原因不仅仅在于其经济实力，还在于其地缘政治影响力。在国际数字监管和贸易协定中，美国发挥着重要作用，并拥有强大的媒体舆论影响力。这种影响力主要来自其发达和多样化的媒体产业。美国拥有许多知名的传媒集团和新闻机构，如 CNN、Fox News、The New York Times 等。此外，美国的社交媒体平台如 Facebook、Twitter 等在全球范围内拥有庞大的用户群，成为信息传播的重要渠道，影响着全球公众的价值观和态度。

图 9.21 为全球数字经济标杆城市数字开放合作综合比较。

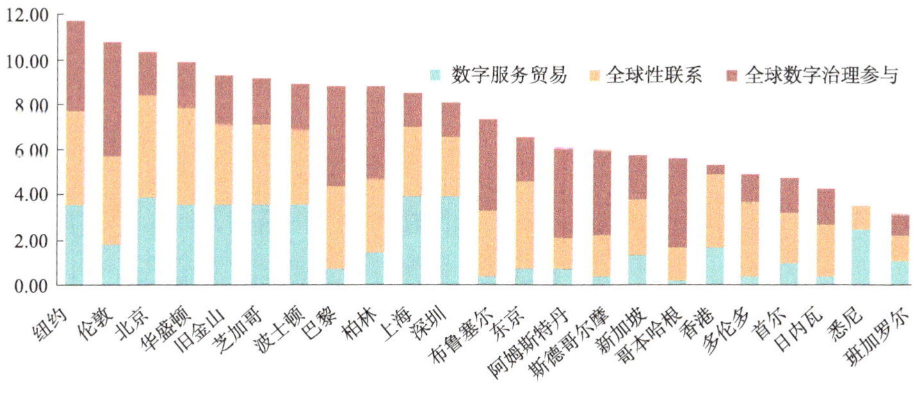

图 9.21　全球数字经济标杆城市数字开放合作综合比较

9.4 政策建议

数字经济引领的全球经济发展和产业变革，正在深刻影响着全球经济竞争格局。数字经济是改变全球城市竞争格局的关键领域，全球数字经济标杆城市建设对提升国家数字经济核心竞争力至关重要。本报告着眼于全球数字经济标杆城市特征，从数智基础支撑、数据要素配置、数字产业引领、数字创新策源、数字治理领先、数字开放合作等六个维度，构建全球数字经济标杆城市指标体系，通过综合评估发现：北京市全球数字经济标杆城市建设指数为53.31分，位居美国旧金山（68.83分）之后。凭借强大数字经济资源实力和作为首都的优势，北京市在网络基础设施、数据要素汇集、高端产业融合、基础科学研究、数字创新产出、数字贸易和全球性联系七个二级维度处于全球引领地位。然而，在工业互联网、数据价值挖掘、数字企业经营绩效、数字城市建设、科技领域FDI、全球数字规则参与度和媒体舆论方面表现不理想，排名相对靠后，成为北京市建设全球数字经济标杆城市的短板。

根据本报告的研究结论，就北京市建设全球数字经济标杆城市提出以下七点建议。

9.4.1 推进新型基础设施建设水平和服务能力迈上新台阶

推动人工智能、区块链、5G、数字孪生等新技术更加广泛融入和改变人民的生活与生产方式，率先建成全面的、全域的、全球领先的数智基础设施系统。以数字技术赋能经济、治理、生活基础设施，加快建成数字孪生的物联感知体系，实现交通、物流、教育、医疗、养老等基础设施智能化水平大幅提升；加快推进算力基础设施建设，鼓励社会力量建设智能算力中心，形成异构融合、“云网协同”和“算网融合”协同发展、绿色低碳的自主可控智能算力支撑体系；逐步推动实施商业星座组网，促进天基网络与地面网络融合应用；持续加大对工业互联网关键技术研究与应用的支持力度，夯实工业软件根基，加速工业软件数据汇聚，推动行业用户与制造业企业智能化升级，促进工业互联网深化应用，实现工业生产的智能化和高效化。

9.4.2 加快数据要素市场培育和建设步伐

数据作为新型生产要素，是价值创造的重要源泉。我国具有超大规模市场、海量数据资源、丰富应用场景等多重优势，如何更好地释放数据要素价值，是把握发展机遇、加快形成新质生产力的重要方面。利用数据专区加强公共数据资源汇聚和公共服务能力提升，加快打造公共数据开发利用的应用场景，深入挖掘数据的经济社会价值。在制度建设、重点行业、技术路径、发展模式等方面先行先试，开展数据资产入表、数据交易和流通试点；坚持市场导向，鼓励各方主体丰富数据应用场景和数据交易。制定行业数据要素的专业标准和规范，促进数据要素的专业化、精细化、个性化生产和应用，推动数据要素的跨行业、跨领域、跨区域流通和交易；加快数据流通安全技术创新发展和标准化建设。鼓励企业加强隐私计算、区块链、数据沙箱等数据流通安全技术研发和集成应用，为数据的高效、合规流通提供更多解决方案；构建数字经济利益共享机制，以降低中小企业的交易合规成本。

9.4.3 建立高效的政产学研协同创新机制

构筑高效协同的关键核心技术攻关体系、原创导向的科学研究体系、企业主导的技术创新和成果转化体系、内外贯通的开放创新体系、运行顺畅的科技创新治理体系，不断推进政产学研协同创新。以应用为牵引，面向经济社会发展和国家重大需求开展应用基础研究，必须更好地支持龙头企业发挥引领和支撑作用。随着科技的快速演进，各领域加速渗透与融合，科学研究的模式不断重构。把握产业发展趋势，加快培育一批“专精特新”企业和制造业单项冠军企业；不断完善政产学研协同创新机制，由政府承担大部分新技术开发风险，充分发挥高校、企业在基础技术、应用技术研发中的作用，推动重大技术突破和科技成果转移转化；不断健全评价制度体系。从转变行政职能、制定和完善积极、开放、有效的人才政策体系等方面，为科技人才评价营造良好的氛围。建立长周期、国际化、标准动态调整的评价机制，既要坚持统一标准，又要尊重人才差异，最大限度地激发和释放人才创新创造活力。

9.4.4 提升企业的经营能力和治理水平

建立以效益为导向的经营管理体系，突出企业核心业务，打造企业核心专长。企业在培育和巩固专业化能力的基础上，如有必要，可以探索有限的相关多元业务。对于大型企业和上市公司来说，其业务范围也应尽量控制在3个以内。中小企业应采用“窄而深”的业务模式，积极拓展国际市场，力求成为所在行业的隐形冠军；科技创新是企业创新的核心，因此企业需要提高创新的质量和效率，降低创新成本，并进行有目的的创新。同时，完善多层次资本市场，满足企业全生命周期融资需求，建立全业务链的资本市场服务体系，健全资本市场支持科技创新机制，以提升资本在推动创新方面的杠杆作用；为员工提供持续的培训和发展机会，从而提高企业的创新能力和竞争力；与行业内外的合作伙伴建立紧密的合作关系，共同探索新的商业模式和市场机会。通过开放式创新加速技术和知识的迭代，提升企业的创新速度和成功率。

9.4.5 不断健全财税政策

扩大财政支出规模，增强对基础研究和数字产业创新基地的投入力度，推动关键技术攻关，加大技术创新成果早期市场支持力度；落实科技创新各项税收优惠政策，简化科技创新税收优惠流程；进一步发挥税收对数字经济产业的引导作用，支持数字经济细分领域发展形成产业自生能力，可考虑把税收优惠方式转变为以抵扣和减免为主，使税收优惠政策惠及应用数字技术的各类企业；调整数字经济税收分享机制。基于数字经济的特征，调整中央地方财政关系，使其与数字经济的产品形态及价值链条流转更为匹配。从数字产品和服务、电子商务等领域入手，在推进消费的原则下进行数字经济税收收入归属的改革实践。

9.4.6 营造更加高效的投资建设环境

深化市场改革，营造更加便利的市场环境，进一步降低数字经济领域新业态新模式的市场准入门槛，明确准入事项、申请条件和材料、办理流程等内容并向社会公开；制定先进的数字经济领域法律法规并及时完善，确保产业链发展在法治轨道上进行。加强对知识产权、数据安全和个人隐私的保护，为企业提供稳定、可预见性强的法律环境；营造便利的政务环境，推进行业信用信息系统互联互通，完善政企数据流通机制。构建市场主体信用监管体系，营造更加规范的监管执法环境，打击不正当竞争行为。为国内外企业提供公平、公正的发展空间。营造更加开放的外资外贸环境，不断完善外商投资权益保护机制，简化境外投资管理流程，进一步缩减外商投资准入负面清单，全面保障外商投资企业国民待遇。

9.4.7 扩大数字领域开放与合作

有效拓展数字经济国际合作。与其他国家和地区建立人才交流和技术合作机制，共同研究关键技术，推动创新成果的转化，提高数字经济相关产业的竞争力；积极参与国际组织（如联合国、世界贸易组织和国际标准化组织等）和加入多边高标准数字贸易协定（CPTPP、DEPA 等），对接高标准国际经贸规则、加强国际协调。积极表达利益诉求、参与规则制定，推广和分享我国在数字经济领域的自主研发技术、标准、规则和解决方案，不断提升国际话语权；搭建与其他国家和地区的高层次对话平台，推动各方共同探讨数字经济发展的趋势、机遇和挑战，加强政策沟通和协调；依托北京“两区”建设，加大服务业开放力度，探索放宽数字经济新业态准入，加强全球服务业跨国公司在华设立运营总部、研发设计中心、采购物流中心、结算中心等国际创新资源“引进来”的力度；拓展与东盟、欧盟的数字经济合作伙伴关系，支持我国数字经济企业“走出去”；加大对数字经济领域人才的培养和引进力度，吸引更多优秀人才参与全球数字经济治理，为加强北京在全球数字经济领域的话语权提供人才支持。

参考文献

［1］蔡跃洲，牛新星．中国数字经济增加值规模测算及结构分析［J］．中国社会科学，2021（11）：4-30，204．

［2］蔡跃洲，马文君．数据要素对高质量发展影响与数据流动制约［J］．数量经济技术经济研究，2021（3）：64-83．

［3］蔡跃洲．数字经济的增加值及贡献度测算：历史沿革、理论基础与方法框架［J］．求是学刊，2018（5）：65-71．

［4］陈梦根，张鑫．数字经济的统计挑战与核算思路探讨［J］．改革，2020（9）：52-67．

［5］陈梦根，张鑫．中国数字经济规模测度与生产率分析［J］．数量经济技术经济研究，2022（1）：3-27．

［6］陈晓红，李杨扬，宋丽洁，等．数字经济理论体系与研究展望［J］．管理世界，2022（2）：208-224，13-16．

［7］程方方，孙曰瑶．数字产业发展与区域经济差距：理论逻辑与实证检验［J］．经济体制改革，2023（4）：61-69．

［8］戴若尘，王艾昭，陈斌开．中国数字经济核心产业创新创业：典型事实与指数编制［J］．经济学动态，2022（4）：20．

［9］关会娟，许宪春，张美慧，等．中国数字经济产业统计分类问题研究［J］．统计研究，2020（12）：3-16．

［10］韩兆安，赵景峰，吴海珍．中国省际数字经济规模测算、非均衡性与地区差异研究［J］．数量经济技术经济研究，2021（8）：164-181．

［11］贺正楚，蔡湘杰，潘为华．数字经济、科技服务业的协同发展及区

域协同效应［J］. 科研管理，2024（3）：133-142.

［12］洪俊杰，杨懿，杨志浩. 信息产业融合与数字贸易发展：中国地级市的经验证据［J］. 国际经贸探索，2023（7）：4-20.

［13］黄群慧，余泳泽，张松林. 互联网发展与制造业生产率提升：内在机制与中国经验［J］. 中国工业经济，2019（8）：5-23.

［14］黄先海，周禄松. 全球数字贸易规则比较、挑战与中国应对策略：基于 CPTPP、DEPA 与 RCEP 比较视角［J］. 社会科学战线，2024（1）：44-53.

［15］江剑敏. 数字产业如何高质量发展?：数字产业劳动密集型依赖及其突破视角［J］. 人口与经济，2023（4）：22-40.

［16］金碚. 关于"高质量发展"的经济学研究［J］. 中国工业经济，2018（4）：5-18.

［17］李俊，范羽晴. 加快建设贸易强国背景下我国发展数字贸易的战略思考［J］. 国际贸易，2023（6）：14-24.

［18］李俊. 自贸试验区数字贸易发展十年探索与未来展望［J］. 人民论坛，2023（20）：60-64.

［19］李晓嘉. 推动数字经济与现代服务业深度融合［J］. 人民论坛，2024（2）：24-27.

［20］林晨. 数字贸易发展对产业结构升级的影响：基于不同经济体的异质性分析［J］. 商业经济研究，2024（6）：173-176.

［21］刘洪愧. 数字贸易发展的经济效应与推进方略［J］. 改革，2020（3）：40-52.

［22］刘军，杨渊鋆，张三峰. 中国数字经济测度与驱动因素研究［J］. 上海经济研究，2020（6）：81-96.

［23］罗良清，平卫英，张雨露. 基于融合视角的中国数字经济卫星账户编制研究［J］. 统计研究，2021（1）：27-37.

［24］马述忠，刘健琦，贺歌. 数字贸易强国：概念理解、指标构建与潜力研判［J］. 国际商务研究，2022（1）：1-13.

［25］戚聿东，褚席. 数字经济发展促进产业结构升级机理的实证研究［J］. 学习与探索，2022（4）：111-120.

［26］戚聿东，褚席. 数字经济学学科体系的构建［J］. 改革，2021（2）：

41-53.

[27] 屈超，张美慧. 国际 ICT 卫星账户的构建及对中国的启示 [J]. 统计研究，2015（7）：74-80.

[28] 任雪，刘婉琪，周先东，等. 数字经济概念内涵界定与统计分类改进 [J]. 经济学家，2024（1）：45-55.

[29] 宋旭光，何佳佳，左马华青. 数字产业化赋能实体经济发展：机制与路径 [J]. 改革，2022（6）：76-90.

[30] 田金方，李慧萍，张伟，等. 中国数字经济产业的关联拉动效应研究 [J]. 统计与信息论坛，2022（5）：12-25.

[31] 万晓榆，罗焱卿. 数字经济发展水平测度及其对全要素生产率的影响效应 [J]. 改革，2022（1）：101-118.

[32] 王军，朱杰，罗茜. 中国数字经济发展水平及演变测度 [J]. 数量经济技术经济研究，2021（7）：26-42.

[33] 王群勇，苗培. 数字服务贸易与数字基础设施的协同发展 [J]. 当代财经，2024（2）：125-138.

[34] 王一鸣. 百年大变局、高质量发展与构建新发展格局 [J]. 管理世界，2020（12）：1-13.

[35] 吴传清，邓明亮. 数字经济发展对中国工业碳生产率的影响研究 [J]. 中国软科学，2023（11）：189-200.

[36] 武娜，齐俊妍，孟祥涛. 数字贸易规则与服务业增加值贸易关联：基于优惠贸易协定深度的分析 [J]. 国际贸易问题，2023（5）：122-139.

[37] 鲜祖德，王天琪. 中国数字经济核心产业规模测算与预测 [J]. 统计研究，2022（1）：4-14.

[38] 向书坚，吴文君. OECD 数字经济核算研究最新动态及其启示 [J]. 统计研究，2018（12）：3-15.

[39] 向书坚，吴文君. 中国数字经济卫星账户框架设计研究 [J]. 统计研究，2019（10）：3-16.

[40] 许宪春，张美慧. 中国数字经济规模测算研究：基于国际比较的视角 [J]. 中国工业经济，2020（5）：23-41.

[41] 杨仲山，张美慧. 数字经济卫星账户：国际经验及中国编制方案的设计 [J]. 统计研究，2019（5）：16-30.

［42］叶凌寒，翁东玲. 中国高标准数字贸易规则研究：基于与其他数字贸易规则的比较［J］. 亚太经济，2023（6）：116-126.

［43］张伯超，沈开艳. “一带一路”沿线国家数字经济发展就绪度定量评估与特征分析［J］. 上海经济研究，2018（1）：94-103.

［44］张美慧. 数字经济供给使用表：概念架构与编制实践研究［J］. 统计研究，2021（7）：3-18.

［45］赵春明，杨宏举. 数字贸易如何影响统一大市场建设：基于中国272个地级市的经验证据［J］. 世界经济研究，2024（2）：3-17，135.

［46］郑伟，钊阳. 数字贸易：国际趋势及我国发展路径研究［J］. 国际贸易，2020（4）：56-63.

［47］陈蕾，李梦泽，薛钦源. 数据要素市场建设的现实约束与路径选择［J］. 改革，2023（1）：83-94.